●

질문
하는
책들

◥

'빨간책방'에서 함께 읽고 나눈 이야기_인문·교양·지식 편

점프_위드_책들

이동진 김중혁 지음

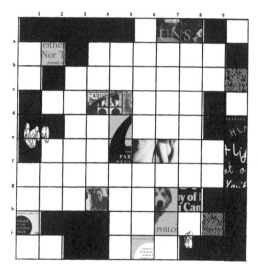

a. 인류의 운명은 어떻게 결정되었는가?
b. 창조적인 생각은 어떻게 만들어지는가?
c. 여행과 삶은 어떻게 닮아 있는가?
d. 비틀즈는 무엇을 노래했는가?
e. 작가는 왜, 무엇을 쓰는가?
f. 휴머니즘은 언제나 옳은가?
g. 우리의 행복은 언제 찾아오는가?
h. 인간이란 무엇인가?
i. 죽음은 어떻게 맞이해야 하는가?

1. Guns, Germs, and Steel / Jared Diamond
2. Sparks of Genius / Robert Root-Bernstein & Michèle Root-Bernstein
3. Neither here nor there / Bill Bryson
4. The Beatles Anthology / The Beatles
5. The Paris Review Interviews / The Paris Review
6. Straw Dogs: Thoughts on Humans and other Animals / John Gray
7. The Philosopher and the Wolf / Mark Rowlands
8. The Survivor / Terrence Des Pres
9. The Thing about Life is that One Day You'll be Dead / David Shields

위즈덤하우스

김 중 혁

어릴 때부터 질문이 많은 아이였다. 세계의 이치를 캐묻는 질문은 전혀 없었고, 사소하고 자질구레한 물음이 대부분이었다. 물어보면 아무도 대답해주지 않았다. 어른들은 바빴다. "넌 대체 왜 그런 게 궁금하니?"라든가 "그런 건 나중에 차차 알게 된단다"라는 이야기를 들었던 적이 많다. 이제 와 생각해보니, 어른들도 답을 몰랐던 거다. 모르면 모른다고 하시지. 답을 피했던 어른들의 마음을 조금 알 것 같기도 하다. 이제는 나도 누군가에게 답을 해주어야 하는 처지의 어른이 되었지만, 답을 해주는 건 별로 재미있는 일이 아니다. 알고 있는 걸 대답해줄 때도 난처하긴 마찬가지다. 가끔 누군가의 질문에 답을 할 때마다 드는 생각은, '내가 말하고 있는 게 정말 답이 맞을까? 다른 답은 없을까? 또 다른 가능성이 있지 않을까?'라는 것이다. 답을 하면서도 질문을 하고 있는 셈이다.

　　　질문을 하는 일은 절벽 끝에 앉아서 돌멩이를 던지는 일과 비슷하다. 내게는 그렇다. 까마득한 높이에서 던지는 돌은 텅, 텅, 텅, 어딘가에 부딪치면서 아래로 떨어진다. 보이지는 않지만 돌멩이는 여기저기 부딪치면서 떨어질 것이다. 소리를 들으면서 우리는 돌멩이의 궤적을 짐작할 수 있고, 높이를 가늠할 수 있고, 그 아래의 풍경을 그려볼 수 있다. 더 멀리 던져보기도 하고, 더 세게 던져보기도 한다. 돌멩이는 돌아오지 않는다. 돌멩이가 '나는 아래에 잘 도착했어'라며 자신의 상태를 문자메시지로 전해주는 일도 없다. 절벽 끝에 걸터앉아서 한참 돌멩이를 던지다보면, 문득 머리가 맑아지는 순간이 온다. 답처럼 생긴 무언가가 머릿속을 빠르게 스쳐 지나간다. 답일지도 모르고, 아닐지도 모르지만 나는 자리에서 일어나 다른 일을 하러 간다. 질문을 한다는 의미는 시간 내어 절벽 끝에 가서 돌멩이를 던지는 일이다. 내게는 그렇다.

　　　이동진 작가님이 골라준 책을 읽을 때마다 절벽 끝에 앉아 있는 기분이 들었다. 수많은 질문들이 머릿속에 떠올랐다. 나는 머릿속에 떠오른 질문들을 정리해서 스튜디오로 나갔고, 이동진 작가님과 함께 질문에 대해서 이야기했을 뿐이다. 책으로 내기 위해 그간의 대화를 다시 읽어보니, 이건 대화록도 아니고 토론의 기록도 아닌, 거대한 질문책 같다. 한 사람이 질문을 던지면, 다른 사람이 질문을 부풀린다. 대화가 거듭될수록 질문은 구체적으로 커졌다. 작은 눈덩이가 산 아래로 굴러 내려갈 때처럼 질문이 질문에 달라붙었고, 질문과 질문이 합해져서 더욱 거대한 질문이 되었다. 나는 답을 찾기 위해 책을 보는 사람이 아니다. 답을 찾기 위해 대화를 나누는 사람도 아니고, 답을 찾기 위해 살아가는 사람도 아니다. 이 책을 읽는 분들도 여기서 답을 찾지는 말았으면 좋겠다. 마음속에 더 많은 질문이 생겼으면 좋겠다.

　　　〈빨간책방〉을 함께하면서 질문하는 법에 대해 많이 배웠다. 답을 구하지 않는 물음이더라도 질문은 정교해야 한다는 걸 배웠고, 질문의 꼬리를 무는 질문을 묻는 법도 배웠다. 어쩌면 가장 즐거운 대화는 답도 없이, 밤새도록 질문하는 방식일지 모른다. 시간 제약이 없었다면, 그리고 배가 고프지만 않았더라면, 목이 말라 맥주 생각만 나지 않았더라면, 차라리 술집에서 맥주를 마시면서 방송을 했었더라면 밤을 새울 수도 있었다. 《우리가 사랑한 소설들》에 이어 〈빨간책방〉과 관련된 두 번째 책을 낼 수 있게 되어 감사하다.

이 동 진

책은 문을 닮았다. 직육면체 모양에 언뜻 좌우대칭인 것처럼 보이지만, 한쪽으로만 열린다. 그러고 보니 책의 내부는 방 같기도 하다. 열고 들어가면 사각의 틀 속에 하나의 세계가 오롯이 담겨 있다.

그 방의 가장 깊숙한 곳에는 금고가 있다. 운 좋게 비밀번호를 알아내어 그 금고를 열어본다. 안에는 무엇이 있을까. 또다시 한쪽으로만 열리는 카드에 물음표가 그려져 있지 않을까. 문(門)은 문(問)인 걸까.

그러니까, 좋은 책이 우리에게 주는 것은 대답이 아니라 질문이다. 좋지 않은 책은 간단하고도 명확한 답변을 자신 있게 제시하지만, 좋은 책은 늘 에둘러 가고 머뭇거리다가 결국 긴 꼬리를 가진 질문을 남긴다. 프란츠 카프카의 말처럼 한 권의 책이 얼어붙은 바다를 내리치는 도끼일 수 있는 것은 그 도끼의 날이 피할 수 없는 질문으로 벼려져 있기 때문이다. 우리는 묻는 만큼만 이해할 수 있다. 제대로 답하기 위해서는 무엇보다 먼저 제대로 물어야 한다. 영화 〈올드보이〉의 오대수는 그걸 못해서 그 모든 비극을 겪지 않았던가.

여기서 다루는 책들은 묻고 또 묻는다. 음악인은 무엇을 노래하고 작가는 무엇을 쓰는가. 영감은 어떻게 생겨나고 행복은 언제 오는가. 인류는 어디까지 왔고 인간은 어디까지 가는가. 그렇게 이어지는 질문들의 끝에서 삶이라는 거대한 수수께끼를 묻는다. 어쩌면 우리 두 사람이 나눈 그 모든 대화는 우리가 얼마나 알지 못하고 있는지를 깨달아가는 무지의 여정인지도 모른다. 그 길의 끝에서 우리가 제대로 다시 한 번 물을 수 있으면 좋겠다.

좋은 길동무가 없었다면 긴 여행을 떠날 엄두도 내지 못했을 것이다. 워낙 재치와 여유가 넘치는 분이라서 김중혁 작가님과의 대화는 늘상 즐거웠다. 서로 달라서 더 좋았고 그 다른 점이 상보적으로 느껴져서 더욱 좋았다. 우리는 그때그때 다루어야 할 책과 그 책에 담긴 세계에 대한 호기심과 책임감으로 자주 물었고 거듭 물었다. 존 레논과 폴 매카트니 중에서 누굴 더 좋아하는지, 원유 채굴 기사에게 우주비행술을 가르치는 것과 우주비행사에게 굴착 기술을 가르치는 것 중 어느 게 더 효율적인지, 왜 세상은 불평등해졌는지, 휴머니즘은 언제나 옳은지에 대해 물었다. 그리고 이 모든 의문을 불덩어리로 함께 품을 수밖에 없는 삶이라는 요란한 미스터리에 대해 물었다. 어떤 질문들은 턱없는 헛발질이었고, 어떤 질문들은 허망한 메아리였다. 하지만 또다른 질문들은 끝내 살아남았다.

그러니 부디 이 책을 읽는 독자들이 제기된 물음에 연이어서 물을 수 있기를. 물음에 물음을 얹어가며 치열하게 물을 수 있기를. 물음의 연쇄 속에서 지치지 않고 계속 물을 수 있기를. 그리고 물음의 반향에 서로 귀 기울여가며 함께 물을 수 있기를.

《우리가 사랑한 소설들》에 이어 〈빨간책방〉과 관련된 두 번째 책을 낼 수 있게 되어 감사하다. 세 번째, 네 번째 책도 곧 나오면 좋겠다.

●

차 례

《총, 균, 쇠》, 재레드 다이아몬드

창조적인 생각은
어떻게
만들어지는가?

《생각의 탄생》, 로버트 루트번스타인, 미셸 루트번스타인

여행과 삶은
어떻게
닮아 있는가?

《빌 브라이슨 발칙한 유럽산책》, 빌 브라이슨

비틀즈는 무엇을 노래했는가?

《비틀즈 앤솔로지》, 비틀즈

작가는 왜, 무엇을 쓰는가?

《작가란 무엇인가》, 파리 리뷰

《하찮은 인간, 호모 라피엔스》, 존 그레이

《철학자와 늑대》, 마크 롤랜즈

인간이란 무엇인가?

《생존자》, 테렌스 데 프레

죽음은 어떻게 맞이야 하는가?

《우리는 언젠가 죽는다》, 데이비드 실즈

김중환

이동진

● ──────── 이 동 진

┓ ──────── 김 중 혁

인류의 운명은
어떻게
결정되었는가?

총, 균, 쇠
GUNS, GERMS, AND STEEL

재레드 다이아몬드
JARED DIAMOND

작가 소개　1937년 미국에서 출생했으며 케임브리지 대학에서 생리학 박사학위를 받았다. 현재 UCLA 생리학/지리학 교수로 재직중이고 과학 저널리스트로도 활동하고 있다. 과학의 대중화에 기여한 지식인으로 평가받고 있으며 전미과학상, 영국의 과학 출판상 등을 수상했다. 《총, 균, 쇠》로 1998년 퓰리처 상을 받았다. 국내에 《총, 균, 쇠》, 《문명의 붕괴》, 《어제까지의 세계》, 《제3의 침팬지》, 《섹스의 진화》 등이 출간되었다.

1_____ 1만 3,000년 인류 역사

●   세계적인 석학 재레드 다이아몬드 박사가 1998년도에 완성한 역작 《총, 균, 쇠》로 퓰리처 상을 받은 바 있구요, 학계나 일반 대중들의 문명을 바라보는 인식에 미친 영향력이 굉장히 큰 책이기도 합니다. 현대 사회에 만연해 있는 불평등에 대해서, 국가 단위에서도 왜 어떤 나라는 가난하고 어떤 나라는 부유한 것인가, 또 오늘날 세계의 부가 불평등한 근본적인 원인은 무엇인가 등에 대해 다룬 가장 기념비적인 저작 중 하나라고 할 수 있습니다. 무려 700여 페이지의 방대한 분량이구요. 제목에서 짐작할 수 있듯이 총, 균, 쇠 그러니까 무기, 병균, 금속 이 세 가지가 인류의 운명을 어떻게 바꿨는지를 수백만 년의 시간을 거슬러 오르면서, 또 여러 대륙을 종횡무진하면서 문화인류학적이기도 하고 자연과학적이기도 한 방대한 분석들을 시도하고 있습니다.

■   생각보다 잘 읽혔습니다. 눈을 굉장히 넓혀가면서 읽어야 하는 책이어서 집중을 안 할 수 없더라구요. 그런데 제가 학교 다닐 때 제일 취약했던 과목이 세계사여서 처음에는 좀 어렵기도 했어요.

●   의외인데요? 역사 과목을 좋아하셨을 것 같은데.

■　지구과학은 점수가 좋았는데 세계사는 약했어요. 세계사가 범위가 넓기도 하고 과정이나 사건의 연관성, 숫자도 외워야 하잖아요. 그래서 힘들었던 것 같은데 이 책을 읽으며 예전 생각이 났죠. 참, 궁금한 게 있는데, 이 책이 유명해진 게 서울대 도서관 대출 1위 도서◀라서 그런 거라면서요?

▶ 2012년 1월부터 10월까지 집계한 결과. 2013년에도《총, 균, 쇠》가 서울대 도서관 대출 1위에 올랐다. 2014년과 2015년의 1위 도서는《에우리피데스 비극》.

●　네. 그게 화제가 되었죠. 교재로 쓰였을까요?

■　교재로 쓰였다면 어떤 수업이었을까요? 경제학과나 경영학과일 것 같아요.

●　인류학이나 지리학 수업이 아닐까요?

■　의외로 인류학 수업은 아닐 것 같아요. 빌 게이츠가 이 책을 추천한 것으로도 유명하죠. 내용에서 자기계발이나 경제경영에 유용한 것을 뽑아낼 수 있거든요.

●　이 책의 성격이 워낙 다양한데 어떻게 보면 마르크시즘처럼 일종의 결정론이기도 하니까요. 마르크시즘이 경제결정론이라면 재레드 다이아몬드의 이론은 지리결정론이라는 차이가 있겠지만요.

■　이 책의 제목은 한글로 번역되었을 때 일단 한 글자씩 떨어지니까 더 강력한 느낌이에요. 그런데 책을 다 읽고 나니까 잘못 지은 듯한 느낌도 들어요.

● 맞습니다. 제목이 시쳇말로 '낚시'의 성격도 있어요. 사실은 '총, 균, 쇠'가 문제는 아니라는 거죠. 어쨌든 이 책은 생각보다 서술이 쉽지 않나요?

┓ 네. 쉽습니다. 구성을 보면 서론에서 이미 정리를 다하고 있어요. 그러면 뒷부분이 재미가 없어야 하잖아요. 이미 다 얘기했으니까요. 그런데 서론을 풀어나가는 방식이 정말 희한해요. 대화하는 것 같고 궁금증을 유발합니다. 하지만 넘겨보면 막상 그 이야기는 안 나오고, 또 넘어가면 다시 궁금해지고. 정말 '낚시'를 잘하더라구요.

● 거의 J. J. 에이브럼스 수준이죠. 드라마 〈로스트〉◀를 보는 것처럼요.

┓ 맞아요. 읽으면서 '아, 나는 이런 궁금증이 드는데'라고 이야기하면 그 이야기를 해주는 것 같은, 마치 대화형 책인 것 같은 생각이 들 정도였어요. 그렇게 잘 읽히는 책이었는데 아쉬운 점은 후반부에 갈수록 서론의 중심 논거들을 계속 추론하는 과정이 지루해지고 반복되는 느낌이 약간 있었다는 거예요.

▶ 2004년부터 2010년까지 방영된 미국 드라마. 남태평양 미지의 섬에 비행기가 추락한 후 생존자들의 이야기를 다루었다. 유명 제작자 J. J. 에이브럼스가 기획, 제작했고 에반젤린 릴리, 조시 할러웨이, 매튜 폭스, 김윤진 등이 출연했다.

● 저도 비슷하게 생각했습니다. 이 책이 엄청난 분량이기도 하고 또 다루고 있는 분야가 아주 방대하잖아요. 언어학, 인류학, 지질학도 다루고, 게다가 재레드 다이아몬드가 원래 조류학자니까 그런 이야기도 나오고요. 그런데 의외로 《총, 균, 쇠》가 잘 읽히는

책인 것은 확실합니다. 학술적으로도 가치가 높지만 대중교양과학
서로도 진입장벽이 낮아요. 그래서 혹시 아직 읽지 않은 분이라면
지레 겁을 먹을 필요가 없다고 말씀드리고 싶어요.

■　 학교 다닐 때 세계사를 이 책으로 배웠으면 조금 더 잘했을
것 같아요. 우리가 세계사를 주입식, 암기식으로 배웠잖아요. 사건
들을 나열하는 식으로요. 하지만 이런 스타일의 책이라면 훨씬 재
미있게 접했겠죠.

●　 《총, 균, 쇠》가 탁월한 것은요, 우선 이 책에 실린 사례들이
풍부하고 매우 재미있기도 하지만 무엇보다 이 책을 읽고 나면 지
난 1만 3,000년 인류 역사의 거시적인 흐름이 손에 잡힐 듯이 확고
해진다는 점입니다. 또 저는 학문이 잘 설명하는 것도 중요하지만
제대로 묻는가도 중요하다고 생각하거든요. 이 책을 보면 매 챕터
마다 질문의 형태로 하고자 하는 이야기를 아주 잘 요약해요. 그래
서 논점이 명확하고 명쾌하게 해결되는 느낌이 있죠.

■　 이 책을 보면서 테렌스 맬릭의 영화 〈트리 오브 라이프〉◆를
떠올렸어요.

●　 아, 그럴 수 있겠네요.

■　 아주 오래전 1만 3,000년 전 일들을 알 수 없잖
아요. 그냥 추측만 할 수 있을 뿐이죠. 그런데 그런 것
들을 얼마나 잘 추측할 수 있느냐가 중요한 거죠. 그

◆ 〈천국의 나날들〉,
〈씬 레드 라인〉 등을
연출한 테렌스 맬릭의
2011년 영화로 브래드
피트, 제시카 채스테
인, 숀 펜 등이 출연했
고 칸 영화제 황금종
려상을 수상했다. 철
학적인 메시지와 영상
미가 돋보이는 작품으
로 평가받았다.

렇게 긴 시간 속에서 우리가 얼마나 작은 존재들인가, 이런 생각도 들면서《총, 균, 쇠》와〈트리 오브 라이프〉가 연결되더라구요.

● 　그렇죠. 우리가 생각하고 생활하는 많은 방식이 현대의 문제라고 생각하지만 사실 인류의 1만 3,000년 역사가 지금의 내 인생과 삶에 결정적인 영향을 미쳤다고 볼 수 있습니다. 그런 점에서 이 책은 역사의 좌표평면을 제대로 그려주는 책이라고 생각해요. 서술 방법도 흥미로운데, 매 챕터가 일화로 시작해요.

■ 　멀리 가기 위해서 가까운 데부터 출발하는 거죠. 오스트레일리아 여행을 하다가 갑자기 열사병으로 쓰러지는 이야기로 시작하는 등 이게 나와 무관한 이야기가 아니고 가까운 이야기구나, 생각하게 해놓고 멀리 가는 거예요. 그런 면에서도 재레드 다이아몬드가 뛰어난 사람 같아요.

● 　재레드 다이아몬드에 대해서 조금 소개해볼게요. 현재 가장 유명한 과학자 중 한 사람이라고 할 수 있죠. 1937년 미국에서 태어났고 케임브리지 대학에서 생리학 박사 학위를 받았구요, 현재 캘리포니아주립대학 의과대학 생리학 교수입니다. 국내에도 여러 저서로 소개되어 있는데,《제3의 침팬지》◆라는 책도 유명하죠. 2013년에 나온《어제까지의 세계》는 재레드 다이아몬드가 가장 오래 생활하면서 연구했던 뉴기니에 관한 내용이라고 해요. 그 밖에《문명의 붕괴》,《섹스의 진화》등도 있습니다.《총, 균, 쇠》를 쓰기 훨씬 전인 1990년대 초에 한국에 와서 한글에 관한 심포지엄의

▶ 인간과 침팬지의 유전자 차이가 단 1.6%라는 생물학적인 접근을 통해 인류 진화의 역사를 풀어쓴 책.《총, 균, 쇠》보다 1년 앞서 펴냈다.

026

발제자로 참여한 적이 있다고 해요. 이 책에 따로 실린 한국어판 서문에도 한글이 얼마나 위대하고 훌륭한 문자체계인지를 서술하고 있죠.

■   본문에 김소월 시 〈산유화〉도 나오죠. 중간중간 한글에 대한 이야기도 하고요.

●   디자인적으로 훌륭하다고도 말해요.

■   비교하자면 알파벳은 논리적으로 보이기도 하는데 그게 낮게 일렬로 서 있기 때문에 그렇기도 하죠. 한글은 한 덩어리마다 구조적인 완결성이 시각적으로 보이구요.

●   네. 한글로 표현할 수 있는 수많은 글자가 있잖아요. 보기에는 복잡한 언어지만 구조적으로 뛰어나죠. 재레드 다이아몬드도 탄복해 마지않는 점이 음소들을 음절로 사각의 단위 안에 넣는 것이 디자인적으로 뛰어나다는 거죠.

■   한글로 소설로 쓰고 있는 것이 자랑스럽습니다. 더 잘 써야 할 텐데.(웃음)

●   저는 평소에 한국의 지리적인 특성에 대해 특별히 인식하거나 전문적인 지식을 갖고 있지는 않았어요. 그런데 그 지리적인 특성을 재레드 다이아몬드가 설명한 것을 보고 아, 그렇구나, 느낀 것도 있어요. 일단, 저는 한국이 특별히 수자원이 많은 나라라는 것을

별로 의식하지 못하거든요. 이 책에서 재레드 다이아몬드는 한국의 해안선이 매우 복잡하고, 수자원이 크게 발달했는데 이런 것이 문명에도 큰 영향을 끼쳤다, 그 밖에 지역적인 특성, 기후적인 특성 등으로 독립된 문화를 발전시킬 수 있었다고 설명을 하고 있잖아요. 그런 부분도 재미있더라구요.

2 _____ 발명은 필요의 어머니

● 《총, 균, 쇠》의 방법론을 한번 살펴볼까요. 간단히 요약하면, 원인의 연쇄를 파고들어가는 방식이에요. 예를 들어서 현대에 왜 대륙 간의 거대한 불균형이 발생할까, 왜 유라시아 대륙이 상대적으로 전세계의 헤게모니를 장악하고 있고, 왜 상대적으로 남아메리카나 아프리카는 개발이 뒤처진 채 남아 있게 되었을까, 이런 질문을 파고드는 거죠. 파고들다 보면 가장 먼저 인상적으로 떠오르는 건 콜럼버스의 신대륙 발견입니다. 콜럼버스로 인해 양 세계가 만났는데, 그전에는 어떤 원인이 있었나를 또 파고들면 그 기원은 기원전 1만 1,000년 지구의 마지막 빙하기가 끝나면서 오늘날 세계의 기초가 만들어졌다는 설명이에요. 이렇게 연쇄적으로 파고들어가는 논거의 방식을 갖고 있습니다.

◤ 앞으로 이어지는 긴 설명과 주장의 시작은 뉴기니에서 만난 친구죠.

● 맞습니다. 재레드 다이아몬드가 조류진화론을 연구하기 위해서 뉴기니에 오래 살았죠. 거기에서 얄리라는 사람을 만난 것에서 시작됩니다. 뉴기니의 유망한 정치인인 얄리가 재레드 다이아몬드와 대화를 나누다가 묻죠. "당신네 백인들은 그렇게 많은 화물들을 발전시켜 뉴기니까지 가져왔는데 어째서 우리 흑인들은 그런 화물들을 만들지 못한 겁니까?" 바로 이 질문 때문에 이 책을 쓰게 되었다고 말하고 있습니다.

■　《총, 균, 쇠》를 다 읽고 나면 다시 앞으로 돌아가서 그 부분을 읽게 되더라구요. 아, 이런 질문으로 이 거대한 책이 시작되었지, 하는 생각이 들었어요. 좋은 시작이에요.

●　여기서 '화물'이란 말은 어떻게 보면 인류학적인 용어입니다. 서로 다른 문명에서 싣고 온 것들, 도구나 물건들을 통칭하는 말인 거죠. 종교학적으로도 '화물 숭배'라는 말이 있어요. 폴리네시아에는 '카고 컬트(cargo cult)'라는 말이 있을 정도로 자주 쓰인다는 것을 일단 말씀드릴게요. 어쨌든 얄리라는 사람이 던진 질문에 대해 혼자 곰곰이 생각하는 형식으로 이 문제를 계속 파고들면서 핵심으로 들어가고 있는데요, 결국 이 책의 목표는 왜 서유럽이나 동아시아 등에 비해 상대적으로 오세아니아의 애버리진 원주민들 또는 아프리카의 흑인들이 저개발 상태와 피지배에 놓이게 되었는가를 밝혀내는 것입니다. 그런데 이런 문제에 대해 사람들이 쉽게 답을 하기도 하죠. 거리에 지나가는 사람에게 왜 인류 역사에서 백인들이 우위에 서게 되었고 오세아니아 원주민들은 그렇지 못했을까라고 질문을 던지면 아마 대부분은 생물학적으로 차이가 나기 때문이라고 인종주의적인 답변을 내놓을 거예요.

■　그렇죠.

●　오세아니아 애버리진들은 백인들보다 지능이 낮다고 믿는 거죠. 흑인이면 백인보다 지능지수가 떨어질 것이라고 생각하는 사람들이 많잖아요?

■   육체적인 것은 더 발달했지만 지능은 떨어질 거야 하는 편견이 있죠.

●   그런 인종주의적인 편견을 뒷받침하는 유사 사이비 학문도 굉장히 많아요. 이 책에는 나오지 않습니다만, 19세기 골상학이 대표적인 예죠. 사람들의 머리 형태나 구조를 통해서 인종주의적인 편견 그러니까 백인이 흑인보다 우월하다고 설명하는 거예요. 사회학적으로 편견을 바탕으로 하거나 지지하는 연구들도 많아요. 미국인 중 흑인이 백인보다 지능지수가 떨어진다는 사회학적 연구가 있었거든요. 그런데 그런 연구는 결과를 원인으로 착각한 거죠. 그런 인종주의적인 견해를 이 책은 통렬하게 반박하고 있는데 그런 점이 매우 반갑기도 했습니다.

■   질문에 대한 답을 찾아가는 방식, 그 시작부터 올바르다고 할 수 있죠. 같은 질문에 다른 대답을 했을 수도 있잖아요. 우리가 너희보다 우월했기 때문이지 이런 식으로요. 하지만 그 질문이 중요한 것임을 파악하는 것부터 중요한 시작이었던 거죠.

●   또 일반적으로 지역의 기후적인 특성에 따른 편견도 있어요. 예를 들면 북유럽의 경우 기후가 냉대에 가깝고 환경이 척박하니까 사람들이 자기계발에 힘쓰고 노력하고 외부적으로 뻗어나가려고 노력하는 반면에 열대 사람들은 가만히 있어도 식량이 풍부하니까 게으르다, 이런 편견도 많잖아요. 이 책은 이 역시 틀렸다고 말하죠. 이런 식으로 일반적인 편견들을 혁파하면서 정말 하고 싶은 이야기를 하고 있어요.

┓　　이 책을 읽고 나서도 그렇고 평상시에도 많이 하는 생각인데요, 인류는 어쩌다 이렇게 되었을까, 궁금하기도 하거든요. 그런 막연한 생각에 제법 충실하게 답을 주는 책이죠.

●　　사소하게 재미있는 이야기도 많아요. 예를 들어서 로마 알파벳 A가 원래는 자음이었다는 이야기가 정말 재미있었어요. 다른 책에서는 본 적 없는 이야기였거든요.

┓　　저는 균에 대한 부분이 재미있더라구요. 전쟁에 대한 설명도 실감났고요.

●　　이제 구체적인 내용으로 들어가볼까 해요. 피사로가 잉카제국을 정복한 이야기부터 해보죠. 워낙 드라마틱하고 비극적인 사건이기도 하고요, 또 역사의 한 유형이 그대로 응축된 듯 원형적인 사건이기도 하니까요. 다른 책들에서도 많이 다루는 이야기죠.

┓　　저는 이 책에서 처음 접했어요. 흥미롭더라구요.

●　　간단히 요약하면, 콜럼버스가 1492년에 아메리카 대륙을 발견하고 나서 제국의 열강들이 앞다투어 아메리카를 침탈하고 정복하게 되죠. 그때 제일 앞선 게 스페인이었구요, 스페인의 피사로라는 인물이 잉카제국을 멸망시켰습니다. 지금의 페루 지역이죠. 당시 잉카는 제국이라는 말이 어울릴 정도로 엄청난 규모였다고 해요. 인구가 수백만 명이고 군사만 해도 8만 명이었는데 당시 피사로가 데려간 군사는 고작 168명의 오합지졸들이었죠.

■ 그런데 왜 그랬을까요?

● 아마 믿는 구석이 있었을 거예요. 이전에 아즈텍 문명을 멸망시킨 코르테스의 사례가 있었거든요. 아무튼 피사로가 당시 잉카를 다스리고 있던 아타우알파 황제의 대군을 168명의 군사로 이기고 잉카제국을 멸망시켜버렸어요.

■ 당시 잉카에는 문자가 없었기 때문에 스페인 군인들의 상황을 제대로 전달하지 못했고 그들을 얕볼 수밖에 없었죠.

● 맞아요. 또 잉카제국에는 말이 없었다는 거죠. 그러니 말을 탄 군인과 총을 처음 보고 위압감을 느꼈다는 거예요. 잉카제국 병사들의 무기는 나무 곤봉이었고 헝겊으로 만든 갑옷을 입고 있었다는데 그에 비해 스페인 군인들은 쇠사슬로 만든 갑옷에 엄청난 소리가 나는 총을 들고 말을 타고 나타났으니까 잉카 병사들이 혼비백산했던 겁니다. 기동성에서 큰 차이가 났어요. 그래서 아타우알파 황제를 인질로 삼고 엄청난 몸값을 뜯어냈는데, 그러고 나서 황제를 죽여버리죠.

■ 그 전쟁 장면을 보고 있으면 너무 잔혹하게 느껴지더라구요. 좀 다른 이야기지만, 인간이 어떻게 다른 인간을 지배하게 되는가, 그것이 환경적인 요인뿐만 아니라 어떤 본성이 작용한 것일까에 대한 질문이 이 책에는 좀 덜한 것 같아요.

● 피사로의 경우는 자기가 믿는 종교 체계 그리고 정치에 관

한 우월감 등으로 인해서 본인이 역사에 합목적적인 방향으로 움직이고 행동한다고 확신했을 거예요.

￭   그럼에도 이렇게 잔인할 수 있는가 그런 생각이 들더라구요.

●   인류 역사를 봤을 때 타 문명, 특히 원주민들을 잔인하게 학살한 경우는 오래 지나지 않은 19세기만 하더라도 비일비재했죠. 그러던 것이 20세기 중반이 넘고 제2차 세계대전을 겪고 나서 근본적인 저항감이라는 게 생기긴 했는데 그래봤자 얼마 안 된 이야기예요.

￭   동물들 사이에는 동족들을 무참하게 살해하는 경우는 거의 없잖아요.

●   그렇죠. 흔히 인간만이 대규모 제노사이드￩를 하는 유기체라고 하죠. 영화 〈미션〉에도 학살 장면이 나오잖아요. 영화 속에서 노래를 잘하는 아메리카 원주민을 보고 "아니, 짐승이 어떻게 저런 소리를 낼 수가" 이렇게 말하는 장면이 나와요. 심지어 사람이 아닌 존재로 보기도 했다는 겁니다.

▶ 종교, 인종, 이념 등의 대립으로 집단의 구성원을 대량학살하는 행위. '인종'을 나타내는 그리스어 'genos'와 '살인'을 나타내는 말 'cide'를 합친 것이다.

￭   문명화가 되었다고 해도 나 아닌 것들, 타자에 대한 두려움과 공포로 인한 파괴 본능이 있는 걸까, 아니면 문화적으로 학습되고 형성된 편견일까 하는 생각도 듭니다.

● 네. 우리에게는 확실히 문화적으로 형성된 편견이 없지는 않겠죠. 앞에서 이야기했던 잉카제국 멸망 사례에서 가장 큰 역할을 한 건 총이잖아요. 결국 쇠로 대변되는 철기문명이 아직 석기문명에 머물렀던 잉카제국을 공격한 것이고 그 효율성 면에서는 비교도 안 되었던 거죠. 그런데 더 결정적인 영향을 끼친 것은 사실, 균이죠.

ㄱ 맞아요. 균이었죠. 여기서 처음 알게 된 것인데요, 북아메리카의 인디언들이 콜럼버스에 의해 희생되었는데 그 95퍼센트가 균에 의해서 죽었다는 겁니다. 정말 놀랐어요.

● 저도 그 정도인 줄은 몰랐습니다. 북아메리카에 인디언이 2,000만 명이 살았다는 거죠. 그런데 콜럼버스가 오고 나서 100년 사이에 그 수가 100만 명으로 줄었다고 합니다. 정확히 95퍼센트가 죽어버린 거죠. 그런데 이 과정에서 콜럼버스를 비롯한 지배자들이 썼던 방법이 악질적이에요. 예를 들어서 천연두 환자가 쓰던 담요를 선물했다는 겁니다. 그 사실을 모르고 우호적인 표시로 생각하고 받았는데 그 결과 부족 전체가 전염병으로 몰살해버리는 거죠.

ㄱ 가장 무서운 동족 살해의 예인 것 같아요. 정말 잔인하고 무시무시했습니다.

● 또 이 책에서 읽은 굉장히 흥미로운 사실은, 구대륙에서 신대륙으로 넘어간 전염병이 수십 종에 달한다는 겁니다. 홍역이나

천연두 같은 거죠. 다만 매독은 신대륙에서 구대륙으로 넘어갔다는 주장이 있고 그 반대라는 주장도 있는데, 어쨌든 거의 모든 전염병이 유럽에서 아메리카로 넘어갔다는 이야기죠. 그러니까 유럽 문명이 아메리카 문명을 이길 수 있었던 결정적인 계기는, 쉽게 말하자면 더러워서예요. 유럽인들은 오랜 세월 수많은 병균에 면역이 생긴 상태이고 잉카 등 아메리카 대륙 사람들은 그렇지 않으니까 너무 쉽게 감염되고 병에 걸렸던 거죠. 우리가 보통 '필요는 발명의 어머니다'라는 말을 하잖아요. 그런데 재레드 다이아몬드는 '발명이 필요의 어머니다'라고 말합니다.

■   이렇게 생각했습니다. 역사 속에서 어떤 특정한 순간에 꼭 그 사람이었어야 했는가, 질문한다면 꼭 그렇지는 않죠. 발명이라는 것도 한 사람이 갑자기 이뤄낸 것이라기보다는 역사상 수많은 집적물들이 있었고 그것들을 변형시키는 과정에서 발명품이 탄생한다는 뜻인 것 같아요.

●   발명에 관한 이 책의 태도는 한마디로, 몇몇의 발명 천재가 인류의 문명을 급진전시키지 않았다는 겁니다. 예를 들어서 에디슨이 없었더라면 지금도 인류는 암흑 속에서 생활할 것 같지만 전혀 아니거든요. 에디슨이 발명한 것들 중 인류 역사에 가장 큰 영향을 끼친 것은 백열전구인데, 그것조차도 에디슨이 무에서 유를 만들어낸 것이 아니죠. 그 이전에 수많은 전구들이 있었고 그것을 개량한 결과인 거예요. 그러니까 재레드 다이아몬드는 한두 명의 천재적인 발명가나 정치인 등이 역사의 근본적인 물꼬를 바꿀 수 없다고 계속 이야기하고 있습니다. 대표적인 것이 히틀러의 이야기

예요. 저는 여기서 처음 읽었는데 히틀러가 1930년도에 교통사고를 크게 당했다고 하네요.

◥   저도 처음 알았어요. 트럭 운전사가 브레이크를 1초만 늦게 밟았어도 죽었을 거라고 하죠.

●   그랬다면 홀로코스트도 없었을 거고 제2차 세계대전은 안 일어나거나 전혀 다른 형태로 나타났을 수 있죠. 그렇게 방향을 바꿀 수는 있었겠지만 그렇다고 해서 유럽이 아닌 아프리카가 세계를 지배할 수는 없다고 이야기합니다.

◥   우리 개인들이 역사라고 부르는 단위가 기껏해야 100년, 1세기 정도이니까 긴 단위의 역사를 파악하고 사고하는 게 쉽지 않아요. 인류의 역사가 1만 3,000년인데 한 개인이 인류 역사의 방향을 바꾸거나 할 수는 없겠죠. 그런데도 뉴턴이 사과가 떨어지는 것을 보고 만유인력의 법칙을 발견했다든가 히틀러에게 이런 일이 있었다 등 굳이 인물 중심으로 이야기하는 것은 역사를 기록하기 위한 좋은 소재이기 때문일 거예요.

●   어쩌면 이야기하기를 좋아하는 인간의 본성과 이야기에 대한 인간의 욕망이 역사를 기록하는 힘도 되지만 특정 사실을 왜곡하기도 하는 듯해요. 예를 들면 가수 윤복희 씨가 1960년대 말에 비행기에서 내릴 때 미니스커트를 입고 있었고 그 이후 국내에 유행했다고 알려져 있지만 사실이 아니잖아요. 불과 몇 십 년 전 역사도 그렇게 왜곡이 되죠. 제가 어렸을 때 제임스 와트가 끓는 물에

의해서 주전자 뚜껑이 덜컹거리는 것을 보고 증기기관을 발명했다고 배웠거든요. 역시 전혀 사실이 아니죠. 그러니까 이 책에서 굳이 '발명이 필요의 어머니'라고 말하는 것은, 누군가가 심심하거나 호기심이 많아서 발명한 어떤 것이 나중에 용도를 찾게 되는 경우가 훨씬 더 많다는 겁니다. 에디슨의 축음기가 대표적인 예입니다. 에디슨은 뛰어난 사업가이기도 했으니까 일단 소리를 녹음할 수 있는 축음기를 만든 후 그 목적을 열 가지 정도 발표했어요. 그런데 그 열 가지 중에 음악 재생 기능은 거의 취급되지도 않았지만 시간이 지나서는 음악을 녹음하고 재생하는 것이 가장 상업적으로 많이 쓰이게 된 겁니다. 결국 발명이 필요를 만들어낸 거예요.

■ 쿼티 자판 이야기도 재미있습니다.

● 자판 중 맨 윗줄 왼쪽의 'Q, W, E, R, T, Y'를 따서 쿼티 자판이라고 부르죠.

■ 그렇게 배치한 이유가 타자 속도를 느리게 하기 위해서라고 해요.

● 너무 빠르게 치면 타자기의 글쇠들이 엉키는 사고가 났거든요. 그래서 일부러 그렇게 배치했다는 겁니다.

■ 나중에는 기술적으로 엉키는 문제를 해결했는데도 사람들은 쿼티를 선호한다는 거죠. 일부러 치기 어렵게 만든 자판을 말이죠.

● 　　네. 더 나은 기술이 나오면 사회는 당연히 그것을 채택할 것 같지만 그렇지 않은 기술적인 아이러니가 상당히 많습니다. 그래서 발명 자체가 아니라 발명에 대한 사회적인 수용도가 중요하다고 재레드 다이아몬드는 강조하고 있죠.

3 _____ 작물화와 가축화

■　제가 앞에서 '총, 균, 쇠'라는 제목이 잘못된 것 같다고 이야기했었죠. 저는 제목에 '크롭(crop)'이 들어갔어야 하지 않나 생각합니다. 그러니까 '작물'이 아주 중요한 시작이죠.

●　네. 내용을 그대로 요약해서 제목을 짓는다면, 어떻게 보면 '작물화'와 '가축화'가 이 책의 핵심 단어일 테니까요.

■　그렇죠. 작물화, 가축화 그리고 정착.

●　수렵 채집민이었을 때 인류는 야생 상태에서 자라는 식물을 그냥 따다가 먹기만 하면 되는 거였어요. 그런데 갖고 있는 제한된 땅에 직접 심어서 주기적으로 거둘 수 있는 시스템으로 만든 것, 그것을 작물화라고 하는데 오늘날 우리가 먹고 있는 수많은 곡류들이 다 그렇게 재배된 것이죠. 또 가축화는 말 그대로 야생의 동물을 길들여서 키우는 것인데 어떤 동물을 가축화할 것인가는 각 문명마다 차이가 있습니다.

■　수렵생활은 저장을 하지 않는 특징이 있죠. 그날그날 눈에 보이는 대로 먹고 마는 것이지만 농경생활로 접어들면서는 수확물을 저장하게 되는데 이 저장이 수렵문화와 농경문화의 가장 큰 차이가 됩니다. 저장을 하게 되면 잉여 농산물이 생기고 잉여 농산물을 통해서는 문화를 가꿀 수 있는 거죠.

● 병사에게 군사적인 일을 전담시킨다든지 하는 일이 가능해 지고요. 또 정치 관료가 중앙집권적인 체제를 만드는 데 근본적으로 잉여 농산물이 쓰이기도 하구요.

■ 저장을 하려면 정착을 해야 하고, 정착을 하게 되면서 가축화와 작물화도 이루어진 거죠.

● 그렇다면 이 작물화가 어떻게 인류 문명사에서 불평등을 가져왔는가를 알아보면 되겠네요. 일단 인류 역사상 가장 먼저 작물화에 성공한 곳이 바로 메소포타미아 지역입니다. 흔히 '비옥한 초승달 지역'이라고 이야기하는 곳인데 대략 기원전 8500년경에 작물화가 이루어졌다고 해요.

■ 예전에 세계사 시간에 배웠던 내용이 이제 반복됩니다. 티그리스 강, 유프라테스 강, 히타이트 족 등등.(웃음)

● 지금 메소포타미아 지역은 거의 사막화되어 있는데요, 당시에는 울창한 숲으로 이루어져서 경작하기 좋은 땅이었다고 하죠?

■ 네. 그때는 또 얼마나 농사가 잘되었겠어요. 지금과는 다른 환경이었을 테고요. 그런데 이렇게 농사가 시작되고 잉여 작물들이 생기면서 인간의 비극이 시작되는 것 같아요.

● 잉여 농산물로 인해 문명이 발생한 것도 사실이지만, 그것 때문에 불평등도 기원했다는 얘기죠.

￭   네. 인간이 문자를 발명한 것은 부족 내에서 소통하고자 하는 이유도 있지만 상대방을 제압하는 데 더 효과적인 수단으로서 개발한 것이잖아요.

●   클로드 레비 스트로스의 유명한 말이 있죠. 결국 하층민들을 억압하기 위해서 문자가 활용되었다는.

￭   그러니까 인간의 문명이라는 것이 발전하면 발전할수록 오히려 그 해악도 커졌는데, 그 시초가 잉여 농작물이었다는 겁니다.

●   여기서 재미있는 건, 결국 현재까지도 이어지는 인류의 문제 그러니까 문명권들 사이의 불평등이 결국 우연에서 시작되었다는 게《총, 균, 쇠》의 핵심 주장이잖아요. 그 우연은 지리적인 것에서 기인한 거구요. 기원전 8500년경에 왜 하필이면 메소포타미아에서 최초로 작물화가 일어났는가에 대해서 자세히 설명하고 있습니다. 지금 지구상의 식물이 약 20만 종쯤 되고 그중 우리가 먹을 수 있는 식물도 수천 종이래요. 그리고 12종 정도의 곡류, 콩류를 집중적으로 섭취하고 있구요. 이중 인류가 최초로 작물화한 게 모두 8종인데 그 대부분이 메소포타미아 지역에서 이미 자라고 있었다는 거예요. 작물화되기 전에 말이죠.

￭   이건 딴 얘기지만, 지금 이런 작물이나 이런 가축들을 먹을 수 있게 되기까지 얼마나 많은 인간들이 죽었을까 이런 생각도 해봤어요. 작물화하여 섭취할 수 있는가, 가축으로 길들일 수 있는가 그걸 알아보기 위해 실험하는 과정에서 많이 죽었을 것 같아요.

● 네, 분명히 그랬을 거예요. '비옥한 초승달 지대'로 불리는 메소포타미아 지역은 고도 차이가 크대요. 그 당시는 집약적인 농업이 아니었을 텐데 낮은 지대와 높은 지대에 뿌려진 씨앗들이 싹을 틔우고 재배되는 시기가 다 달랐을 것이고 그렇기 때문에 제한된 노동력으로 수확하기에 유리했다는 거죠.

◥ 분명히 지역적인 특성이 농사에 도움이 되었다는 거죠.

● 또 가축화에 대해서도 재미있는 내용이 있어요. 고대 인간이 가축화하는 동물은 어느 정도 덩치가 큰 포유류여야 했는데 물론 육식동물은 안 되는 거죠. 초식 또는 잡식동물을 가축으로 만들었는데 그것이 모두 14종의 동물이라는 겁니다. 그 중 남북 아메리카에는 통틀어서 1종 있었구요.

◥ 그게 라마죠.

● 맞습니다. 나머지는 모두 유라시아 대륙에서 가축화되었는데 그 상당수는 역시 메소포타미아 지역 근처에 서식했다는 겁니다. 이렇듯 메소포타미아에서 인류 최초의 작물화와 가축화가 이루어졌고 그 이유는 지리적인 우연 때문이라고 이 책은 설명하고 있습니다.

◥ 여기에서 '안나 카레니나의 법칙'이 나오죠.

▶ 《전쟁과 평화》《부활》과 더불어 톨스토이의 3대 걸작 중 하나로 평가받는다. 사랑과 결혼이라는 보편적인 문제를 깊이 있게 다룬 대작.

● 《안나 카레니나》◂의 첫 문장은 제일 유명한 소

설 첫 문장이라고 할 수 있죠?

￭　　그렇죠. "행복한 가정은 모두 비슷하고 불행한 가정은 모두 제각기 다르다." 이 문장을 가져와서 가축화에 대해서 이렇게 설명하죠. "가축화할 수 있는 동물은 모두 엇비슷하고 가축화할 수 없는 동물은 가축화할 수 없는 이유가 제각기 다르다"는 거예요.

●　　정말 재미있는 말이더라구요. 재레드 다이아몬드의 설명을 좀더 살펴보면, 예를 들어서 행복을 이루기 위한 조건이 100가지가 필요하다면, 그중 한 가지만 없어도 행복할 수 없다는 거죠. 그러니까 행복한 가정이라면 그 조건을 다 갖춘 것인데 그 중 한 가지만 없어도 불행한 거니까 불행한 가정은 다 다른 거잖아요. 그것을 가축화에 적용하는 거죠. 그러니까 하나의 야생동물이 가축화되기 위해서는 말하자면 100가지 조건을 다 갖춘 거예요. 그런데 한 가지만 어긋나도 가축이 안 된다는 겁니다. 성장 속도가 늦거나 성가신 성격이거나 등.

￭　　그중 회색곰 이야기가 재미있었어요. 회색곰이 풀도 잘 먹고 잘 자라고 다 좋은데, 어느 정도 자라면 길들일 수 없는 성격이어서 가축화하지 못했다는 거예요.

●　　그런 식의 수많은 사례를 들고 있는데 흥미롭죠. 어쨌든 이렇게 유라시아 대륙에 가축화된 동물이 집중적으로 그것도 우연히 몰려 있었다는 거예요.

￭   대륙간의 불균형이 그때부터 이미 초래되었던 거죠.

●   그렇죠. 재미있었던 이야기를 하나 더 하면, 만약 코뿔소가 가축화되었더라면, 하는 내용이었어요. 코뿔소는 초식동물 중에서 꽤 크고 빠르게 달리니까, 만약 중앙아프리카 병사들이 코뿔소를 타고 내달렸다면 로마제국을 멸망시킬 수도 있었다는 거죠. 하지만 코뿔소는 가축화되지 못했고 그 대신 로마에서는 이전부터 가축화했던 말을 탄 기마병을 앞세워서 북아프리카를 성공적으로 복속시켰던 거잖아요.

￭   코뿔소 군단이 몰려오는 걸 상상하면 정말 어마어마하네요.

●   정리하면, 메소포타미아 지역을 포함한 유라시아 대륙에서 가축화와 작물화가 시작되었던 것은 지리적, 기후적 특혜 때문이지 그 지역에 사는 사람들이 특별히 더 뛰어나거나 현명해서가 아니라는 주장입니다.

￭   운이었다는 거예요.

●   그렇죠. 그래서 좀 허무하게 느껴지기도 해요.

￭   네. 정말 그 운이 다였을까 싶기도 하지만 어쨌든 환경적인 요인이 가장 큰 역할을 했다는 것만은 분명한 것 같아요.

4 세균과 언어

● 이번에는 세균이 인류의 역사에 어떤 영향을 끼쳤는지 이야기해볼까요.

ㄱ 흥미롭게 읽은 부분인데, 양을 수간(獸姦)하고 병균에 감염되어 수치스러워하는 남자 이야기가 나오거든요. 정착과 가축화가 이루어지면서 세균들이 생겨난 거죠. 또 이렇게 발생한 세균이 문명화의 부작용으로 보이기도 하지만 공격의 무기가 되기도 했구요.

● 그렇죠. 전염병이라는 게 일정한 수의 인구를 필요로 하는 거잖아요. 수렵 채취를 하며 이동하는 사람들 사이에서는 전염병이 돌기가 어렵지만 정주해 있고 과밀한 집단에서는 쉽게 확산하게 마련이죠. 그러니까 전염병 입장에서 보면 최대한 많은 숙주들을 필요로 하고 거기에 아이들이 새로 태어나서 인구가 계속 늘어나는 게 유리한 거죠. 그런데 주기적으로 전염병이 생겨나고 확산하면서 농경민들은 단련됩니다. 면역이 되는 거죠. 그래서 앞에서 이야기한 대로 스페인 사람들이 옮겨온 천연두에 잉카 사람들은 치명적으로 감염되어 죽어버린 거구요.

ㄱ 14세기 유럽에서도 페스트가 한번 돌면서 인구의 4분의 1이 죽었죠. 그리고 남은 사람들은 거기에 면역력이 생겼구요.

● 이 책을 보니 천연두가 가장 무서운 병균이었던 것 같아요. 인디언들도 희생당했구요.

◼ 이 책에서 저도 특히 세균에 관한 부분이 재미있었어요. '세균의 역사'를 주제로 책을 써도 좋을 것 같다고 생각할 정도로요. 세균들이 자기들끼리 뭉쳐서 누구를 공격하고 어떻게 살아남았는지에 관해서 말이죠. 어떻게 보면 결국 승자는 세균인 것 같거든요.

● 그럴 수 있죠. 인간의 입장에서 보면 엄청난 비극이지만 세균의 입장에서 보면 번식하고 살아남은 거니까요.

◼ 이 책에서 인상적인 부분을 좀 읽어드릴게요. "어떤 세균들은 원래의 숙주가 죽어서 잡아먹힐 때까지 기다리지 않고 곤충들이 그 숙주를 물고 나서 새로운 숙주에게 날아갈 때 그 곤충의 침 속에 편승하여 옮겨간다. 이렇게 무임승차를 허락해주는 곤충들은 모기, 벼룩, 이, 체체파리 등이며 각각 말라리아, 페스트, 발진티푸스 혹은 수면병을 퍼뜨린다. 수동적인 전달 방식 중에서도 가장 치사한 세균들은 여자에게서 태아에게로 전달되어 그 아기가 태어날 때부터 이미 감염되도록 하는 놈들이다. 매독, 풍진 그리고 오늘날의 에이즈 등을 일으키는 세균들이 그런 수법을 쓰는 병균들로, 우주는 본래 정의롭다고 믿는 사람들도 이 윤리학적인 문제로 몹시 고민해야 했다. 다른 세균들은, 비유적으로 말하자면 자기들이 직접 팔을 걷어붙이고 나선다. 이들은 전달을 가속화하기 위해 숙주의 신체나 습관을 바꾸어버린다. 우리의 시각으로 본다면 매독 같은 성병으로 성기가 헐어버린다는 것은 끔찍한 수치일

수밖에 없다. 그러나 세균의 입장에서 보았을 때 그것은 숙주의 도움을 얻어 새로운 숙주의 체강 속으로 옮겨가는 유용한 수단일 뿐이다. (중략) 이상과 같이 우리의 관점에서 본다면 성기가 헐거나 설사, 기침을 하는 것이 '질병의 증상'이다. 그러나 병원균의 관점에서 본다면 병원균을 퍼뜨리기 위한 영리한 진화적 전략이다. 그렇기 때문에 우리를 '병들게' 하는 것이 병원균에게는 이익이 되는 일이다. 그러나 분명히 자멸하는 짓인데도 병원균이 자기 숙주를 죽이는 전략까지 진화시키는 것은 무엇 때문일까? 병원균의 입장에서 보았을 때 그것은 세균을 효과적으로 퍼뜨리기 위해서 숙주에게 일으킨 여러 증상들의 뜻하지 않은 부작용일 뿐이다."

● 그 서술도 정말 재미있어요. 발상의 전환이라고 할 수 있구요. 이어서 또 흥미로운 이야기를 해보죠. 문자에 관한 것인데요, 문자가 처음 나타난 곳도 지금의 이라크, 그러니까 메소포타미아 지역이에요. 역사에 그렇게 기록되어 있죠. 당시에는 예를 들면 일본이나 북구에는 문자가 없었구요. 그런데 지금 보면 이라크에는 문맹자가 굉장히 많다는 겁니다. 반대로 일본이나 북구에는 문맹이 거의 없죠. 왜 문자가 가장 먼저 만들어졌음에도 오늘날에 와서는 정반대의 양상이 벌어졌을까 하는 의문을 제기하고 있습니다.

┓ 매우 중요한 질문이죠.

● 현재 거의 모든 문명에서 문자를 사용하고 있잖아요. 그런데 인류 역사를 통틀어서 독창적으로 문자를 창안한 지역은 세 군

데밖에 없다는 거예요. 메소포타미아, 중앙아메리카의 마야 문명 지역 그리고 중국인데요, 앞의 두 지역은 확실하고 중국은 아마도 그럴 것이라는 추측이구요. 다른 지역들은 문자가 전파되어서 자리잡은 거죠.

■   문자의 전파 과정도 재미있어요. 전파 과정을 두 종류로 설명하는데 하나는 청사진 복사, 다른 하나는 아이디어 확산이에요. 어떤 문자가 만들어진 원리를 가지고 오는 게 청사진 복사구요, 다른 문화권에서 문자를 쓰고 있는 걸 보고 우리도 문자가 있으면 좋겠다고 생각해서 세부적인 내용을 새로 만든 경우가 아이디어 확산이죠. 그런데 이 개념은 현대에서도 하나의 아이디어나 개념이 퍼지고 확산되는 것과 같은 원리잖아요.

●   맞아요. 청사진 복사의 예는 러시아의 키릴 문자나 로마 알파벳이죠. 기존의 것을 살짝 변형해서 완성한 거예요. 재레드 다이아몬드는 한글에 대해서 아이디어 전파에 가깝다고 이야기하고 있어요. 참, 체로키 인디언 이야기가 저는 제일 재미있더라구요. 세쿼이어라는 인디언이 어느 날 인근에 사는 백인들이 문자를 사용하는 것을 보고 그 원리도 모르면서 그냥 뚝딱 문자를 만들었다는 거예요. 처음에는 문자의 개념도 모르니까 일단 그림으로 그렸대요. 그러다가 추상적인 기호를 만들어내기 시작했는데 그림이나 기호가 모든 음절을 표현하려면 수없이 필요한 거죠. 그다음에는 비슷한 소리별로 음절을 모으는 방식을 반복해서는 마지막에 85음절 정도의 독립된 기호를 쓰게 되었다고 합니다. 그 기호의 모양이 아무래도 백인들이 사용하던 알파벳에서 따온 것일 텐데 'A'를 '아'

라고 발음하는 것은 몰랐으니까 표기하는 기호로만 사용했을 뿐인 거죠.

❚ 정말 재미있는 사례죠.

● 네. 이렇게 만들어진 언어는 매우 단순했을 거예요. 그런데 체로키족 인디언들은 이 언어를 다 익혔고 문맹이 거의 없었다고 하구요. 나중에는 그 언어로 책을 찍어내기도 했다는 거예요. 참 대단한 것 같아요. 그러고 보니 J. R. R. 톨킨◀도 요정어 같은 걸 만들었죠. 아이슬란드의 밴드 시규어 로스◀도 '희망어'라는 걸 고안해서 쓰구요. 이런 사례를 보고 언어를 고안해낸다는 건 어떤 것일까 생각해봤습니다.

◀ 《반지의 제왕》 시리즈로 유명한 톨킨은 영어학 학자이기도 했다. 옥스퍼드 사전 편찬에도 참여했으며 작품 내에 새로운 언어를 창조하여 사용하기도 했다.

◀ 아이슬란드의 록 밴드. 보컬 욘 소르 비르기손이 고안한 '희망어'를 가사에 사용한다.

❚ 어떤 언어를 받아들이는 과정도 생각해보면, 자신들의 발음과 음운 체계에 맞게 새롭게 변형하거나 창조하기도 하고 없애기도 하고 그러니까요. 흥미롭습니다.

● 언어라는 게 간결하면 간결할수록 좋잖아요. 그런데 간결해질수록 모호함은 증가하죠. 하나의 기호를 가지고 표현하는 소리나 뜻이 많아지니까요. 그런 면에서 보면 가장 덜 모호한 언어는 중국어일 거예요. 표의문자니까요. 그 대신 수많은 한자를 외워야 하니까 간결함과는 가장 거리가 멀죠. 반대로 가장 간결한 언어는 알파벳을 사용하는 언어일 텐데, 비슷한 소리를 내는 동음이의어들이 많으므로 상대적으로 모호함은 증대되겠죠.

■   문자는 곧 세계를 반영하는 거죠. 문자가 만들어지면서 철학도 함께 들어가야 하니까 세계를 어떻게 바라보고 어떻게 표현할 것인가 하는 문제가 고스란히 담길 수밖에 없죠.

●   그리스 최고(最古)의 서사시 하면 호메로스의 〈일리아드〉와 〈오디세이〉를 이야기하잖아요. 그런데 호메로스는 〈오디세이〉와 〈일리아드〉를 문자로 기록한 적이 없어요. 호메로스 시대에는 문자가 없었으니까요. 호메로스는 그러니까 말로 이 거대 서사시를 지어낸 거죠. 그것을 청중들이 듣고 기억하고 전해오다가 몇백 년 ▶ 〈일리아드〉는 10년에 걸친 그리스군의 트로이 공격 중 마지막 50일간 일어났던 사건을 노래한 서사시. 〈오디세이〉는 영웅 오디세우스의 표류와 귀향 후 이야기를 다루고 있다. 후에 그리스 문자가 생긴 후 비로소 문자로 기록된 겁니다. 그리고 우리는 지금 그것들을 읽을 수 있구요.

■   그러고 보면 한글은 문자가 적으면서도 확장성은 매우 크죠.

●   네. 한글은 기본적으로 소리 나는 대로 적을 수 있다는 굉장한 장점이 있으니까요. 기술 확산에 관해서도 이어서 이야기해보죠.

■   문자 확산과 비슷한 맥락일 수 있는데요, 우선 하나의 발명품이 좋아 보여서 그걸 직접적으로 수용한 경우가 있구요, 다른 경우로는 그 발명품으로 인해 침략을 당하거나 불이익을 당했을 때 어쩔 수 없이 수용한 경우죠. 후자의 경우는 인류의 비극과도 연관 있다고 해도 과언이 아닙니다.

●   대표적인 것이 머스킷 전쟁이죠. 소총의 초기 형태 중 머스

킷 소총이라는 게 있었다고 해요. 뉴질랜드에 마오리 족이 있잖아요. 북섬에 사는 마오리 족들이 19세기에 유럽 사람들로부터 머스킷 소총이라는 것을 처음 알게 된 거예요. 그러고는 그 총이 마오리 족들의 내전에 사용된 거죠. 당연히 총을 사용하는 부족이 승리하게 되었고 이것이 거듭되면서 모든 부족들이 반강제적으로 총을 습득할 수밖에 없었겠죠. 불과 20여 년 사이에 총이 퍼져버린, 문화 확산의 극적인 사례입니다.

┓   이런 이야기에서 재레드 다이아몬드는 현재 핵 확산의 문제까지 건드리고 있죠. 물론 지금은 핵을 보유한 국가가 다른 국가의 핵 보유를 금지하고 있다는 게 큰 차이구요.

●   한반도의 커다란 이슈이기도 하죠. 저는 이 책을 읽으면서 이번에 처음 알게 되었는데, 기술 확산의 속성에 대한 거예요. 아주 재미있습니다. 이게 동서 축이냐, 남북 축이냐에 따라서 완전히 다르다는 겁니다.

┓   저도 생각 못했는데 아주 흥미롭더라구요. 진작 사회 선생님이 세계지도를 가리키면서 "자, 아메리카 대륙은 남북으로 길다, 유라시아는 동서로 길고. 이게 중요하단다" 이렇게 설명해주었으면 얼마나 좋았을까요.(웃음) 어쨌든 이번 기회에 기술 전파에서 횡축이냐 종축이냐가 이렇게 중요했구나를 깨닫게 되었죠.

●   조금 덧붙여서 설명드릴게요. 유라시아 대륙을 보면 동서로 길게 위치해 있죠. 만약 중국에서 종이를 만들어서 그걸 이슬람

을 거쳐 유럽으로 가지고 간다고 할 때, 거리는 엄청나게 멀지만 기본적으로 같은 위도에 있기 때문에 기후가 같아요. 그러니까 전파될 때 비교적 어려움이 없는 거예요. 그런데 아프리카나 아메리카 대륙의 경우 남북으로 이동하게 되잖아요. 북쪽에서 남쪽으로 내려간다고 할 때 기후 변화가 다 나타나는 거죠. 게다가 아메리카 대륙의 경우 지형적으로도 험해요. 중앙아메리카와 남아메리카 사이에 파나마 해협이 있고, 멕시코에는 사막 지역도 있구요. 그러니 어떤 기술이 전파될 때 상대적으로 어렵거나 불가능한 경우가 많았다는 겁니다. 소 같은 동물도 원래는 아프리카에 전파하려고 했는데 소가 워낙 온대지방에 맞게 가축화되면서 열대지방을 거쳐 내려가지 못했다는 거죠. 체체파리가 옮기는 병원균에 감염되어서 다 죽게 되었으니까요. 이런 식으로 지형적인 이유가 기술 확산에 영향을 주었다는 이야기예요.

┓ 결과적으로 운송수단에도 차이가 생겼구요.

● 그렇죠. 인류 역사상 가장 중요한 발명품 중 하나가 바퀴잖아요. 앞에서 이야기했듯이 유라시아에는 가축화한 동물들이 있었단 말이죠. 이 둘이 만나서 운송수단이 발달하게 된 거예요. 아메리카의 경우는 안데스 산맥에 가축화된 라마가 있었고 중앙아메리카 과테말라 근처에는 바퀴가 발명되었지만 이 둘은 만나지 못했기 때문에 가축이 끄는 운송수단이라는 것 자체가 발명될 수 없었던 겁니다.

5 _____ 과거는 현재로

■　이런 식으로 《총, 균, 쇠》에는 미처 생각하지 못한 이야기가 가득해서 흥미롭습니다. 새롭게 알게 된 것이 아주 많아요. 하지만 이렇게 사례 제시로 끝나는 것이 아니라 커다란 역사의 흐름에 대해서도 중요한 이야기를 하죠.

●　간단히 말해서 이 책에서 재레드 다이아몬드가 이야기하는 것은 일종의 지리결정론이라고 할 수 있잖아요. 우리는 보통 역사를 서술할 때 위인을 중심으로 하는 경우가 많죠. 알렉산더가 어떻고 나폴레옹이 무엇을 했고 등등으로요. 하지만 이 책은 개개인의 영웅 서사로 역사를 파악하는 것은 오류를 낳을 수 있다고 보는 거예요. 그래서 앞에서 이야기한 여러 사례들을 통해 역사를 바꾼 근본적인 이유를 찾으려고 하는 것이구요.

■　맞아요. 그런 태도에 저도 동의하는 편이에요.

●　워낙 방대한 인류의 역사를 다루고 있으니까 일목요연하게 정리하기는 어렵겠지만, 그래서 과연 이 책이 말하고자 하는 바가 무엇인지 이야기해보죠. 인류의 역사를 결정지은 것은 마지막 빙하기가 끝난 기원전 1만 1000년경부터 시작해서 지금까지 일어난 몇 가지 변화가 현대의 불평등한 구조를 만들었다는 겁니다. 이때 그 불평등한 구조를 만든 제1원인은 문명의 시작에서 우연히 특정 지역에 작물화, 가축화하기 용이한 동식물이 있었는데 그것이 유

라시아 지역이었다는 거죠. 아프리카나 아메리카보다 상대적으로 지리적인 우연과 환경적인 혜택을 갖고 있던 유라시아 대륙이 출발이 빨랐고 여기서 문명의 차이가 시작됩니다. 중앙집권적인 농경사회에서 잉여농산물이 활용되면서 그것이 인구 밀집으로 이어졌구요, 그 과정에서 전염병이 돌기도 했지만 오히려 면역 체계를 발달시키기도 했죠. 이로써 구대륙과 신대륙의 발전 속도가 달라졌구요. 15세기에 들어서 서구 문명이 아메리카로 건너가면서 한쪽이 일방적으로 지배하는 결과가 나타났어요. 그런데 이것이 단지 과거의 일이 아니라 현대에도 그대로 이어진다는 것이 이 책의 아픈 결론이기도 해요.

■   요약을 제대로 해주시네요.(웃음)

●   지금 유럽은 노쇠해가는 대륙으로 보이고 동아시아가 부상하고 있잖아요. 머지않아 중국의 경제 규모가 미국을 능가할 거라는 예측이 우세하죠.《총, 균, 쇠》에서 인류의 과거를 설명하는 프레임이 그대로 현재에 적용되는 거예요. 처음으로 농작물을 작물화하고 동물들을 가축화한 지역, 또는 그 지역 사람들이 이주해서 건설했던 나라, 그리고 그 주변에 있어서 쉽게 문화와 기술 전파 혜택을 볼 수 있었던 나라들이 주도권을 가질 수밖에 없는 거죠.

■   앞에서 '총, 균, 쇠'라는 제목에 문제제기를 했지만 이야기를 나눠보니 가장 적절했던 것 같네요. 결국 인류의 역사에서 그 세 가지가 얼마나 폭력적으로 작용했는가의 문제니까 저자의 정치적인 태도가 드러나는 것이죠.

● 　맞습니다. 동서 문명이 만났을 때, 구세계와 신세계가 만났을 때의 사건이 워낙 극적인데 그것을 상징적으로 잘 나타내고 있죠. 재미있게 읽었고 내용도 매우 설득력 있지만, 이 책의 단점을 지적하고 마칠까요.

¶ 　군이 말하자면, 동어반복이 많죠. 자신의 확실한 논거를 너무 몰아붙이는 느낌도 있구요.

● 　저도 비슷하게 생각해요. 일단 구조적으로 잘 짜인 것 같지 않아요. 동어반복이 심한 것도 맞구요. 그리고 사소하지만 의아하게 느껴지는 내용도 좀 있어요. 예를 들면 재레드 다이아몬드는 뉴기니 사람이 유럽인들에 비해 결코 지능이 떨어지지 않는다고 강변해요. 그 자체는 매우 옳다고 생각합니다. 인종주의적인 편견을 혁파하기 위해 훌륭한 논거들을 들고 있으니까요. 그런데 그게 지나쳐서 뉴기니 사람들이 유럽인들보다 더 머리가 좋다고 말하고 있어요. 자신이 33년간 경험해본 결과라고 이유를 대는데 그건 비과학적인 주장이고 심지어 또다른 인종주의로 느껴지거든요.

¶ 　그 부분에서 저는 그래서 머리가 좋다는 게 뭘까, 지능이 높다는 게 뭘까에 대한 생각도 해보게 되더라구요.

● 　그런 의문도 가질 수 있죠. 이 책은 여러모로 강력한 주장을 담고 있고 그러다 보니 읽고 나면 눈에서 비늘이 벗겨지는 느낌이 들잖아요. 아, 그렇구나 하고 깨닫게 되는 것도 많구요. 그것은 이 책이 결정론에 근거해서 쓰여졌기 때문이거든요. 그래서 재레드

다이아몬드 주장에 따르면 모든 걸 완벽하게 설명할 수 있을 것 같아요. 초강력이론이 되는 거예요. 문제는 거기에 들어맞지 않는 사례도 분명히 있다는 겁니다. 중국에 대한 이야기가 그래요. 에필로그에 와서야 중국은 전파 속도가 너무 빠른 통일국가였기 때문에 오히려 뒤처지는 역풍을 맞게 되었다는 논지를 펴는데 본인의 전체 주장을 흔드는 듯한 느낌을 주거든요.

▜   말씀하신 것처럼 이 책의 에필로그는 약간 변명의 느낌이 있어요. 자신의 주장이 결정론이 아닌 듯 이야기하지만 그렇게 받아들여지지 않거든요.

●   그렇죠. 워낙 강력한 주장을 힘있게 밀어붙이면서 끝까지 간 책이라 에필로그에서 아쉬운 면도 느꼈는데요, 어쨌든 매우 재미있고 이야깃거리가 많은, 탁월한 책인 것은 맞습니다. 제목은 익히 들어봤지만 아직 접하지 않은 분들에게 권해드리고 싶네요.

함께 읽으면 좋은 책들

●

《사피엔스》, 유발 하라리

수백만 년에 걸친 인류 역사를 특유의 시각으로 관통해가며 그 터닝 포인트들이 지닌 의미를 선명하게 요약 설명한다. 지적인 자극이 상당한데, 게다가 술술 읽힌다. 이렇게 거대한 시각으로 인간이란 존재를 다룬 책을 읽다 보면 삶의 자잘한 문제들에 얽매여 옴짝달싹 못하는 하루하루의 상황이 허망하게 느껴진다.

《광대한 여행》, 로렌 아이슬리

그렇다면 인류는 어떻게 처음 출현하게 되었는가. 이 책은 생명이 어떻게 이 땅에 깃들게 되었는지, 그 생명체가 어떻게 광대한 여행을 거쳐 인류가 되는 과정을 밟아왔는지를 유장하고도 아름답게 그려낸다. 여기서 인류학자 로렌 아이슬리는 순례자 같고 시인 같다.

《사피엔스》, 유발 하라리

두껍기로는 《총, 균, 쇠》 뺨치는 정도이지만, 내용은 훨씬 간략하고 명쾌하다. 《총, 균, 쇠》에게 뺨을 맞아본 사람으로서, 《사피엔스》와는 사이좋게 시간을 보낼 수 있었다.

《우주의 통찰》, 존 브록만 엮음

베스트 오브 엣지 시리즈의 4권으로 '우주'에 관해 연구해온 석학들이 동시대 가장 첨예한 '우주 이슈'를 다루고 있다. 《총, 균, 쇠》를 읽다가 머리가 지끈거리면, 하늘을 올려다보며 이 책을 읽길 권한다.

창조적인 생각은 어떻게 만들어지는가?

생각의 탄생

SPARKS OF GENIUS

로버트 루트번스타인, 미셸 루트번스타인

ROBERT ROOT-BERNSTEIN & MICHÈLE ROOT-BERNSTEIN

작가 소개   로버트 루트번스타인은 미시건주립대학 생리학과 교수이다. 《생각의 탄생》외에도 《발견 : 과학지식의 경계에서 문제 고안과 해석》, 《꿀, 진흙, 구더기 그리고 기타 의학적 경이로움》 등의 저서가 있다. 미셸 루트번스타인은 역사학자이다. 두 사람은 부부로 여러 권의 책을 함께 썼다.

1＿＿＿＿ 13가지 생각도구란?

● 　'창조적으로 생각한다는 것'이나 '창의성' 등에 관심 있는 분 많으실 겁니다. 사회적으로도 많이 강조하는 말이기도 하고요. 이 주제를 다루는 책들도 쉽게 찾아보실 수 있을 텐데요, 그중에서도《생각의 탄생》은 제목이 말해주듯이 과연 창조적으로 생각한다는 것은 무엇인가, 그리고 어떻게 할 때 창조적인 생각이나 창조적인 삶이 가능한 것인가를 13가지 생각도구로 구체적으로 제시하면서 말해주는 책입니다. 김중혁 작가님은 어떻게 읽으셨는지 궁금하네요.

┑ 　사실 평소에 관심이 많은 분야의 책이 아닌데 집중해서 읽었어요.

● 　이 책이 국내에 2007년에 출간되었는데 당시 베스트셀러였죠. 5년 동안 15만 부 이상 팔렸다고 하고 현재도 꾸준하게 잘 나가고 있는 걸로 알고 있어요. 요즘 직장인들이 인문학에 관심이 많잖아요. 정확하게 말하면 도구적으로 인문학을 소비하는 것이겠지만요. 직장인들이 많이 읽는 책 중 하나라고도 하던데요. 직장에 다니는 제 친구 하나는 이 책을 수십 권 사서 거래처에 명절 선물로 돌

리더라구요.

▌   그러니까 인문학 입문서로 활용하고 있는 거군요.

●   그렇죠. 직장에서 창의적인 사고를 갖자는 취지로 교육도 많이 하고, 이 책에 나오는 대로 연습하고 학습하기에 좋다고 보는 거죠. 일단 쉽게 잘 읽히지 않나요.

▌   제가 보기에는 균일하고 얇게 도포된 껍질 같은 느낌이에요. 깊이 들어가지 않거든요. 이 책의 내용이 낯선 분도 있겠지만 예술 쪽에 관심이 많은 저로서는 대부분 아는 이야기여서 좀 시시하게 느껴지기도 했어요. 그런데 이 책에서 제시하는 13가지 생각 도구는 소설을 쓸 때 준비하고 만들어지는 과정과 굉장히 유사해서 놀랍기도 했습니다. 제가 하고 있는 작업을 검증하고 확인하는 경험이었어요.

●   그렇군요. 그런데 많은 분들은 이 책에서 소개하고 있는 에피소드들이 신선하기도 하고 재미있으실 거예요. 지적인 부분도 많이 채워줄 것이고 자기계발서처럼 실용적으로도 읽으실 수도 있고 다양한 욕구를 충족시켜줄 것 같아요.

▌   맞습니다.

●   이 책은 창조적인 생각을 한다는 것은 무엇인가를 13가지로 범주화했어요. 관찰, 형상화, 추상화, 패턴인식, 패턴형성, 유추, 몸

으로 생각하기, 감정이입, 차원적 사고, 모형 만들기, 놀이, 변형, 통합, 이렇게 13가지인데요, 각각에 수많은 사례들을 더해서 이야기하고 있죠. 저자는 로버트 루트번스타인과 미셸 루트번스타인인데 두 사람은 부부입니다. 미셸이 한 이야기 중 인상적인 게 있어요. "예술은 역사책을 쓰는 데도 도움이 된다. 주어진 팩트만 갖고 경험하지 못한 과거의 상황을 상상해야 하기 때문이다. 역사 연구도 상상력이 없으면 좋은 결과를 내놓을 수 없다." 이 책의 방법론을 그대로 설명하고 있죠. 로버트 루트번스타인도 과학자지만 취미로 첼로를 10년 이상 연주했다고 해요. 사진, 미술, 모형 만들기, 가구 조립 같은 취미도 있고요. 로버트의 말을 또 인용하자면 "모자이크 관찰이나 미세 모형 제작은 단백질의 생성 과정과 세포가 어떻게 진화하는지 연구하는 데 도움을 준다. 취미로 삼아온 미술 덕분에 머릿속으로 가상 모델을 수정하는 게 어쩌면 슈퍼 컴퓨터를 쓰는 것보다 빠를지도 모른다"라고 했어요.

■ 그 이야기는 모형 만들기 파트에도 나오죠. 최근 현대 문명이 만들어낸 많은 것들이 실패하는 요인 중 하나가 건축학적인 모델 모형을 만들지 않고 컴퓨터에만 의존했기 때문이라고요.

● 그렇습니다. 이 두 사람은 이런 공통적인 생각을 바탕으로 하여 이 책을 썼습니다. 전체 책의 구성을 보면 우선 13가지 생각도구를 정리해서 제시하고요, 그다음에 잘 알려진 것을 포함해서 다양한 과학자와 예술가들의 사례를 들면서 앞서 이야기한 생각도구를 설명합니다. 마지막으로 평범한 사람들은 어떻게 적용하거나 활용할 수 있는지 방법론을 이야기하고 있죠.

■   우선 13가지 생각도구라는 구분이 이 책의 장점이자 한계라
고 생각해요. 왜 13가지여야 하는가도 의문이구요. 그 중 세 가지 정
도는 무리해서 들어간 것 같기도 하고 통합할 수도 있을 것 같아요.

●   예를 들면요? 패턴에 관한 두 가지?

■   아니요. 그것들은 이해가 되고요, 차원적 사고와 변형, 모형
만들기는 통합할 수 있을 것 같아요. 다른 것들과 무게가 잘 맞지
않아 보이거든요. 이렇게 나눠놓은 이유가 저는 잘 납득이 되지 않
았어요.

●   네, 동의합니다. 13가지로 분석해서 이야기하는 이 책의 서
술 방식이 사실 이 책의 지향점과 충돌이 되는 느낌입니다.

■   그렇죠.

●   이 책은 통합지와 종합지를 말하고 있거든요. 물론 13가지
로 명확하게 구분해서 이야기하는 게 방법론적으로 이해를 쉽게
하겠죠. 하지만 방법과 지향이 충돌하는 건 아쉽습니다.

■   창의력과 창조를 강조하는 책인데 책을 쓰는 방식이 창조적
이지 않았다는 게 저로서는 큰 한계로 보이긴 해요.

●   저는 이 책이 잘 구성된 책이라고 생각해요. 창의적인 사고
나 창조가 무엇인가를 이야기하기 위해서 창의력이 뛰어난 사람들

의 업적과 사례를 광범위하게 모았을 거구요, 그다음에 분야별로 분류하고 거기에 각각 이름을 붙인 거죠.

■   구분이 모호한 것까지 다 담으려고 하다 보니까 그게 13가지로 늘어난 것 같아요.

●   원래는 10개였을지 몰라요.(웃음)

■   10가지로 하면 너무 딱 떨어져 보이니까요. 13가지면 뭔가 있어 보이잖아요.(웃음)

●   분명히 그런 한계가 있어요. 한 가지 더 지적하자면 약간 중언부언하는 면도 없지 않아요. 중복되는 이야기도 있구요. 그럼에도 불구하고 저는 재미있게 읽었습니다. 일단 이 책에서 소개하고 있는 다양한 에피소드들이 재미있어요. 과학자의 예술가스러움 혹은 예술가의 과학자스러움이라고 할 수 있을 내용들이 흥미롭더라구요.

■   저도 읽다가 밑줄 그은 부분이 있어요. 아, 이거 소설로 쓰면 재미있겠다고 생각했거든요. 심장전문의가 이상 심장의 소리를 고음질로 녹음해두고 그걸 들으면서 운전한다는 이야기예요. 그 차 안의 풍경이 상상되면서 그런 사람에 대한 소설을 쓰고 싶다는 생각이 들었어요.

●   저에게도 인상적인 내용이 있는데요, 사람들의 소변을 성분

에 따라 소리로 바꿔서 컴퓨터로 분류하고 소리를 증폭시키는 그런 장면을 묘사한 거예요. 그렇게 연구원들이 각자 열심히 무언가를 듣고 있는 풍경이 저에게는 코믹하면서도 매우 장엄하게 느껴지더라구요.

■　제가 말한 심장전문의 에피소드는 소설적이고 말씀하신 에피소드는 영화적이네요.

●　그리고 보니 영화 〈미지와의 조우〉◄ 속 한 장면 같기도 하네요.(웃음)

▶ 스티븐 스필버그 감독이 1977년에 발표한 SF 영화. 프랑수아 트뤼포 감독이 외계인과 통신할 수 있는 음악 코드를 개발하는 라콤 박사로 출연한다.

2_____ 과학자와 예술가

● 《생각의 탄생》이 일관되게 강조하는 것은 과학자는 예술
가처럼 느껴야 하고 예술가는 과학자처럼 느껴야 한다, 이런 이
야기죠.

┓ 아르망 트루소의 이야기로 책을 시작하고 있는데 그게 이
책의 핵심인 것 같아요. "최악의 과학자는 예술가가 아닌 과학자이
며 최악의 예술가는 과학자가 아닌 예술가이다." 칼 세이건의 말도
생각났어요. "과학자에게 가장 필요한 덕목은 회의하는 능력과 상
상력이다." 소설가에게도 가장 필요한 게 바로 회의하는 능력과 상
상력이거든요. 서로 맞닿아 있는 것 같아요. 무언가를 추적하고 무
언가를 밝혀내려고 했을 때는 이것이 맞는지를 생각해보고 더 넓
은 영역으로 상상력을 넓혀나가는 이 두 가지 힘이 반드시 필요한
거죠.

● 과학자뿐만 아니라 저는 지식인과 지식인이 아닌 사람을 구
분할 수 있는 가장 중요한 것이 회의하는 능력이 있는가 아닌가라
고 생각해요. 회의하지 않는 사람이라면 그는 지식인이 아닌 거죠.
물리학자 막스 플랑크도 "과학자에게는 예술적인 상상력이 필요
하다"고 말했는데 이런 이야기와 사례가 《생각의 탄생》 전반에 반
복되어 나타납니다. 예를 들어서 아인슈타인이 수학에 상대적으로
취약했다는 건 잘 알려진 사실이죠. 그런데 아인슈타인이 여섯 살
때부터 바이올린을 배웠다는데 나중에 여러 가지 과학적인 업적을

이루고 나서 한 이야기가 흥미로워요. "내 (과학적인) 발견들이라는 것은 음악적 지각의 결과물이다"라고 했거든요.

■　네. 과학자들의 검증 방식이나 예술가들이 창작하는 방식이 굉장히 비슷하다는 점을 알 수 있어요.

●　앞으로 더 구체적으로 살펴보겠지만, 이 책은 결국 통합적인 교육이 필요하다는 점을 강조하고 있습니다. 한마디로, '신(新) 르네상스인'을 길러야 한다고 말하는 거죠.

■　우리도 '전인교육'을 강조하고 있죠.

●　결국 제너럴리스트가 되어야 스페셜리스트가 될 수 있다는 거죠. 제가 자주 인용하는 스피노자의 말이 있습니다. "깊게 파기 위해서는 일단 넓게 파야 한다"는 건데 비슷한 이야기라고 할 수 있겠죠. 그런 면에서 저는 이 책의 주장에 상당 부분 동의합니다. 예를 들면, 가끔 영화평론을 하고 싶다는 분들을 만납니다. 그런데 그중에는 영화만 많이 보고 아는 분들이 있어요. 하지만 영화에 관한 지식만 습득하면 분명히 한계가 있거든요. 영화에 대한 지식과 사랑이 가장 중요하겠지만 그 외의 교양도 상당히 중요합니다. 영화감독을 예로 들어도 그래요. 어떤 영화를 보면 기술적으로는 매우 훌륭한데 그 안의 내용과 철학은 얄팍한 경우들이 있죠. 그냥 손 끝으로 조물거려서 만든 것 같은 그런 영화들 말이죠.

■　저도 전적으로 동의하지만 한편으로는 이런 생각도 들어요.

한 사람에게 어떤 도구를 가르쳐줬을 때 그 사람이 자기가 파고 싶은 부분을 어떤 부분은 깊게 어떤 부분은 얕게 파면서 자신의 밸런스를 맞출 수 있다면 그것도 전인교육의 목적에 맞는 거 아닐까요. 그런데 그 교육의 방식이 구체적으로 무엇인지는 잘 모르겠어요.

● 저는 이 책을 읽고 천재들과 나 사이의 괴리를 느끼게 된다는 게 가장 문제라고 생각해요. 이 책에서 13가지 생각도구를 설명하고 그것들을 잘 활용한 사람들의 예를 많이 들고 있는데 그것을 읽다 보면 그들은 천재들이고 대단한 사람들이라는 생각이 들거든요. 아, 역시 천재들은 달라, 하면서 책장을 덮을 수 있다는 거죠. 물론 나도 그들처럼 생각의 도구들과 창의력을 개발해나가고 싶다라고 생각하도록 만드는 게 이 책의 목적이겠지만요.

◗ 동감입니다. 이 책의 원제가 'Sparks of Genius' 그러니까 '천재들의 섬광'인 거잖아요. 천재들의 능력을 계속 강조하다 보니까 새로운 시대를 개척하고 엄청난 것들을 만들어낸 사람들의 이야기로 읽히기도 해요.

● 네. 통찰을 가르칠 수 있는가의 문제라고 할 수도 있겠죠. 사실 분석은 가르칠 수 있어요. 영화평론을 예로 들면요, 좋은 영화는 딱 보면 알 거든요. 그건 통찰이겠죠. 하지만 왜 좋은가를 분석적으로 설명하는 게 평론의 역할이잖아요. 그런데 어떤 평론가가 영화에 대한 평론을 통찰의 영역으로 넘기는 순간 평론 자체가 예술화하는 거예요. 예술화한다는 게 반드시 좋은 건 아니라고 생각합니다. 어떤 예술이 왜 훌륭한가를 보는 감식안을 통찰에만 기대게 되

면 그것은 게으른 평론이 아닌가 생각해요.

■　그렇네요. 저는 이 책의 서문이 굉장히 좋았어요. 한 인간의 창조적인 생각이 어떻게 나오며 그것을 전달하기 위해서 어떤 도구를 이용해야 할 것인가라는 질문이 담겨 있거든요. 하지만 전체적으로 13가지 생각도구로 그 답을 찾는다는 건 좀 무리인 듯싶어요. 나중에 나이가 들면 이 질문을 가지고 새로운 무언가를 한번 써볼까 하는 생각이 들 정도더라구요.

●　문제는 직관이나 통찰은 학문이 아니라는 거예요. 언어로 규정한다든가 수식으로 공식화할 수 없는 영역이죠. 그러므로 통찰을 지나치게 강조하다 보면 지적해주신 것처럼 질문과 답이 잘 맞지 않는다고 이야기할 수 있을 거예요. 어쨌든 이 책에서는 통합교과나 통합수업의 중요성을 강조하면서 예를 든 것이 1930년대 바우하우스예요. 바우하우스는 미술과 건축을 중점적으로 가르치는 예술교육기관인데 그곳에서는 생물학, 윤리학, 인류학, 연극까지 다 커리큘럼에 있었다는 거죠. 이런 것이 시사하는 바가 크죠.

■　제 생각에는, 어차피 학교에서 가르칠 수 있는 건 한계가 있으니까 사회교육이 잘되어 있으면 좋을 것 같아요. 예를 들면 지금 제가 갑자기 물리학에 관심이 생겨서 제대로 배우고 싶어졌다고 해도 막상 배울 곳이 없단 말이에요. 이런 사회교육 기반이 잘되어 있지 않으니 학교 교육만 중요하게 여기는 거죠.

071　●　그렇죠. 우리는 대체로 고등학교나 대학을 졸업하면 그것을

교육의 끝이라고 생각하고 이후에는 토익 공부나 승진 시험 등 매우 기술적인 것에만 몰두하게 되죠. 그런 부분을 정확하게 지적해 주셨네요.

■　이 책은 예술적인 착상이랄까 딱 떠오른 생각을 어떻게 전달할 것인가를 주로 이야기해요. '마음의 수혈'이라는 표현도 나오는데 한 사람의 마음이 다른 사람의 마음으로 어떻게 전달되는지 어떻게 잘할 수 있는지가 핵심 주제이기도 한 것 같아요. 그런데 예술가들은 머릿속에 떠오른 생각을 붓으로 또는 글로 '번역'하는 거잖아요. 어떻게 하면 그것을 잘 '번역'할 수 있는가가 이 책의 큰 질문인데 저도 생각을 예전부터 많이 했었고 이 책을 읽으며 더욱 여러 고민을 하게 되더라구요.

●　쉽게 말하면 경계를 넘어서자는 거겠죠. 사실 우리는 뇌에 칸막이를 두고 구획 짓고 있잖아요. 이것은 어학의 영역이야, 이건 수학의 영역이야, 아, 수학은 골치 아파 하는 식으로요. 하지만 그렇지 않다는 거죠. 이런 식으로 지금 알고 있는 분야의 방향을 자꾸 다른 쪽으로 전환시켜보게 만드는 것이 이 책의 장점입니다.

■　영화를 만드는 사람이든 그림을 그리는 사람이든 무엇을 찍을 것인가, 무엇을 그릴 것인가 하는 질문이 없다면 잘 만들 수 없겠죠. 그 질문들을 어떻게 떠오르게 하고 그렇게 떠오른 질문을 어떻게 번역해서 녹여낼 것인가를 이야기하는 책이라고 할 수 있습니다. 그런데 읽다가 이런 생각이 드는 거예요. 과연 인간은 왜 예술을 하고 왜 과학을 하고 있는가. 그런 궁극적인 질문을 떠올린 끝

에 나는 왜 소설을 쓰고 있을까 생각해보았어요.

● 왜 소설을 쓰세요?

◤ 생각을 해봤죠. 그런 답이 떠오르더라구요. 소설에 등장하는 인물은 현실과 달리 무한한 존재니까, 유한한 삶 속에서 무한한 존재를 만들어놓고 그 무한한 존재도 유한할 수 있다는 걸 드러냄으로써 쾌감과 함께 위로를 받기도 하는 것 같아요. 조지 오웰이 《나는 왜 쓰는가》˙에서 그 이유를 네 가지로 이야기했어요. 첫 번째가 '잘나 보이기 위해서'예요. 저 역시 '나는 왜 쓰는가'를 생각하도록 만드는 게 이 책이 저한테 주는 중요한 메시지였던 거죠.

▶ 1931년부터 1948년까지 조지 오웰이 발표한 에세이 중 29편을 선별하여 엮은 책. 조지 오웰의 자전적인 이야기와 작가로서의 정치적인 입장 등을 엿볼 수 있다.

● 매우 인상적인 이야기네요. 결국 인간이 죽을 수밖에 없는 유한한 존재이기 때문에 쓴다는 말로 들리거든요. 《닥터 지바고》를 쓴 보리스 파스테르나크도 이런 이야기를 했어요. "사람이 교향곡을 작곡하는 것도 대하소설을 쓰는 것도 다 죽음이 있기 때문이다." 일맥상통하는 것 같네요.

◤ 덧붙이자면 조지 오웰이 왜 쓰는가에 대해서 정리한 것을 말씀드리죠. 아까 '잘나 보이기 위해서'라고 이야기한 것은 '순전한 이기심'을 쉽게 말한 거구요, 두 번째는 외부의 단어를 자신의 단어로 연결시키고픈 '미학적 열정', 세 번째는 후세에 남기고자 하는 '역사적 충동', 마지막으로 자신이 지향하는 사회로 사람들을 설득하고 싶은 '정치적인 목적' 이렇게 네 가지로 이야기하고

있어요.

●　모든 작가가 그런 이유로 쓰나요?

┓　대부분 그런 것 같아요. 저만 해도 이 네 가지 이유가 다 있는 것 같구요.

●　어떤 정치적인 목적을 갖고 계세요?

┓　'느슨한 세상'일 것 같아요. 한 사람이 그리는 소설 속에는 그 사람만이 품을 수 있는 어떤 기운이 있을 텐데요, 제 소설 속 세계는 현실세계보다 좀더 느슨한 것 같아요. 그렇게 느슨한 세계에서 일어나고 있는 일들을 그리는 것은 제 정치적 목적에서 비롯된 것이겠죠.

●　그렇군요. 멋집니다.

3 _____ 관찰, 새롭게 보는 것

●　　앞서 이야기한 대로 《생각의 탄생》에는 동서고금의 위대한 학자와 예술가들의 이야기를 읽는 재미가 있는데요, 저자들 개인적인 사례도 흥미로워요. 대학 시절 이야기인데요, 정말 학업 성적이 뛰어나고 똑똑한 친구가 있었대요. 어느 날 이 친구가 문을 열고 강의실을 나가려고 하는데 그 문이 매우 크고 무거운 거죠. 그런데 문을 밀어서 열 때 문과 벽을 연결한 경첩 부위에서 먼 쪽으로 밀어야 잘 열린다는 건 물리학 지식이 없어도 당연히 아는 거잖아요. 하지만 이 똑똑한 친구는 그렇게 하지 않고 경첩 부분을 미느라 문도 못 열고 낑낑댔다는 이야기예요. 저는 이 에피소드가 너무 웃겼어요. 학교에서 배운 것은 잘 알지만 그것과 일상생활을 전혀 연결시키지 못하는 사람인 거죠.

◤　　미국 드라마 〈빅뱅이론〉◂에 나오는 '너드'들이 연상되죠.(웃음)

▶ 물리학자들이 주인공인 미국 시트콤 드라마. 2007년에 시작하여 2016년에 시즌 10이 방영되었다.

●　　맞아요, 딱 그런 느낌이에요.

◤　　제가 앞에서도 제기한 의문이지만, 그래서 꼭 '전인(全人)'이어야 하는가라는 생각이 들어요. 천재들 중에는 많은 것을 다 잘하는 사람도 있겠지만 평범한 우리가 꼭 그래야 하나 싶거든요. 누군가는 직장에 열심히 다니고 누군가는 음악에 미쳐서 음악만 하죠. 그런데 언젠가는 음악에 미친 사람이 만든 음악을 들으면서 직장

다니는 사람이 위로받을 때가 있지 않겠어요? 그렇게 돌아가는 게 사회가 아닐까 싶어요. 나한테 모자란 부분을 채워주는 사람이 있구요, 또 다른 사람에게 부족한 것을 내가 채우기도 할 텐데 '전인교육'이라는 말 자체가 천재 또는 능력 있는 사람을 키워내기 위한 교육 목표가 아닌가 하는 생각이 들었습니다.

● 네. 일반인들이 한 명의 직업인으로 서기 위해 르네상스인을 지향하는 것이 반드시 좋은 것인가 다시 말해서 한 사람이 일인분의 삶을 꾸려 나가는 데에 르네상스인이 되기 위한 노력이 과연 효과적일까, 어떤 도움이 될까 하는 것에 대해 이 책과는 다른 생각을 갖고 계신 거네요.

◣ 그렇습니다.

● 충분히 그렇게 볼 수도 있다고 생각합니다. 좀더 구체적인 것으로 들어가보면요, 앞에서 우리가 직관이 학문의 영역이 아니라고 이야기했는데 그럼에도 이 책에서는 직관에 대해서 그냥 느낌만 있는 게 아니라 그것 자체가 사고와 긴밀하게 연관이 되어 있다고 주장해요.

◣ 네. 직관은 매우 과학적이다, 이렇게 주장하죠.

● 물리학자 리처드 파인먼도 "수학은 우리가 본질이라고 이해하는 것을 '표현'하는 형식일 뿐이지 이해의 내용이 아니다"라고 말하죠. 결국 선행되어야 하는 것이 통찰이나 직관, 느낌 이런

것들이고 그것을 정교하게 다듬는 것은 그 후의 과정이라는 말일 텐데요, 직관과 사고를 떼어놓고 볼 수 없다는 주장입니다. 그래서 《생각의 탄생》은 서양의 근대적인 사고, 예를 들면 데카르트적인 이원론이나 조로아스터교적인 이원론을 넘어서는 일원론적인 지식을 지향하는 것으로 보여요. 그래서 기존의 틀을 깨부수는 통쾌함 같은 게 느껴지기도 해요. 제가 이 책을 읽으면서 심리적으로 가장 위안을 받은 것은, 아 나만 '돌아이'는 아니었구나 하는 것이었어요.(웃음) 그렇지 않으셨어요? 여기에 소개되는 사람들은 너무 이상한 버릇 같은 걸 가지고 있잖아요. 김중혁 작가님도 그런 것 갖고 계시죠? 얼른 고백하세요.(웃음)

■　나중에 고백할게요.

●　저는 숫자에 대한 강박이 있어요. 예를 들면 운전하다가 앞의 차 번호판을 보면 그 숫자들을 이렇게 저렇게 바꾸면서 생각을 해요. 주로 연도를 연상하는데 예를 들면 '1902'를 보고 '1902년은 영일동맹' 또 '7636'이면 그걸 '1636'으로 바꿔서 '병자호란이 일어난 해' 이렇게 생각하는 거죠. 그런 생각을 떨쳐보려고 하는데 강박을 벗어나기가 힘들죠.

■　그런 강박은 종류가 다를 뿐이지 누구나 가지고 있죠. 예를 들면 횡단보도의 흰 선을 밟거나 밟지 않는다든가. 저는 벽지만 보고도 한참 놀 수 있어요. 벽지 무늬를 보고 패턴을 계속 따라가면서 만드는 거죠.

● 디지털시계에 숫자가 나오잖아요. 어렸을 때 저는 '12시 34분 56초'에 굉장히 집착했어요. '123456'이라고 표시되는 걸 봐야 직성이 풀리는 거죠. 시험 볼 때 문제의 글자 수를 세는 버릇도 있었구요.

¶ 글자 수를 센다고요?

● 네. 만약 1번 문항의 글자 수를 세서 17자면 기분이 나빠요. 안 떨어지는 소수(素數)니까요. 하지만 24나 36자면 기분이 좋아요. 약수가 많잖아요. 약수가 많은 수를 보면 마음이 평온해지고 자기 자신으로만 나누어지는 소수를 보면 그 수가 나를 뾰족하게 찌르는 듯한 느낌이 들어서 기분이 안 좋아요.

¶ 뭔지 알 것 같아요. 편안한 숫자와 편하지 않은 숫자, 다 있죠. 저두 비슷해요. 운동경기를 볼 때 유난히 제가 좋아하는 등번호가 있어요. 그 등번호 선수들을 좋아하는 거죠. 저는 잠에서 깨어났을 때 바로 일어나지 않고 누워서 머릿속으로 뭔가를 해야 해요. 제나름대로의 패턴이 있는 거죠. 그 패턴을 따르지 않으면 하루를 제대로 잘 보내지 못하는 것 같은 찜찜함이 있어요.

● 이런 습관이랄까 반복되는 것을 종교적으로 정교하게 만든 게 바로 '의식(儀式)'이죠. 의식에서는 왼발이 먼저 나가야 하는지 오른발이 먼저 나가야 하는지를 세세하게 정해놓고 그것을 지키게 하죠.

■　　그러고 보니 이 책에서 생각도구를 '13가지'로 한 것도 마음에 안 드네요.(웃음)

　　●　　그런가요.(웃음)

　　■　　13가지는 너무 많고 7단계로 만들어보죠.(웃음)

　　●　　그럼《생각의 탄생》의 가장 핵심적인 내용이라고 할 수 있는데요, 13가지 생각도구를 구체적으로 들여다보죠. 첫 번째는 관찰입니다. '관찰'은 우리가 어떤 것을 볼 때 그냥 보는 게 아니라는 거죠. 영어로 이야기하자면 '보다'는 'see'가 있고 'look' 'observe'가 있는데 여기서 관찰은 'observing'에 해당합니다.

　　■　　우선 13가지 생각도구를 곰곰이 생각해보면요, 각기 약간 차원이 달라요. 관찰이나 형상화, 추상화 이런 것들은 창작물을 만들기 전에 머릿속으로 굴리면서 만들어내는 거구요. 몸으로 생각하기, 감정이입, 변형 등은 창작 과정 중 일어나는 일인 것 같아요.

　　●　　아, 그렇네요.

　　■　　관찰에서 가장 좋은 건 그림 그리기인 것 같아요. 이 책에도 그런 이야기가 나오죠. 여행 갔을 때 사진을 찍지 말고 그림을 그리라고요.

　　●　　그렇죠. 외젠 들라크루아의 사례가 나오는데, 이렇게 말했

다고 하죠. "5층에서 떨어지는 사람이 바닥에 완전히 닿기 전에 그를 그려내지 못하면 걸작을 남길 수 없다." 굉장히 인상적인 말이죠. 그러니까 짧은 시간 안에 대상의 특징과 본질을 파악해야 한다는 건데 보통 화가들이 크로키를 그리면서 그런 훈련을 많이 하잖아요.

■　그런데 5층에서 누가 떨어질 때 단지 관찰만 가능한 것은 아니죠. 감정이입할 수도 있구요. 생각도구가 각각 개별적으로만 작용하는 건 아니라는 점을 짚고 싶어요.

●　생각도구가 겹치기도 하고 동시에 작용되기도 하겠죠. 파블로 피카소의 이야기도 재미있어요. 피카소 아버지가 미술교사였는데 어렸을 때 한동안 비둘기 발만 그리게 했다죠. 그러다 보니 비둘기 발을 잘 그리게도 되었지만 나중에 다른 것들 역시 정교하게 그려낼 수 있었다는 것도 인상적인 부분이더군요.

■　그렇죠.

●　관찰이 단지 있는 것을 들여다보는 것에 그치지 않고 익숙한 것도 새롭게 보는 게 중요하다고 이야기할 수 있잖아요. 가장 많이 드는 예가 마르셸 뒤샹의 〈샘〉인데 흔한 남성 소변기를 오브제로 활용했듯이 뻔한 것을 다시 보게 만드는 게 예술의 기능이겠죠.

■　그런데 〈샘〉을 비롯해서 그런 예술작품들의 탄생은 어떻게 보면 전략적인 거잖아요. 개인의 통찰에서만 나왔다기보다는 시대

와 흐름 속에서 만들어낸 것이라고 할 수 있습니다.

● 　개념미술이라고 할 수 있죠.

▋ 　그렇기 때문에 관찰이라는 것도 큰 맥락 속에서 이루어져야 한다는 거구요.

● 　네. 마르셀 뒤샹이 소변기에 '샘'이라는 이름을 붙여서 전시한 것은 관찰과는 무관하지만 향유하는 사람에게는 다시 보도록, 다르게 보도록 만드는 측면도 있죠. 제가 예전에 멕시코 산타페를 여행한 적 있는데 그곳에서 조지아 오키프 미술관에 갔어요. 화집에서만 봤던 오키프 그림들을 직접 보고 굉장히 충격을 받았는데, 천남성 같은 꽃을 아주 크게 그린 작품들이었거든요. 그것을 보니 '아, 꽃이라는 게 식물의 성기구나' 하는 느낌이 확 드는 거예요. 그러니까 우리는 보통 꽃을 있는 대로 보고 즐기지 굳이 확대해서 보지는 않잖아요. 그런데 우리 뇌가 이런 모양의 이런 크기의 꽃이라고 정형화하여 파악하고 있는 꽃을 2차원의 커다란 그림으로 보는 순간 알고 있던 것과는 전혀 다른 느낌이었습니다. 이 책에도 조지아 오키프 이야기가 나오죠.

▋ 　예전에는 미술작품을 볼 때 닮게 그리면 좋은 평가를 했었죠. 하지만 이제는 우리가 익히 알고 있는 것을 얼마나 다르게 보여주는가가 예술의 중요한 개념이 되었잖아요. 조지아 오키프도 그런 이야기를 했는데 "내가 꽃을 있는 그대로 그렸다면, 아무도 내가 본 것을 보지 못했을 것이다"라고요. 그렇게 다르게 보여주는

것이 그의 방식이었던 거죠.

● 　이 책에서는 '관찰'이라고 하면 단지 '눈으로 보는 것'에 그치지 않는다며 여러 가지 사례를 들고 있습니다. 예를 들면 고대 의사들은 환자들의 고름이나 오줌을 맛보는 것으로 환자의 건강 상태를 파악했다고 하는데 다시 말해서 맛을 관찰한 거죠. 톰 아이스너라는 생물학자는 냄새만으로 곤충의 의사전달과 자기방어 시스템에 관해서 중요한 자연과학적인 발견을 10여 가지나 해냈는데요, 아버지가 향수제조업자여서 어렸을 때부터 후각을 집중적으로 발달시킬 수 있었다는 거예요.

■ 　저도 그 에피소드가 기억에 남는데, 과연 촉각, 청각, 시각 같은 감각들이 교육되는 건가 타고나는 건가 궁금해졌어요.

● 　둘 다겠죠.

■ 　타고나는 한편 교육으로 더 발전되기도 하겠죠. 그게 또 자기 성향과 맞지 않으면 할 수 없는 일일 테고요.

● 　그렇죠.

■ 　참, 조지아 오키프가 유언처럼 남겼던 말이 전 좋더라구요. "아직도…… 그렇게…… 아무도 꽃을 보지 않아…… 정말로…… 그건 너무 작아…… 시간이 없어…… 보려면 시간이 걸려, 친구가 되려면 시간이 걸리는 것처럼 말이지……." 이 말을 보니 영화 〈스

모크〉가 떠올랐어요. 매일 똑같은 장면을 찍은 사진을 보여주잖아요. 비슷해 보이는 사진들을 막 빨리 넘기니까 이렇게 말하죠. "아냐, 그 사진은 그렇게 보면 안 돼." 그 사진을 보는 방법이란 세상을 관찰하는 방법 아닐까요. 빨리 넘겨가며 보는 게 아니라 천천히 미세한 변화들을 들여다보고 느끼면서 무엇이 바뀌었는지 보는 것, 그게 진짜로 보는 것, 관찰하는 방법이겠죠.

▶웨인 왕 감독의 연출작으로 윌리엄 허트, 하비 케이텔 등이 출연했다. 폴 오스터의 소설 〈오기 렌의 크리스마스 이야기〉가 원작으로 폴 오스터가 각본에 참여했다.

● 저도 그렇게 생각해요.

￭ 관찰은 속도와 상관이 있어요, 확실히. 오래 들여다보지 않으면 볼 수 없는 게 있고 그렇기 때문에 관찰은 곧 시간이고 시간이라는 것은 결국 그 사람이 하고 싶어 하는 게 뭔지를 알 수 있게 하는 거잖아요. 하고 싶은 것을 위해 시간을 낼 수밖에 없고 거기에 몰입을 하게 되죠.

● 고은 시인의 〈그 꽃〉이라는 시가 있죠. "내려갈 때 보았네 / 올라갈 때 못 본 / 그 꽃"이 전문인 짧은 시예요. 올라갈 때 못 본 것을 내려갈 때 보게 되기도 하죠.

￭ 우리가 시간을 들여서 할 수 있는 게 많지 않기 때문에 이 책을 만약 인문 입문서로 보신다면 관찰의 영역만큼은 충분히 받아들이고 활용해보아도 좋을 것 같아요. 다른 도구들은 창작을 위해 필요한 것들이겠지만 관찰은 창작을 전제로 하지 않더라도 일상에서 필요한 것이거든요. 충분히 관찰함으로써 얻을 수 있는 게 많아요.

4 _____ 형상화, 추상화, 패턴인식과 패턴형성

● 다음에는 형상화에 대해서 이야기해볼까요. 형상화는 영어로 'imaging', 이미지를 만들어내는 것이라고 할 수 있을 텐데요, 이 책에서는 꼭 시각적인 형상화 능력을 말하는 것은 아니에요.

┓ 형상화라는 것을 어렵게 생각할 수 있는데 쉽게 말해서 머릿속에 그리는 능력이잖아요. 예를 들면 낭송을 듣고 그 이미지를 그리는 것이죠. 말하자면 팟캐스트 〈이동진의 빨간책방〉을 통해 책 이야기를 들으며 어떤 장면들을 그려낸다면 그게 형상화겠죠.

● 제가 영화감독들을 인터뷰할 때 자주 하는 질문이 "이 영화는 어떤 구체적인 이미지에서 출발했습니까"예요.《생각의 탄생》에도 테네시 윌리엄스가 〈욕망이라는 이름의 전차〉◀ 를 쓸 때 자기가 상상한 모습이 있었다고 나오죠. "나는 젊음의 막바지에 이른 한 여인을 떠올렸다. 그녀는 창문 옆 의자에 고적하게 앉아 있다. 달빛이 흘러들어

▶ 테네시 윌리엄스의 희곡으로 1948년에 퓰리처상을 수상했다. 엘리아 카잔이 연극뿐만 아니라 동명의 영화도 연출했다.

와 그녀의 쓸쓸한 얼굴을 비춘다. 그녀 옆에는 결혼할 남자가 서 있다." 이런 이미지를 상상하고 〈욕망이라는 이름의 전차〉를 썼다고 해요.

┓ 마치 에드워드 호퍼의 그림 같은 느낌이네요.

● 정말 그래요. 연극이나 영화 〈욕망이라는 이름의 전차〉에

비슷한 장면이 실제로 나오기도 해요. 제가 예전에 이명세 감독님을 인터뷰했는데 이명세 감독은 시나리오를 써야지 하면 저절로 두 문장을 쓰게 된대요. 매번 똑같은 문장으로 시나리오가 시작되는데 그건 "한 남자가 울고 있다. 그런데 그 남자가 길을 떠났다"예요. 모든 영화가 여기서 시작된다는 거죠.

■　　모든 영화가요? 그리고 보면 이명세 감독 영화의 비밀이 풀리는 느낌이네요.

●　　이런 식으로 예술가들에게는 시작하게 하는 근원적인 이미지가 있는 것 같아요. 김중혁 작가님은 하나의 이미지에서 시작된 소설이 있어요?

■　　몇 개 있었죠. 예를 들면 단편 〈크라샤〉는 트럭에 쓰여진 글자를 보고 시작되었죠. 장편 《미스터 모노레일》은 하나의 보드판에서 시작되었구요. 단편 〈요요〉는 아침에 눈을 떴는데 "나는 고리를 끊는 사람이다" 이런 문장이 떠올라서 그것을 딱 붙들고 작품을 구상하고 쓰게 되었어요.

●　　멋진데요.

■　　저는 머릿속에 떠오르는 생각의 덩어리가 있어요. 그걸 추상화시켜야 해요. 거기서 어떤 '상(象)'을 뽑아내야 하는데 그걸 너무 빨리 뽑아내면, 그러니까 구체적으로 만들어지지 않은 데에서 뽑아내면 잘못된 덩어리가 나올 수 있거든요.

● 　도자기 굽는 것과 비슷하네요.

┑ 　충분히 반죽하고 주무른 다음에 뽑아내야 한다고 생각해요. 섣부르게 뽑아내거나 하면 안 되는 거죠.

● 　숙성할 시간이 필요하군요.

┑ 　보통 어떤 생각이나 이미지가 떠오르면 메모를 하잖아요. 그런데 메모를 하면 문자로 만들어지는 순간 많은 상상력이 날아가게 되어 있어요. 그렇기 때문에 더 많은 것들을 상상하고 그게 완전히 익숙해지고 세계가 만들어진 다음에 문자로 만드는 게 추상화를 할 수 있는 방법이고 관찰한 것을 형상화하는 방법이기도 한 것 같아요.

● 　그리고 감각들 사이를 서로 넘나드는 것도 중요하죠. 테네시 윌리엄스가 희곡을 쓸 때 주인공들이 대화하는 소리가 구체적으로 들린다고 하잖아요. 실제로 배우가 캐스팅되기 전인데도 예를 들면 말론 브랜도와 비비안 리가 대화하는 게 들린다고 해요. 〈원더풀 라이프〉나 〈걸어도 걸어도〉 등을 만든 고레에다 히로카즈 감독도 비슷한 이야기를 했어요. 고레에다 히로카즈 감독은 처음에 시나리오를 대강만 쓴대요. 캐스팅이 된 후 배우가 구체적으로 정해져야 대사가 완벽하게 나온다는 거예요. 어떤 배우의 목소리나 어투가 있어야 대사를 완결지을 수 있다는 거죠. 이렇게 작법에서 청각이 결정적으로 영향을 미치는 경우도 있으니 형상화라는게 단순히 시각화를 의미하는 건 아니라고 설명할 수 있습니다. 세

번째 도구는 추상화예요.

┓　　네. 저는 이 부분이 좀 힘들었는데 추상이 뭔지 잘 모르겠더라구요. 보통 우리가 '추상적이다'라고 이야기할 때 부정적으로 쓰기도 하잖아요.

●　　구체적이지 않다는 뜻으로 주로 쓰죠.

┓　　한자로는 '상을 뽑아내다'이고 영어로는 '요약한다'는 의미도 있어요.

●　　'abstracting'이죠. 사물에서 어떤 것을 뽑아내는 것.

┓　　어쨌든 '추상'이라는 단어가 어려워요.

●　　사실 추상뿐만 아니라 이 책을 읽다 보면 어떤 용어들은 애초의 뜻에서 외연을 지나치게 확대하는 느낌도 있어요.

┓　　13가지 생각도구를 카테고리화하다 보니 약간의 무리가 생긴 것 같아요.

●　　네, 그런 부분이 있는 듯합니다. 부정확하게 경계를 넘어서면서 외연을 확대해버리면 특정한 단어나 개념 속에 거의 모든 것을 포함시켜 설명하는 환원주의의 오류가 생길 수 있죠. 어쨌든 추상에 대해서 저자들은 '모든 과학의 이론이나 법칙이라는 것은 다

강력한 추상이다'라고 말하죠. 또 '말 역시 결국 추상을 통해 발설이 된다'고 하는데 다 맞는 말이죠. 사랑이라는 감정은 마음속에 존재하는, 굉장히 복합적인 거잖아요. 그것의 어떠어떠한 것들을 특징으로 잡아서 '사랑'이라고 언어로 언명하는 것, 그것이 추상인 거죠.

¶   이 책의 설명을 읽다 보니까 대표적인 추상이 말과 단어인 것 같더라구요. 우리가 실제로 눈으로 볼 수 없지만 커다란 개념들을 하나의 단어로 압축해놓은 것이 사랑, 진리, 진실 같은 단어들이죠. 추상적인 단어를 이용해서 삶에서의 구체적인 이야기를 만들어내는 게 소설인데 거기에서 뭔가 아이러니와 역설이 생기는 것 같아요.

●   그렇죠. 추상을 설명하는 부분에서 에드워드 E. 커밍스의 시 그림을 보면서 무릎을 쳤어요.

¶   처음 보셨어요?

●   네. 이 책에서 처음 봤어요. 정말 재미있고 신기했어요. 의미가 아닌 소리 혹은 글자의 형태를 이용해서 쓴 시들은 많죠. 저도 한번 써보고 싶다는 생각이 들더라구요.

¶   한국 작가들도 그런 시도를 많이 하고 있어요. 단어들이 가지고 있는 추상적인 의미를 형상화해서 구체성을 띠게 만드는 그런 작업들을요. 이 책에서 커밍스의 시, 윌슨의 사진, 피카소의 그

림을 추상화의 예로 들고 있는데 그것들이 관찰한 것에서 모든 것
을 버리고 딱 한 가지만 남긴 사례라는 거죠.

● 　그게 창작의 기본이잖아요.

¶ 　그렇죠.

● 　영화도 그래요. 소설의 최소 단위가 문장인 것처럼 영화의
최소 단위는 쇼트잖아요. 쇼트를 구성할 때 프레이밍을 어떻게 할
것이냐가 중요하죠. 클로즈업으로 얼굴을 비춘다는 것은 몸 아래
쪽은 묘사하지 않고 버린다는 얘기잖아요. 쇼트들을 편집으로 연
결하는 경우도 나머지 것들은 다 버렸다는 뜻이거든요. 결국 창작
이라는 것은 '무엇을 보여줄까'보다 '무엇을 보여주지 않고 무엇을
드러내지 않을까'가 더 중요할 수 있다는 거죠. 소설도 그렇죠?

¶ 　소설이 한 마을을 다룬다고 하면요, 그 마을에 사는 100명
의 이야기를 다 담을 수는 없죠. 그중에서 가장 특징적인 사람, 내
가 보여주고 싶은 세계를 잘 표현할 수 있는 사람만 고르는 거죠.
선별해서 그 사람의 삶을 보여주는 게 곧 소설인데 그러려면 많
이 생각해서 뭘 버릴지를 정확히 파악해야 하는 거죠. 마지막에 리
처드 파인먼이 말하잖아요. "현상은 복잡하다. 법칙은 단순하다.
……버릴 게 무엇인지 알아내라."

● 　윈스턴 처칠의 말도 매우 인상적이에요. 5분짜리 이야깃거
리를 가지고 하루종일 떠드는 것은 누구나 할 수 있지만 5분밖에

말할 시간이 주어지지 않는다면 그것을 위해 하루 종일 준비해야 한다고 했죠.

◗　　그게 많은 사람들이 작업하는 과정이라고 할 수 있습니다. 예를 들어 영화를 만들 때 생각나는 걸 다 담을 수 있다면 제대로 되지 않겠죠. 하지만 제한이 있기 때문에 뭘 버릴지 생각해야 하잖아요.

●　　어떻게 보면 영화라는 것 자체가 이야기를 추상화하는 것이고 삶을 추상화하는 것이 결국 예술이라는 거예요. 패턴인식으로 넘어가보겠습니다. 이것은 말 자체가 어렵지는 않죠? 치밀한 논리에 따른다기보다는 직관으로 파악한다고 할까요, 전체적인 구조나 형식을 한눈에 파악한다는 말일 테니까요. 수학에서도 패턴이 중요하죠. 이 책에 나오는 가우스 이야기가 유명하잖아요. 선생님이 "1부터 100까지 더해라" 했더니 바로 몇 초 안에 "5050이요"라고 맞힌 거죠. 어떻게 빨리 계산했냐고 하니까 그 설명은 이렇습니다. "0과 100을 더하고 1과 99를 더하고 그렇게 다 더하면 100이 50개 나오잖아요. 마지막 남은 50만 더하면 5050이죠." 우리도 수학 시간에 이런 등차수열 공식을 배운 적이 있어요. 어린 가우스는 그런 공식을 몰랐지만 패턴을 인식해서 풀어낸 거죠. 수학적인 직관이 뛰어났다고 할 수 있어요.

◗　　이 책을 읽고 나면 세상은 패턴으로 이루어져 있구나 깨닫게 되죠. 우리가 모르고 지나쳐서 그렇지 내부에 그런 법칙이 있다는 점을 알게 돼요.

● 그래서 삶이라는 게 신비하다고 생각해요. 삶에는 패턴이 없잖아요. 패턴이라는 것은 반복될 때 만들어지는데 삶은 딱 한 번뿐이니까요.

🔳 맞아요. 소설을 쓰거나 그림을 그리는 창작자들, 삶이라는 걸 추상화해야 하는 사람들이 힘들어하는 게 그런 점이거든요. 삶에 패턴이 없다는 점이요. 그러니까 매번 다른 걸 만들어내야 해요.

● '오성과 한음' 이야기 아시죠? 그중 오성이 조선시대 선비인 백사 이항복인데요, 어렸을 때 읽었던 옛날 이야기 중 이항복 일화가 재미있어요. 이항복이 못말리는 장난꾸러기였는데 어느 날 아버지가 버릇을 고쳐주려고 외출하면서 쌀 한 말을 마루에 흩뜨려 놓고는 쌀알이 모두 몇 개인지 세어놓으라고 한 거죠. 그런데 돌아와보니 이항복이 그냥 놀고 있는 거예요. 그 모습을 본 아버지가 화를 내며 왜 내가 시킨 일을 하지 않고 놀고 있냐고 하니까 천연덕스럽게 다 셌다고, 모두 몇 알이라고 대답한 거죠. 그래서 어떻게 알았냐고 하니 우선 쌀 한 말이 밥 공기로 몇 개인지 세고, 한 공기가 몇 숟가락인지 세고 한 숟가락에 쌀알이 몇 개인지 센 다음 그걸 차례대로 곱해서 알았다, 이렇게 설명했다는 겁니다. 가우스나 이항복이나 어렸을 때 이미 수학적인 패턴인식을 할 수 있었던 거죠. 다섯 번째 생각도구는 패턴형성입니다. 앞서 이야기한 패턴인식과 이어지는 내용인데요, 한마디로 이야기하면 단순한 패턴을 결합해서 복잡한 패턴을 형성하는 창조적인 사고 또는 테크닉이라고 할수 있죠.

■　이 책에서 패턴인식과 패턴형성을 나누어서 설명하는 이유가 뭘까요?

●　인식과 형성은 아무래도 다른 거겠죠. 하나는 입력이고 하나는 출력이라고 할 수 있을 테니까요.

■　저는 그래서 앞에서 말한 네 가지는 창작의 전단계, 사고의 전단계인 것 같고 이 패턴형성부터가 창작 행위에 대한 것 같아요. 그래서 나눈 것이라고 생각해요. 저는 어렸을 때부터 패턴형성을 잘했어요.

●　아, 그러셨군요.

■　놀이를 많이 만들어냈거든요. 스스로 게임의 룰을 만들어서 친구들이랑 놀고는 했어요.

●　그러니까 보드게임을 소재로 한《미스터 모노레일》같은 소설도 쓰신 거죠. 저도 비슷한데 고스톱을 칠 때 새로운 규칙을 만들어서 놀기도 했어요.(웃음) 보통 사람들이 알고 있는 규칙에 이것저것 더하는 거죠. 그러면 저는 재미있는데 어떤 사람들은 싫어하더라구요.

■　우리 둘이 비슷하네요.(웃음) 이 책에서 이렇게 설명하고 있어요. "단순한 요소들이 결합해서 복잡한 것을 만들어낸다는 것은 패턴형성에 나타나는 보편적인 특징이다. (……) 패턴형성에서 인

상적인 것은 결합되는 요소들의 복잡성이 아니라 그 결합방식의 교묘함과 의외성이다." 이건 글을 쓸 때도 마찬가지인 것 같아요. 글쓰기도 몇 가지 패턴을 가지고 수만 가지의 의외의 조합을 만들어내는 것이거든요. 그런 의외성을 잘 만들어내는 게 패턴형성의 원칙이겠죠.

●   소설도 그렇고 시도 그렇죠.

▜   이 책에서 유독 많이 인용하는 작가가 버지니아 울프와 조지아 오키프죠. 저자들이 좋아하나 봐요. 버지니아 울프가 장면과 인물을 구상할 때, "무의식적으로 영위하는 일상사에도 어떤 패턴이 숨겨져 있다는 것"을 인식했다고 하면서 울프 문학의 목적은 이 패턴을 분명하게 드러내 보이는 것이라고 설명합니다. 저는 이 대목이 인상적이었어요.

5 _____ 유추, 몸으로 생각하기, 감정이입

● 다음으로 살펴볼 생각도구 여섯 번째는 유추입니다. 겉으로 봐서 두 가지가 비슷하다는 것이 아니라 내적인 연관성 혹은 기능적인 부분이 같다는 것을 알아내는 것이 유추라고 이야기할 수 있죠.

┓ 명쾌하게 정리해주셨네요.(웃음)

● 예를 들어 '내 배가 남산만 하다'라고 하면 유추가 아니죠.

┓ 유사와 유추를 구별해서 설명하고 있는데, 유사는 시각적, 외면적, 표면적인 닮음을 이야기하는 거죠. 말씀하신 대로 유추는 내적인 닮음을 이야기하는 거구요.

● '내 마음이 호수요' 이러면 유추죠. 이렇게 비슷한 점을 발견하고 인식해낼 수 있는 능력 자체가 지성의 핵심이라는 것이 이 책의 주장입니다.

┓ 헬렌 켈러의 예가 자주 나와요. 헬렌 켈러야말로 유사성과 유추를 인식하는 데 탁월한 사람이었고 창조성이 뛰어난 사람이었다고 평가합니다.

● 인류 역사상 가장 유명한 과학적인 발견들도 모두 유추에서

094

왔다는 거죠. 뉴턴이 이야기한 중력의 법칙도, 아래에서 당기는 힘으로 사과가 떨어지는 현상에서 그 힘이 계속 뻗어나가 달까지도 끌어당기는 것이라고 하는 거잖아요.

■   그런데 유추의 범위가 중요한 것 같아요. 좁으면 재미가 없어지고 너무 넓어지면 과대망상 같은 게 생기는 거죠. 모든 사람들이 수긍할 수 있는 원리를 발견하는 것이 유추의 핵심이라고 봅니다.

●   다윈의 진화론이 생기기 직전에 맬더스의 인구론이 있었잖아요. 식량의 생산에 비해 인구가 기하급수적으로 늘어나기 때문에 결국 사회적인 약자, 혹은 기아 상태에 있는 사람들이 먼저 죽을 수밖에 없다는 게 인구론의 한 부분이었는데 그것을 다윈이 더 발전시킨 거죠. 그렇다면 자연에서도 환경에 가장 적합해진 개체들이 살아남지 않겠는가라는 생각을 유추에 의해서 끌어낸 것이라고 설명하고 있습니다.

■   저는 《생각의 탄생》에서 소개하는 13가지 생각도구 중 유추와 감정이입이 인간이 가지고 있는 가장 보편적이고 본능적인 특성이라고 생각해요. 감정이입은 말하자면 다른 사람이 되어보는 것이고 유추는 이런 경우 어떤 것인가를 비교해보는 것이잖아요. 이렇듯 새로운 것을 발견해내려고 하는 게 인간의 본성이 아닌가 싶거든요.

●   일곱 번째는 '몸으로 생각하기'인데, 어려운 내용은 아니죠.

■　인상적인 내용이 있어요. 헬렌 켈러가 무용수 마사 그레이엄에게 도약이 뭔지 모르겠다고 이야기하자 마사 그레이엄이 다른 제자를 불러 그의 허리를 잡게 하죠. 그러고는 자리에서 펄쩍 뛰니까 헬렌 켈러가 "내가 생각한 것과 똑같다"라고 해요.

●　또 '몸으로 생각하기'에 대해서 이렇게도 설명합니다. 예를 들어 잭슨 폴록◀의 액션 페인팅 같은 것이 대표적으로 '몸으로 생각해서' 만든 것이죠. 그걸 그냥 평면적인 회화로 감상해서는 알 수 없다는 거죠. 창작 행위를 하는 몸 그 자체를 우리가 파악할 수 있어야 작품도 감상할 수 있다는 주장이에요.

▶ 20세기 미국 미술과 문화의 아이콘으로 평가받는다. 추상표현주의의 선구자로 특히 캔버스 위에 물감을 쏟거나 흘리는 등 몸으로 그림을 그리는 '액션 페인팅' 기법으로 유명하다.

■　저는 몸으로 생각하지 않으면 절대 알 수 없다는 저자들의 생각에 약간 반대하는 입장이에요. 평면으로 이해하고 그 평면에서 감동을 받는 사람도 있을 수 있거든요. 그 원리를 이해하지 못한다고 감동받을 수 없거나 감상할 수 없다기보다는 그걸 알게 되면 더 많은 걸 얻을 수 있겠다 정도겠죠.

●　네. '환지통' 이야기도 인상적이죠. 여기서는 '유령사지'라고 하는데 팔다리가 잘려 나갔어도 마치 팔다리가 있는 것처럼 그 부위에 가려움이나 통증을 느끼는 현상을 말합니다. 일상생활에서도 유령사지를 만들어낸다고 설명하죠. 테니스 라켓은 손의 확장으로 볼 수 있잖아요. 자전거의 바퀴는 발과 다리의 확장으로 보고요. 그런 예를 통해서 결국 몸으로 생각하는 것의 일종이라고 설명하고 있습니다.

■   그건 펜이나 연필로 글을 써보면 확실히 알 수 있어요. 특별히 무얼 쓰려고 하지 않았지만 연필을 쥐는 순간 연필 혼자서 움직이는 듯한 느낌을 받거든요.

●   멋진 이야기네요. 여덟 번째 감정이입으로 바로 넘어가볼까요. 앞에서 잠깐 언급하기도 했는데요, 김중혁 작가님은 소설 쓸 때 어떻게 감정이입하세요?

■   '형상화' 부분에서 테네시 윌리엄스가 대사를 쓸 때 주인공들의 대화가 구체적으로 들린다고 말했는데 그건 다르게 보면 감정이입이거든요. 그 사람이 되어보는 거죠. 그러면 그 사람이 어떤 말을 할지 정확히 알 수 있는데 소설 쓰는 사람들은 다 그렇겠지만 저도 소리가 들려요. 주인공들이 하고 싶은 이야기가 막 들릴 때가 있거든요. 그 소리를 막지 않고 그들이 하는 말을 귀 기울여 듣는 것, 그것이 소설을 쓰는 원리 중 하나인 것 같아요.

●   우리가 보통 꿈에서 동물이 나오면 그것이 의인화되어서 사람의 말을 한다고 생각하잖아요. 그런데 동물학자 데스먼드 모리스는 반대라는 거예요. 꿈속에서 동물이 되어서 동물처럼 똑같이 생각한다는 이야기가 흥미롭더라구요.

■   중요한 이야기인 것 같아요. 소설도 등장인물을 빌려서 작가의 말을 하기도 하지만 오직 인물 속으로 들어가서 그 인물의 이야기를 하는 경우도 많죠. 데스먼드 모리스도 동물에게 나의 이야기를 하도록 하시 않고 내가 동물이 되어서 그냥 그들의 말을 듣는

거죠.

● 　리처드 파인먼도 만일 내가 전자(電子)라면 어떻게 할까, 하는 식으로 자신을 전자에 이입함으로써 양자물리학의 혁명적인 발전을 이루어냈다고 하구요, 아인슈타인도 광자(光子)가 되어 우주를 바라봤다고 하니 감정이입이라는 것이 한계 없이 확산되어 과학적인 발전에 기여한 예가 많네요.

6_____ 차원적 사고, 모형 만들기, 놀이, 변형적 사고, 통합적 이해

●   아홉 번째 차원적 사고 이야기를 해볼게요. 2차원을 3차원으로, 3차원을 2차원으로 차원 이동을 하면서 유추하고 사고하는 것인데요, 예를 들면 그림자를 보고 전체 형상을 유추하는 것이겠죠. 《플랫랜드》◀라는 소설이 인용되고 있는데, 저는 아직 읽어보지 못했지만 다른 책들에도 많이 언급되어서 궁금하기도 해요. 2차원만으로 이루어진 세계를 배경으로 하는 SF 소설이라고 해요. 그곳에 3차원의 부피를 가진 사람이 가면 그 사람들은 그림자밖에 볼 수 없다는 설정이 정말 흥미롭더라구요.

▶ 영국 빅토리아 시대의 신학자 에드윈 애벗이 A. 스퀘어라는 필명으로 1884년에 출간한 소설. 2차원 세계의 기하 개념을 다룬 독특한 수학소설인 동시에 빅토리아 시대 계급제도를 신랄하게 비판한 풍자문학으로 평가받는다.

■   제가 이 《생각의 탄생》을 읽기 전에 쓴 단편소설이 있는데 비슷한 에피소드가 있어요. 한 화가가 3차원의 형상을 2차원으로 눌러서 형체를 알 수 없는 작품을 만드는 것이었어요.

●   그렇게 통했다니 신기하네요. 《플랫랜드》는 2차원을 3차원으로 바꿔서 보는 것에 관한 소설이라면 3차원을 2차원의 평면으로 바꾸는 대표적인 것이 지도죠.

■   조지아 오키프가 작은 사물을 크게 그리는 것도 차원적 사고의 일종이구요.

● 　맞습니다. 열 번째 생각도구는 모형 만들기예요. 모형을 만들어서 실제를 축약하면 확실하게 맥이 잡힌다는 거죠.

◗ 　이쯤에서 13가지 생각도구와 소설 쓰기 과정이 얼마나 흡사한지 말씀드릴게요. 관찰, 형상화, 추상화는 소설 쓰기 전 과정과 같아요. 소설을 쓰기 전에 어떤 소재를 파악하고 어떤 것을 쓸 것인가, 어떤 인물을 형성할 것인가 정하는 과정과 같다는 거죠. 패턴인식과 패턴형성은 플롯을 짜는 것과 같아요. 즉 어떤 식의 이야기를 하고 큰 그림을 어떻게 그릴 것인가죠.

● 　정말 그렇네요.

◗ 　이 플롯을 가지고 어떤 이야기를 할 수 있을 것인가는 유추와 같고요. 감정이입에 대해서는 이미 설명했고, 글쓰는 것은 결국 몸을 사용하는 것이니까 몸으로 생각하기죠. 차원적 사고와 모형 만들기는 시놉시스를 짜는 것과 매우 흡사하구요. 끝으로 놀이와 변형, 통합이 글쓰기의 마지막 과정이겠죠.

● 　네, 이해가 됩니다.

◗ 　글을 쓰는 것뿐만 아니라 다른 창작 작업을 하는 사람들이라면 충분히 공감할 거예요. 어떤 아이디어를 떠올려서 구체화하고, 구체화된 아이디어를 다듬고 큰 프레임을 짜고 그 속에서 의미를 끌어내는 과정으로 정리할 수 있거든요. 물론 좀 뒤섞여 있기도 해요. 관찰과 형상화가 섞여 있기도 하지만 이 생각도구들 자체는

소설 또는 창작품을 만드는 과정과 비슷합니다.

● 말씀하신 대로 13가지 생각도구가 순차적으로 적용되는 것
은 아니죠. 또 동시에 사용되기도 할 거구요. 저는 열한 번째 놀이
부분에서 소개되는 에피소드들이 제일 재미있더라구요. '호모루덴
스'라는 말도 있잖아요. 놀이하는 인간이 이뤄낸 성과들이 소개되
고 있는데 예를 들면 알렉산더 플레밍이 페니실린을 발견했을 때
어떻게 놀이와 결합되어 있는지 등이죠. 놀이 챕터뿐만 아니라《생
각의 탄생》전체를 통틀어 저에게 가장 인상적이었던 것은 리처드
파인먼의 호기심이었습니다.

▼ 아, 접시 이야기요?

● 네, 그 에피소드를 포함해서 전체적으로 파인먼은 자신이
하는 연구가 물리학의 발달에 어떤 기여를 할 것인가를 전혀 생각
하지 않고 자신의 연구가 얼마나 재미있는가, 이걸 하는 동안 나는
얼마나 즐거울 것인가만 생각한다는 게 매우 인상적이더라구요.

▼ 많은 작가들이 하는 이야기이기도 해요. 독자들을 상정하지
않고, 그러니까 이 글이 어떻게 읽힐 것인지 생각하지 않고 쓰고 있
는 사람의 놀이로써 완성해내는 게 1차적인 목표라고 말하는 작가
들이 많아요.

● 약간 다른 이야기지만, 창작 자체는 고통인 경우가 많잖아
요. 대부분의 창작자들은 그 고통스러운 창작을 즐기기 위한 자신

만의 놀이법을 갖고 있지 않나요?

▉　　저는 글쓰기 자체가 놀이인 것 같아요. 늦은 밤이나 새벽에 혼자 노트북을 앞에 두고 좋아하는 음악을 들으면서 내가 쓰고 싶은 글, 내 생각을 쓰는 것, 그게 놀이 같아요.

●　　저는 괴로운 일, 시간이 많이 들어가는 일일수록 저만의 놀이법이 없으면 못 견뎌요. 예를 들면 제가 낸 책 중《이동진의 부메랑 인터뷰—그 영화의 비밀》《이동진의 부메랑 인터뷰—그 영화의 시간》이 있는데요, 그 긴 인터뷰를 진행하고 정리하는 건 사실 너무 힘들거든요. 그래서 단순히 질문과 답으로 하지 않고 영화 속 대사를 이용해서 질문하는 방식으로 한 거예요. 물론 이런 방식을 택한 이유는 여러 가지가 있지만 그 중 하나가 이 인터뷰를 지치지 않고 재미있게 하기 위한 저만의 방법인 거죠. A라는 영화에 대해 묻기 위해 그 A 영화가 아닌 B 또는 C 영화 대사에서 찾아온 질문을 던지는 식으로 저만의 원칙을 만들었구요.

▉　　여기서 말하는 유추와 변형인 거네요.

●　　이런 장치가 없다면 긴 인터뷰를 쓰기 힘들 거예요. 저는 이제까지 수천 편의 영화 리뷰를 써오고 있는데 매번 같은 형식으로 쓰지 않고 어떤 리뷰는 요리 레시피처럼 어떤 리뷰는 약의 복용 설명서처럼 써요. 그렇게 형식을 놀이하듯이 바꿔보는 거죠.

▉　　그러고 보니 저도 예전에 새로운 소설을 쓰기 시작할 때 레

코드 가게에 가서 CD를 사고는 했어요. 그 소설을 쓸 동안 들을 CD를 사는 거죠. 소설을 쓴다는 것은 어쩌면 소모적인 일인데 그런 식으로 무언가를 해야겠다고 생각했던 거예요.

●　멋진데요. 스스로에게 선물을 하는 느낌이기도 하구요.

¶　수혈을 받으면서 수혈하는 느낌이랄까요. 지금은 소설 쓰면서 다른 일을 해요. 음악을 듣거나 게임을 하거나 영화를 한 편 보거나 하는 식으로요. 일종의 스스로를 위한 보상 시스템인데 이것도 놀이라고 할 수 있겠죠.

●　창작뿐만 아니라 세상의 모든 일이 다 그럴 텐데 자기가 반드시 해야 하는 일이라면, 또 오래 해야 하는 일이라면 지속할 수 있도록 만드는 장치를 스스로에게 부여할 필요가 있다고 생각해요. 마지막 열두 번째 생각도구는 변형적 사고, 열세 번째는 통합적 이해예요. 이 두 가지는 연결되는 이야기이기도 하구요. 또《생각의 탄생》이 전체적으로 소개하고 있는 13가지 생각도구는 각각 기능하는 것이 아니라 여러 가지가 결합되어 새로운 창작에 적용된다고 이야기할 수 있죠. 특히 라에톨리 발자국 사례가 흥미롭게 소개되고 있습니다. 아프리카 탄자니아에 있는 라에톨리 사막에서 발견된 원시 인류의 발자국이 13가지 생각도구와 어떻게 관련 있는지를 자세하게 설명하고 있죠. 이렇게《생각의 탄생》에서 소개하고 있는 13가지 생각도구를 하나씩 살펴보는 식으로 이야기 나눠봤습니다.

▎   앞에서 이야기했지만 이 책은 기본적으로 천재들의 이야기를 소개하고 있지만 꼭 그런 것만은 아니라고 생각해요. 생각도구를 이용한 창작은 누구나 할 수 있는 것이니까요. 잘하지는 못하더라도 누구나 할 수 있어요. 천재들처럼 역사에 남을 만큼 대단한 무언가를 남기지 않아도 할 수 있는 것이니 이 책을 읽는 분들이 괜히 주눅들지 않았으면 좋겠어요. 저처럼 변변하지 못한 작품을 쓰는 사람도 창작을 하면서 느끼는 즐거움이 있거든요.

●   저 역시 비슷한 생각으로 작업합니다.

▎   창작을 하는 것, 무언가를 만들어낸다는 것에는 기본적으로 즐거움이 있어요. 그 즐거움으로 가는 단계, 그러니까 생각을 하고 무엇인가를 유추하고 변형하고 조립하면서 생기는 즐거움을 누구나 맛보았으면 좋겠다는 생각이 들어요. 만들어보는 일, 새로운 걸 생성하는 일은 즐거운 일이기 때문에 '생각의 탄생'이 아니라 '생활의 탄생'을 시도하는 데 도움이 되는 책이 아닐까 하는 의미에서 저는 이 책을 추천하고 싶어요. 너무 책의 내용에 매몰되지 않으셔도 될 것 같습니다.

●   네. 생각의 '탄생'도 중요하지만 생각의 '탄성(彈性)'도 중요하니까요. 어쨌든 13가지나 되는 생각도구들을 찬찬히 살펴봤으니 대미를 장식하기 위해서 두 부분을 소개하겠습니다. 이 부분을 보시면 이 책이 결국 무엇을 지향하는가를 알 수 있을 거예요. 먼저 데스먼드 모리스의 이야기입니다. "어떤 새의 부리에 있는 붉은 반점을 보면 나는 그것이 중요한 표시라는 것을 안다. (중략) 나는 그

것을 연구하고 기능을 분석한다. 이런 작업을 하면서 동시에 나는 '붉다'와 '점이 있다'라는 현상이 지닌 극적인 특질에 대한 주관적인 느낌도 함께 키워간다. (중략) 그때 시각적인 잔상은 물론 그에 대한 기호적인 등가물이나 대체물들이 들어오기 시작한다. (중략) (이후 나는) 마치 꿈속에 있는 것처럼, 환각에 빠진 것처럼 그림을 그린다. 실제창작의 순간은 꿈이 전개되는 것을 보는 것과 같다." 예술가와 과학자가 어떻게 연결될 수 있는가, 직관과 생각이 어떻게 닿을 수 있는가를 보여주는 이야기구요, 다음은 리처드 파인먼의 이야기입니다. "시인들은 과학이 별의 아름다움과 거리가 멀다고 말을 한다. 별을 단지 가스원자 덩어리로 본다는 것이다. 그러나 나 역시 밤의 사막에서 별을 볼 수 있고, 또 느낄 수 있다. (중략) 하늘의 광대함은 나의 상상력을 확장시킨다. (중략) 별이 만들어내는 저 방대한 무늬, 나는 그 일부가 된다. 저 무늬는 무엇인가? 어떤 의미를 가지고 있는가? 왜 저렇게 보이는가? 별들에 대해 과학적 지식이 있다 한들 그것은 저 신비로움을 조금도 손상시키지 않는다. 진리야말로 과거의 어떤 예술가들이 상상한 그 어떤 것보다 훨씬 더 경이롭기 때문이다." 역시 이 책에서 말하고자 하는 바를 잘 보여주는 대목이라고 생각해요.

■　소설가들은 결국 인간이라는 종의 척수에서 액을 뽑아낸 다음 그 한 방울을 현미경으로 들여다보는 사람들인 것 같아요. 세상 속에 무엇이 있는지 궁금해하고 들여다보는 것, 그것은 소설가, 과학자, 화가나 시인 모두 다를 바가 없죠. 보려고 마음먹는다면 더 많이 볼 수 있다는 생각을 하실 기회가 될 것 같습니다.

● 저도 13가지 생각도구가 무엇인지 하나하나 알아보는 건 큰 의미가 있다고 생각하지 않구요, 너무 실용적으로 이 책을 읽으시기보다는 쉽고 재미있는 교양서로 읽어보시길 권합니다.

함께 읽으면 좋은 책들

●

《위험한 생각들》, 존 브록만 엮음

스티븐 핑커는 인간 집단들이 유전적으로 재능이 다르다고 말하고, 피어트 헛은 과거 현재 미래가 존재하지 않는다고 이야기한다. 루디 루커는 모든 물체가 마음을 갖고 있다고 주장하고, 존 앨런 파울로스는 자아가 개념적 망상이라고 역설한다. 이 책에 가득한 석학들의 위험하고도 흥미로운 생각들은, 위험하지 않은 건 우리를 매료시킬 수도 없다는 역설을 확인시켜준다.

《위대한 과학자의 생각법》, 채드 오젤

과학이란 결국 세계를 대하는 방식이며 생각법이라는 사실을 일러준다. 그러니까 우리 마음속에서 잠자고 있는 과학자를 흔들어 깨워보자고 권하는 책.

🔖

《아티스트 웨이》, 줄리아 카메론

창의력과 글쓰기에 대한 실용서다. 머리가 굳어 있다고 생각한다면, 이 책을 넘겨보는 것만으로도 새로운 출발점을 찾을 수 있을 것이다.

《당신 안의 예술가를 깨워라》, 에릭 메이젤

에릭 메이젤은 창의력 전문가로 알려져 있는데, 그런 전문가가 가능한지는 모르겠지만 이 책만큼은 창의력 발달에 도움이 된다. 구체적인 조언이나 실질적인 사례를 통해 꽉 막힌 머리에 휴식을 줄 수 있다.

여행과 삶은
어떻게
닮아 있는가?

빌 브라이슨 발칙한 유럽산책

NEITHER HERE NOR THERE

빌 브라이슨

BILL BRYSON

작가 소개 1951년 미국 아이오와 주에서 태어났다. 영국에서 20여 년간 여행작가 겸 기자로 활동했다. 미국 애팔래치아 트레일 종주 경험을 담은 《나를 부르는 숲》, 방대한 과학 정보를 풀어낸 교양서 《거의 모든 것의 역사》 등을 발표하며 세계적인 베스트셀러 작가가 되었다. 영국 더럼대학 총장을 역임했으며 대영제국 명예훈장을 받았다. 《빌 브라이슨 발칙한 유럽산책》《빌 브라이슨 발칙한 영국산책》《빌 브라이슨 발칙한 미국 횡단기》《거의 모든 사생활의 역사》 등 다양한 책을 펴냈다.

1 여행 혐오자의 여행기

● 빌 브라이슨은 가장 재미있게 여행기를 쓰는 작가라고 할 수 있겠죠. 《빌 브라이슨 발칙한 유럽산책》(이하 《발칙한 유럽산책》)을 비롯해서 《거의 모든 것의 역사》◀나 《나를 부르는 숲》 같은 책들로도 유명한 저술가입니다. 우리나라에도 많은 책이 번역되어 있고 적지 않은 열혈 마니아들을 거느린 것으로 알려져 있습니다. 저도 그중 한 명이구요. 특히 그의 이름을 일반 독자들에게 친숙하게 만들어준 게 아마 이 《발칙한 유럽산책》이 아닌가 싶어요.

▶빌 브라이슨의 대표 저서 중 한 권으로 3년간 여러 과학자들을 찾아 설명을 듣고 스스로 공부한 결과 발표한 '쉬운 과학교양서'이다.

▜ 저는 빌 브라이슨 책을 세 권 읽었더라구요. 언급하신 《거의 모든 것의 역사》 《나를 부르는 숲》◀ 그리고 이 책이요.

▶3,000킬로미터가 넘는 미국 애팔래치아 트레일 종주 경험을 담은 책. 《발칙한 유럽산책》에도 종종 등장하는 친구 스티븐 카츠가 동행했다.

● 《발칙한 유럽산책》은 1990년대 초, 유럽 대륙의 최북단인 노르웨이의 함메르페스트에서 출발해서 유럽의 주요 도시들을 거쳐 터키 이스탄불까지 수개월간의 긴 여정을 다루고 있는 여행기입니다. 이 책에서 빌 브라이슨은 보통 유럽 하면 상상하는 낭만이나 기대를 확 깨버리고 있습니다. 처음부터 끝까지 투덜이 스머프처럼 투덜거리고요, 유럽 각

국의 문화와 그곳에서 만난 사람들의 이야기를 특유의 유머와 위트, 냉소와 독설로 들려주고 있어요.

■ 《나를 부르는 숲》을 읽을 때는 정말 배꼽을 빼면서 웃었어요. 《발칙한 유럽산책》은 《나를 부르는 숲》 생각도 나면서 이 사람 정말 대단하구나 생각했는데 중간에는 약간 지루하더라구요. 이쑤시개로 계속 사람을 쑤시는 것 같은 느낌도 들고.

● 정말 그래요.

■ 3분의 2쯤 되니까 만성이 되어서 안 아픈 거예요. 그러다가 마지막에 가니까 알싸해지는 기분이 들었어요. 이 사람이 이 이야기를 왜 이렇게 길게 했는지를 알 것 같은 기분이었죠. 이게 그냥 이곳에서 저곳으로 옮겨가는 여행기처럼 보이지만 그게 다가 아니었구나 하는.

● 잘 말씀해주신 것 같아요. 저뿐만 아니라 많은 분들이 빌 브라이슨과 김중혁 작가님의 에세이가 비슷하다고 생각할 것 같은데 어떠세요?

■ 저도 읽어보니까 비슷한 부분이 있더라구요. 하지만 성적인 유머를 구사하는 것은 다르죠. (웃음) 빌 브라이슨의 친구 카츠가 여자를 유혹할 때 이런 식으로 말을 해요. "제가 무엇을 15센티미터만 옮기게 도와주시겠어요?"라고 말하고 여자가 "뭘 옮기는데요?" 하면 "정액 42그램이요"라고 하는 식의 유머죠.

● 전체적으로 유머감각이 뛰어난 글이라는 점에서 빌 브라이슨과 김중혁 작가님이 비슷하다고 말할 수 있고요, 또 두 분 다 괄호를 굉장히 잘 씁니다. 또 김중혁 작가님이 쓴 여행기를 보면 이 사람은 여행을 별로 안 좋아하는구나 느껴지는데 빌 브라이슨도 그렇다는 말이죠. 여행을 하면서도 여행을 예찬하지 않아요.

◖ 여행기를 어떻게 생각하느냐에 따라 다를 텐데, 저는 제가 갔던 장소에서 겪은 에피소드를 중심으로 이야기하는 게 나의 여행이었다고 하고 싶은 거죠.

● 맞는 말씀이에요. 예를 들어 프랑스 여행을 다녀왔다고 하면요, 파리의 에펠탑에 다녀온 것이 중요한 게 아니라 에펠탑까지 갈 때 탔던 버스에서 했던 생각이나 어떤 카페에서 들은 음악 때문에 부모님 생각이 났다거나 그런 게 여행에서 중요한 거잖아요.

◖ 에펠탑은 텔레비전으로 더 잘 볼 수 있어요. 막상 직접 가서 보면 항공카메라로 찍은 것보다 더 자세히 볼 수는 없잖아요. 에펠탑 자체보다 그곳까지 가는 여정, 느낌 그런 것이 더 중요하죠.

● 그렇습니다. 가서 본 것뿐만 아니라 순간순간 떠오른 공상, 상념 그 모든 것이 여행을 이루고 있는 거죠.

◖ 빌 브라이슨도 안 그럴 것 같은데 그래도 유명한 관광지는 꼭 가긴 가요. 하지만 내내 투덜투덜하구요. 남들과 비슷한 여정을 자신만의 특별한 여행으로 바꾸는 법을 아는 사람 같아요.

● 　평소에 여행기 즐겨 읽으세요?

▐　별로 좋아하지 않아요. 여행 가기 전에 여행 가이드북을 한 번 들춰보기는 하지만요.

● 　그렇군요. 저도 여행기 특유의 성격, 그러니까 나쁘게 말하면 호들갑이랄까 그런 것에 대한 거부감이 약간 있어요. 그럼에도 불구하고 좋은 여행기들은 분명히 있죠. 저한테는 무라카미 하루키의 《먼 북소리》▶가 그랬어요. 그 책을 읽고 몇 년 후 그리스에 가게 되었는데 도움을 받은 면이 있어요. 그리고 어렸을 때 읽은 삼중당문고 중 김찬삼 씨라는 분이 쓰신 여행기들이 있는데요, 매우 인상적이었어요. 최근에는 토킹 헤즈의 데이비드 번이 쓴 《예술가가 여행하는 법》▶이라는 책도 재미있게 읽었구요.

▶ 무라카미 하루키가 1980년대 말 그리스, 이탈리아 등을 여행한 내용을 담았다.

▶ 미국 뉴웨이브 밴드 토킹 헤즈의 리드 싱어 데이비드 번은 음악 외에도 환경운동가, 비주얼 아티스트 등 다양한 활동을 펼쳐왔다. 이 책은 특히 세계 여러 도시를 자전거로 여행하며 보고 느낀 것을 담고 있다.

▐　저한테는 여행기가 몰입도가 떨어지는 것 같아요. 서사가 없고 1인칭 시점으로 이어지는 것이어서 그럴 거예요. 《발칙한 유럽산책》도 좀 그랬구요. 하지만 최근에는 주제 면에서 특화된 여행기들이 많이 나오는 것 같던데요.

● 　그렇죠. 앞에서 잠깐 소개했지만 빌 브라이슨의 책들은 국내에 꽤 많이 소개되어 있습니다. 대표적인 저서라고 하면 역시 《거의 모든 것의 역사》일 텐데요. 과학 문외한에 가까운 사람이 3년여 동안 열심히 공부하고 전문가를 찾아가보기도 하면서 쓴 매우 좋은 대중과학서죠. 이와 비슷한 성격의 책으로 《거의 모든 사생활

의 역사》가 있는데 저는 그 책도 아주 재미있게 읽었어요.

▪ 그것도 빌 브라이슨 책인가요?

● 네. 부엌, 화장실, 침실 등 집 안 구석구석에서 볼 수 있는 것들의 역사를 다루고 있는 거죠.

▪ 저도 궁금하네요. 재미있을 것 같아요.

● 이렇게 빌 브라이슨의 책들은 《거의 모든 것의 역사》 같은 교양서, 그리고 《발칙한 유럽산책》 같은 여행기로 크게 나눌 수 있을 텐데요, 어떤 분야의 책으로 먼저 접하냐에 따라서 빌 브라이슨에 대한 느낌이 다르기도 할 것 같아요. 저는 《거의 모든 것의 역사》나 《거의 모든 사생활의 역사》를 읽으면서 이런 게 저널리스트가 책을 쓸 때 가질 수 있는 강점이구나 하고 느꼈어요. 제가 자주 드는 예인데, 영화 〈아마겟돈〉◂ 보셨어요?

▶ 마이클 베이 감독의 1998년 연출작. 브루스 윌리스, 빌리 밥 손튼, 벤 애플렉 등 출연.

▪ 네.

● 그 내용을 보면 엄청난 혜성이 지구를 향해 다가오고 있어요. 충돌하면 지구는 전멸의 위기에 처하구요. 그전에 핵폭탄을 싣고 가서 터뜨려야 하는데 이 임무를 누구에게 시킬 것이냐에 대해 영화 속에서 논전이 벌어집니다. 우주비행사에게 굴착 기술을 가르쳐서 보낼 것이냐, 원유 채굴 노동자에게 우주비행을 가르쳐서 보낼 것이냐 문제인 거죠. 결국 후자로 결정하게 되고 영화 속에서

116

브루스 윌리스가 우주비행훈련을 받게 됩니다. 대중교양과학서를 이에 비유해보자면, 보통 과학은 문턱이 높은 분야라고 생각하잖아요. 전문적인 지식이 중요하구요. 그러면 과학 분야의 저명한 석학이 대중들을 상대로 최대한 쉽게 쓰는 글이 과학에 대해 전문 지식이 별로 없는 저널리스트가 공부해서 쓰는 글보다 더 좋을 것 같은데, 꼭 그렇지 않다는 걸 빌 브라이슨이 보여주죠.

￭ 네, 그 의견에는 동의해요. 그런데 영화 〈아마겟돈〉의 상황만 생각하면, 우주비행사에게 굴착 기술을 가르치는 게 낫지 않나요? 우주비행사 한 사람 키우는 데 얼마나 많은 돈이 드는데!

● 왠지 브루스 윌리스가 우주비행사에는 어울리지 않잖아요.(웃음)

￭ 어쨌든 방금 말씀하신 것이 정확하게 이해돼요. 글쓰는 재능이랄까, 글쓰는 사람의 패턴은 감각 같은 것이거든요. 배움이나 지식과는 상관없이 사유하는 방식과 관련 있기 때문에 쉽고 간결하게 접근하는 능력을 갖고 있는 저널리스트들만의 강점이 있죠.

● 저널리스트는 이해가 가지 않으면 쓸 수 없는 사람들이거든요. 그런 측면에서 보면 빌 브라이슨이 《거의 모든 것의 역사》등으로 오랫동안 크게 인기를 얻을 수 있었던 거죠.

￭ 빌 브라이슨이 정보를 중요하게 여기는 여행작가였다면 《발칙한 유럽산책》은 지금과 매우 달랐겠죠. 그런데 정보가 들어가더

라도 그것이 들어가는 타이밍이나 감각이 절묘하잖아요. 그런 점에서 저널리스트로서의 장점을 발휘한 여행기라고 할 수 있어요.

● 그렇습니다. 여정만 보더라도 자기 마음대로 하는 게 느껴져요. 우리나라 대학생들이 보통 유럽 배낭여행을 할 때 런던으로 들어가서 로마로 나오는 식으로, 그러니까 북서쪽에서 시작해서 남동쪽으로 끝내는 여정이 흔하죠. 빌 브라이슨도 그렇게 시작했어요. 노르웨이에서 여행을 시작하는데요, 함메르페스트에서 오로라를 보기 위해서 애초 계획보다 시간을 많이 쓰다가 너무 추우니까 다시 영국으로 돌아가요. 하지만 겨울이라서 추운 게 싫다고 오슬로가 아닌 프랑스 파리로 가버리잖아요. 이런 식으로 약 4개월의 여행이 순전히 충동적으로 진행됩니다. 여정 자체가 재미있어요.

◥ 어쩌면 그렇게 충동적으로 보이도록 하는 빌 브라이슨의 전략 같기도 해요. 여정이 무계획적으로 보이기도 하지만 사실 다 이유가 있잖아요. 중간에 독일이나 프랑스에 간 이유, 이스탄불이 제일 마지막인 이유가 있거든요. 매우 치밀하게 계획했으면서도 터프하게 여행을 즐긴 것처럼 보여주려고 했던 게 아닌가 의심스러울 정도로…….

● 설득당하셨군요.(웃음) 전체적인 제 느낌은 빌 브라이슨이 자기 주장이 강하기도 하지만 제일 중요한 건 지적 호기심이 강한 사람이라는 점이에요. 성실하기도 하고. 그래서 흥미로운 책입니다.

2 _____ 불평과 재미, 냉소와 흥미

● 《발칙한 유럽산책》은 빌 브라이슨이 1990년대 초반에 한 여행을 다루고 있어요. 지금으로부터 20여 년 전인데, 그렇다고 해도 아주 예전 이야기 같다는 느낌은 없죠?

▟ 네. 나라마다 문화나 분위기도 달라졌을 텐데 그런 것들까지 담은 개정판이 나오면 어떨까 싶네요.

● 재미있겠네요. 빌 브라이슨은 1951년 생이니까 지금 60대인데요, 이 책의 여행은 서른일곱 살 젊은 시절에 했던 거예요. 빌 브라이슨은 미국 사람이지만 당시에 영국에 산 지 15년 정도 되었죠. 15년을 살았어도 유럽을 여행해본 적이 없었구나 해서 시작한 넉 달간의 여행 기록이 바로 이《발칙한 유럽산책》입니다. 또 본인이 스무 살 때 처음 해본 유럽 여행 이야기도 일부 담고 있어요. 카츠라는 친구와 둘이 했던 그 여행과 17년 정도 지난 후 서른일곱에 다시 다녀본 여행을 대비시키는 구성이기도 하죠.

▟ 그것 역시 매우 영리한 선택이라고 생각해요. 뒤로 갈수록 빌 브라이슨이 스무 살 때 카츠와 함께 여행을 다니고 있는 것 같은 느낌이 들기도 하거든요. 그 친구에 대한 미운 감정마저도 시간이 흐른 지금 아스라하게 추억으로 남아 있구나, 추억과 함께 여행하고 있구나 하는. 17년이라는 시간을 이동하는 공간의 느낌과 함께 잘 담아내는 중요한 설정으로 보였습니다.

● 그런데 스무 살 때 함께 여행한 그 친구를 내내 불만스럽게 묘사하잖아요.《나를 부르는 숲》에서 애팔래치아 산맥 트래킹을 함께한 사람도 바로 그 카츠구요. 둘 사이가 궁금해요. 김중혁 작가 님은 만약 이런 책을 낸다고 하면 어떤 작가분이랑 여행 가실래요?

┓ 저는 가기 싫어요.(웃음) 그런데 나중에 쉰 살쯤에 이런 책 한 번 써보고 싶다는 생각도 했어요. 눈이 굳기 전에 다양한 것들을 보고 내 방식대로 해석하는 여행을 하고 싶어요.

● 기다려집니다. 정말 재미있을 것 같아요.

┓ 그런데 저는 이 책에 불만이 몇 가지 있어요. 우선 지도가 없어요.

● 있기는 있는데 역할을 제대로 하지 못하죠.

┓ 아마 원서에 지도가 없었을 거예요. 그렇지만 한국 독자들에게는 유럽 지도를 보여주면서 빌 브라이슨이 어디에서 어디로 움직였는가를 보여주는 게 큰 도움이 될 텐데 없어서 아쉽습니다. 또 지명 등의 원문 표기도 없어요. 예를 들면 벨기에의 'Bruges'를 '브루제'라고만 했는데 '브뤼헤'나 '브리주'라고도 하거든요. 이걸 '브루제(Bruges)' 식으로 표기해야 하는데 말이에요. 이런 점들이 아쉽긴 해요. 하지만 한국어판 제목은 좋은 것 같아요.

● 그렇죠? 이후에 번역 출간된 빌 브라이슨의 다른 여행기들

도 '발칙한' 시리즈가 되었죠.

￭   원제는 딱 빌 브라이슨 느낌이더라구요. 'Neither here nor
there'니까 '거기나 여기나 아무것도 없어'쯤이 될까요. 만약 그 제
목이었다면 한국에서는 좋은 반응을 얻지 못했을 텐데 '발칙한'이
라고 하니까 이 책과 빌 브라이슨의 성격에 딱 맞아요.

●   저도 그렇게 생각합니다. 만약 유럽을 처음 가는 사람이 이
빌 브라이슨의 책을 읽고 가겠다고 한다면, 전혀 도움이 안 되겠
죠?

￭   그렇죠. 아마 아예 안 가게 될걸요.

●   항공권 취소하고 그 돈으로 맛있는 음식 사 먹는 게 나을 수
도 있어요. 그만큼 여행기치고는 엄청나게 불친절한 책이라고 할
수 있어요. 지도뿐만 아니라 사진도 없죠, 정보도 분산되어서 드문
드문 나오고요.

￭   그것도 객관적이지 않고 매우 주관적인 정보죠.

●   심지어 제가 갔다온 도시도 이 책을 읽으니 거기가 그랬나
싶은 곳도 많아요. 예를 들면 피렌체가 그랬어요. 빌 브라이슨은 피
렌체에 대해서 호텔 엘리베이터 이야기랑 집시한테 도둑 맞은 이
야기에 거의 70~80퍼센트를 할애하고 있어요. 피렌체 하면 얼마
나 쓸 만한 이야기가 많습니까. 베키오 다리나 우피치 미술관도 다

빼고 잠깐 두오모 성당 묘사한 게 전부고요. 호텔 엘리베이터가 어떻다고 묘사하고 있어요. 그런데 이게 정말 재미있잖아요. 아직 안 읽으신 분들에게 그만큼 제멋대로인 여행기라고 먼저 경고를 드려야 할 것 같아요.

■ 그런데 나라에서 나라로 이동하는 것 같은 느낌은 초반에 생생해요. 책을 다 읽고 나면 유럽이 얼마나 특이한 대륙인가 생각하게 되구요. 나라와 나라의 구분보다 도시와 도시의 구분이 중요할 때도 있고 나라나 도시보다 계층의 문제가 더 중요하게 생각되기도 하거든요. 그래서 유럽이라는 큰 덩어리를 입체적으로 볼 수 있게 된 것 같아요.

● 그렇습니다. 앞에서 말씀드렸다시피 북서쪽에서 남동쪽으로 이동하는데 필연적으로 국가와 국가 사이의 계급 문제와 권력 문제를 이야기할 수밖에 없다고 할까요. 제일 마지막의 터키나 여행 당시 공산정권이 무너진 직후 혼란상에 빠져 있던 불가리아 부분이 특히 그랬습니다. 뒤로 갈수록 점점 묵직해지는 느낌이죠. 또 전반적으로 '미국인이 쓴 유럽 여행기'라는 특징도 잘 나타나는 것 같아요. 유럽 사람들 특유의 미국인을 깔보는 태도, 반대로 유럽을 우습게 보는 미국 사람 특유의 태도가 좌충우돌하면서 재미있는 이야기들을 만들어낸 느낌입니다.

■ 그럼에도 빌 브라이슨이 유럽에 대한 이해도가 높기 때문에 그 중심을 잘 잡고 있기도 하죠. 스웨덴 부분에서 이상한 자본주의에 대한 비판도 잘 나타나고요. 한편으로 인종차별적인 언급도 상

당히 많아요.

● 위험한 부분도 있죠.

▜ 아마존닷컴 사이트에 가서 보니 그런 점을 불편하다고 지적한 리뷰가 많더라구요. 일본인들 비하하는 이야기도 있잖아요. 휴대형 플레이어의 이름 '워크맨(walkman)'을 두고 걷지도 못하고 사람도 아닌데 왜 그렇게 이름을 지었냐면서요. 그러더니 이런 일본인들이 세계를 지배할 때까지 우리는 뭘 했나 이러기도 하죠.

● "하루도 빠짐없이 흰 와이셔츠를 입는 사람들에게서 그 이상 뭘 기대하겠는가"라고 덧붙였죠.

▜ 이탈리아에 대해서 이야기한 부분은 아주 재미있어요.

● 가장 가보고 싶게 쓰지 않았나요?

▜ 이탈리아와 이탈리아 사람들에 대해서도 한참 욕을 해놓고는 그래도 그게 이탈리아다, 나는 이탈리아를 좋아한다는 식으로 마무리했죠. 이런 게 이 사람의 태도구나 알 수 있었어요. 어떤 부분은 정말 싫고 어떤 부분은 좋은데 결국 자신이 사랑하는 나라들이 있고 그곳에 대한 끌림을 이렇게 표현했다고 생각했어요.

● 불평과 냉소가 가득한 책처럼 보이지만 다 읽고 나면 빌 브라이슨이 따뜻한 사람이라고 생각되죠. 빌 브라이슨이 좋다고 한

여행지의 공통점은 사람들이 좋다는 거예요. 이 사람은 독일이나 오스트리아 등 게르만 쪽 나라들보다 상대적으로 남유럽 쪽을 좋아하는 것 같고 북유럽 중에서는 스웨덴보다는 사람들이 활달한 네덜란드나 덴마크를 훨씬 좋아하는 것처럼 보여요. 빌 브라이슨이 미국에서도 말하자면 깡시골인 아이오와 출신이어서 그런지 인간적으로 푸근한 사람일 것 같습니다.

┓   여유 있고 즐기기 좋아하죠. 맥주도 정말 많이 마시고요. 또 신기한 게 늘 혼자 많이 먹고 마시는데 도중에 책은 열심히 봐요. 늘 술집에 책을 들고 가잖아요.

●   소설도 아니고 《제2차 세계대전》이라는 책이죠.

┓   《흑사병》이라는 책도 읽고.

●   이 책을 읽으면 20년 전의 유럽을 들여다보는 그런 재미가 있죠? 특히나 1990년대 초반의 동유럽을 여행했다면 정말 큰 경험이 되었을 것 같아요. 여정 중 흥미로운 것은, 흔히 관광대국이라고 말하는 그리스나 스페인 같은 나라는 가지 않았다는 거예요. 러시아도 없죠.

┓   갔는데 뺀 거 아니에요?(웃음)

●   저널리스트는 한번 경험한 것은 반드시 써먹는 사람들이기 때문에 가고도 안 쓴 건 아니고 안 갔을 거라고 추측해봅니다.(웃음)

빌 브라이슨이 영어밖에 못하는 사람이라는 것도 흥미로워요.

¶   저는 그 태도도 좋아 보여요. 물론 미국인이기 때문에 가질 수 있는 자신감이기도 하겠지만 그 나라 언어를 못하는 데서 빚어지는 재미가 있잖아요.

●   제일 재미있는 부분 중 하나가 바로 그겁니다.

¶   내가 모르는 상황에서 이 사람들이 무슨 이야기를 하는지 혼자 생각하고 공상하는 거죠.

●   정말 이상한 사람이긴 해요. 노르웨이 방송을 보는데요, 그 내용을 하나도 이해하지 못하면서 수간(獸姦)하는 내용이라고 멋대로 상상한다든지.

3_____ 그 남자의 여행법

● 　 남자 혼자 여행하는 거잖아요. 그런데 로맨틱한 상황은 하나도 없어요.

◣ 　 자신을 이렇게 표현하는 대목이 있어요. 거울에 비친 뚱뚱한 남자에게 인사하려다가 놀란다구요. 이런 자학 개그가 재미있어요.

● 　 스스로를 멍청하다고 조소하기도 하죠.

◣ 　 식당에 갔는데 주위 사람들이 다 세련되어 보이니까 주눅들어 있다가 웨이터가 다가와서 "이 무스 좀 머리에 바르지 않으시겠습니까?"라고 말하는 걸 상상하기도 하죠. 아, 스무 살 때 카츠와 간 여행 중 로맨스가 한 번 나와요.

● 　 제가 보기에는 기억이 만든 가장 찬란한 윤색일 겁니다.(웃음) 빌 브라이슨은 이 책에서 카프리를 가장 좋아한 것 같죠?

◣ 　 카프리의 경치를 정말 근사하게 묘사하면서 감탄하죠. 그런데 그다음은 계급의 문제로 건너뛰어요. 저도 카프리가 얼마나 절경이길래 하고 검색을 해보았어요.

● 　 과연 그렇던가요?

■　　사진으로는 잘 모르겠지만 아름다운 곳이겠구나 추측은 가
능하더라구요.

●　　제가 몇 년 전 이탈리아에 출장을 갔다가 나폴리 인근 소렌
토 밑에 있는 포시타노라는 마을에 갔었거든요. 해안에 위치해 있
고 정말 예쁜 마을이었어요. 로마에서 소렌토를 지나서 포시타노
를 간 후에 카프리를 갈까 말까 고민하다가 안 갔는데 이 책을 보고
나니 너무 아까웠어요.

■　　저는 이 책에서 빌 브라이슨도 좋아했던 브뤼헤를 갔었는데
정말 좋았어요. 자전거로 10분 남짓이면 다 돌 수 있을 정도로 작
은 도시인데, 예뻐요. 브뤼헤가 영화 배경이 된 적도 있는데.

●　　〈킬러들의 도시〉죠.

■　　원제가 'In Bruges'인데 그 영화 정말 좋거든요.

●　　저도 언젠가는 브뤼헤에 가보려고 하는데 결정적인 게 바로
그 영화 〈킬러들의 도시〉 때문이에요. 마틴 맥도나 감독 연출도 좋
고 콜린 퍼렐도 연기 잘하거든요.

■　　저도 전에는 콜린 퍼렐을 싫어했는데 그 영화 보고 좋아졌
어요. 투덜투덜거리는 킬러로 나오죠.

●　　이 책을 다 읽고 나니 저는 가보고 싶은 곳이 세 군데 생겼어

요. 카프리, 브뤼헤 그리고 함메르페스트. 그곳에서 가서 오로라 보고 싶어요. 시간이나 돈이 많이 드는 것 같긴 하죠?

■　그렇죠. 한 달 정도 작정하고 가야 볼 수 있을까 말까 한 거니까요. 빌 브라이슨은 어떤 부분에서 길게 써야 하는지를 아는 것 같아요. 함메르페스트에서 오로라 묘사하는 건 그닥지 않게 서정적으로 쓰죠. 카프리랑 리히텐슈타인 공국 부분도 그렇구요. 저도 함메르페스트 가보고 싶고 리히텐슈타인도요. 정말 재미있을 것 같아요.

●　저는 거긴 안 가고 싶던데요.

■　정말 재미있는 일화가 실려 있잖아요. 80명의 군인이 이탈리아를 공격하러 갔는데 한 명도 죽지 않고 돌아오는 길에 심지어 친구를 사귀어서 81명이 돌아왔다는 거요. 공국의 대공이 우리나라는 아무도 이길 수 없다며 바로 군대를 해산해버렸고 지금은 스위스에 거의 모든 행정을 위임해버렸다죠. 인구는 한 3만 명 정도 된다고 하고요.

●　아주 작은 나라죠. 이 책을 보고 알게 되었는데 리히텐슈타인의 경우 여성보통선거권이 1984년에 부여되었다고 해요. 스위스도 1971년에야 비로소 남녀가 동등한 투표권을 갖게 되었구요. 중부 유럽이 생각했던 것보다 훨씬 보수적이구나 새삼 느꼈어요. 저는 여행을 꽤 많이 해본 편인데 상대적으로 독일은 썩 끌리지 않거든요. 빌 브라이슨도 독일을 꽤 싫어하는 것으로 보여요.

▪ 독일에 살고 있는 빌 브라이슨의 영국인 친구 얘기가 그런 걸 보여주죠. 어느 날 빨래를 널어놓고 나왔는데 주인집 아주머니가 전화해서 빨래를 똑바로 다시 널라고 말했다는 이야기로 독일인 성격을 나타내고 있어요.

● 앞에서 말씀드린 것처럼 이 책은 여행에 대한 환상이나 호들갑이 적고 기대치가 낮은 게 특징이잖아요. 그래서 이 책의 상당 부분은 호텔 아니면 대중교통 수단에서 일어나는 일들이고 대부분 실수투성이예요. 항상 방을 구하느라 쩔쩔 매고요.

▪ 이 사람의 스타일인 거죠.

● 어렵게 호텔을 구해서 들어가면 어김없이 실수담과 싸움이 이어져요. 나중에는 호텔에만 들어가면 이번엔 어떤 난장을 치려나 기대감이 생길 정도입니다. 프런트 데스크에서 싸우고 식당에서 싸우고 그런 이야기가 제일 재미있기도 하고요.

▪ 많은 분들이 외국 여행 가서 한인 민박을 이용하잖아요. 안전하기도 하고 편하니까. 하지만 그곳에서는 별다른 일이 생길 게 없어요. 현지 호텔 같은 곳을 가야 말이 안 통하는 데서 오는 마찰이나 문화가 달라 생기는 에피소드를 경험할 수 있죠. 빌 브라이슨은 그런 걸 의도하고 즐기는 스타일이어서 재미있어요. 또 낯선 호텔방에 앉아서 막막함을 느끼고는 하는데 그 모습은 마치 우주비행사가 우주 밖으로 나가서 지구를 바라보면서 느끼는 것과 비슷하지 않을까요? 나에 대해서, 고향에 대해서 생각해보며 호텔방에

서 하루를 만끽하는 것도 재미있는 여행법이겠다는 생각이 들더라구요.

4_____ 삶의 태도와 여행법

● 김중혁 작가님의 장편소설들이 유럽과 연관이 많지 않나요?

▪ 그렇죠. 첫 장편소설인《좀비들》도 북유럽 묘지에 갔다가 느낀 것에서 영향을 받았구요.

● 《미스터 모노레일》에는 이탈리아 몬탈치노가 나오죠.

▪ 《당신의 그림자는 월요일》마지막 부분도 노르웨이 피요르가 배경이에요.

● 빌 브라이슨급인데요.(웃음)

▪ 저는 유럽을 좋아해요. 국가나 도시의 구분도 약간 모호하고 하나의 덩어리로 보이기 때문에 안정감을 느끼는 것 같아요.

● 여행지 중 가장 좋았던 곳은?

▪ 로마.

● 역시.

▉　사실 갈 때마다 늘 좋지는 않았어요. 하지만 빌 브라이슨도 이야기했듯이 로마는 음식이 정말 맛있기 때문에 모든 게 용서가 돼요. 그다음으로는 런던도 좋아하구요. 그 우중충하고 추운 날씨를 정말 좋아하거든요.

●　그렇군요. 제 경우에는 아일랜드가 좋았어요. 사람들이 좋아서 그랬던 것 같아요. 그런데 외국에서 특히 동양인들에 대한 태도 때문에 기분 상하는 경우도 있어요. 잉마르 베리만◀ 감독이 평생 사셨던 포러 섬에 갔다가 그런 경험을 했거든요.

> ▶ 1918년 스웨덴에서 태어나 〈제7의 봉인〉, 〈산딸기〉, 〈화니와 알렉산더〉 등의 작품으로 독특한 세계를 구현하며 세계 영화계에 큰 족적을 남겼다. 2007년에 사망했다.

▉　스웨덴이죠?

●　네. 관광객이 거의 찾지 않는 섬인데 주민들이 저를 대하는 눈빛이나 태도에서 적대감이랄까 그런 불쾌함을 느꼈어요. 아무래도 유럽의 대도시보다는 작은 도시나 마을에서 유난히 그런 경우를 많이 보게 돼요. 이 책을 보면 미국인인 빌 브라이슨도 내내 그런 점을 느끼고 있잖아요. 외지인에 대한 원주민의 생래적인 배타성이 아닐까 싶어요.

▉　나쁘게 말하면 배타성이고 좋게 이야기하면 낯가림이겠죠? 외지인들에 대해 의식적으로 환대를 표하는 문화도 있으니까요.

●　빌 브라이슨도 여행 중 그런 배타적이고 적대적인 태도 말고도 관료들의 이상한 불친절함을 많이 겪어요.

▌　기차표 살 때 그런 일이 있었죠.

●　빌 브라이슨이 한국에 오면 어떤 걸 느끼게 될까요? 뭐가 제일 이상하다고 이 책에서처럼 투덜거릴까요?

▌　역시 음식이 많이 다르다고 느끼겠죠. 닭발이라든가 내장 같은 거 낯설어하겠죠.

●　곱창이나 홍어 한번 먹으면.(웃음)

▌　홍어 먹으면 분명히 욕을 엄청나게 할 거예요.(웃음)

●　도쿄나 베이징, 서울 등 아시아의 대도시에 오면 놀랄 것 같아요. 예를 들어 출근 시간에 신도림역에서 지하철을 탄다고 해보세요. 우리가 봐도 그 광경이 압도적이잖아요. 아이오와에서 헐렁하게 살던 빌 브라이슨이 수많은 사람들이 줄을 서 있거나 움직이는 모습을 보면 매우 이상하게 생각하지 않겠어요?

▌　우리나라는 전철이나 기차 같은 교통 시스템이 잘 되어 있잖아요. 차량 자체가 낙후되어 있긴 하지만 시스템이 효율적으로 만들어져 있어서 빌 브라이슨이 그것에도 놀랄 것 같아요.

●　《발칙한 유럽산책》에는 정말 유머러스한 문장들이 많죠. 몇 개만 읽어볼까요. 함메르페스트에 가서 어마어마하게 강한 바람에 넘어졌을 때 이렇게 말하죠. "바닥에 있는 얼음에 얼마나 세게 머

리를 부딪혔는지, 작년 여름에 헛간 열쇠를 어디에 뒀는지 갑자기 기억났다."

▝ 이게 가능할까요.(웃음) 전두엽을 갑자기 건드리면 그렇게 되나.

● 안 되겠죠.(웃음) 또 이것도 재미있어요. 12월 31일, 제야의 밤인데 거리에도 사람이 하나도 없고 별다른 일이 없는 거죠. 그래서 바의 웨이터에게 이 근처에서 재미있는 일 없겠냐고 물으니까 "전화번호부에 불붙이는 건 벌써 해보셨지요?"라고 했다죠.

▝ 앞에서 공중전화 부스에서 불타버린 전화번호부를 보았던 이야기를 살짝 하고 그걸 잘 연결했죠.

● 그렇습니다. 고도의 글쓰기 테크닉이라고 할 수 있어요. 우스꽝스럽게 생긴 러시아 모자를 살까 말까 고민하다가 결국 사지 않았죠. 막상 너무 추우니까 살걸 그랬다고 후회도 하고. 하지만 나중에 다시 '아직 러시아 모자도 사지 않았다'고 끝맺기도 해요. 이런 것들을 읽고 나면 정말 글을 잘 쓰는 사람이구나 생각이 들죠.

▝ 벨기에의 '니즈벨 갱'에 대해서 이야기하는 부분도 재미있어요. 이들에 대해 "80년대 중반에 벨기에를 활보했던"이라고 설명하고는 괄호에 "하긴 벨기에에서 활보할 만한 공간도 별로 없기는 하지만"이라고 덧붙여요. 이런 식으로 비꼬고 비틀어서 웃음을 주는 표현이 굉장히 많죠. 니즈벨 갱 이야기는 영화로 만들어도 재

미있을 것 같아요. 무차별적인 학살을 하고 다녔는데 치안이 형편 없어서 끝내 잡히지 않았다고 하잖아요.

● 정말 독특한 이야기였죠. 저에게 이 책에서 제일 웃겼던 문장은 이겁니다. 종이 클립들을 펴서 귀를 후비는 버릇이 있는 동료 이야기를 하는 거예요. "그를 에드워드라고 부르기로 하자. 그 녀석 이름이 에드워드였으니까." 저는 이게 정말 웃겨요. 왜 웃긴 거죠?(웃음)

┓ 저도 웃었어요.

● 나중에 한번 써먹고 싶어요.

┓ 또 재미있는 것은요, 빌 브라이슨이 수염도 많이 난 약간 통통한 남자잖아요. 길을 갈 때 개들이 다른 사람한테는 안 그러면서 꼭 빌 브라이슨에게 와서 핥는다고 그래요. 아니면 전도를 목적으로 말을 거는 사람들도 많고. 그런 이야기를 길게 한 후에 나중에 고급스러운 카페에 갔더니 어떤 여자가 카페 안의 모든 남자는 다 쳐다봐도 자기는 보지 않더라, 나는 사람들 눈에 안 보인다, 개와 종교인들 빼고는. 이런 식으로 이야기를 늘어놓아요. 빌 브라이슨이라는 사람은 자신의 캐릭터를 차곡차곡 쌓기도 하고 비틀기도 하면서 큰 웃음을 주고 있어요.

● 그렇습니다. 또 빌 브라이슨이 시간을 때우기 위해서 자신만의 상상법을 사용하는데 스스로 특정 국가에 대해서 문제를 만

들어서 내잖아요. 예를 들면 스웨덴의 에테보리에서 식당에 혼자 앉아 있다가 이런 문제를 내죠. 그는 스웨덴이 워낙 재미없는 나라라고 생각하는데, "스웨덴에서는 벽 한 면을 칠하는 데 사람이 몇 명이나 필요할까?"

■　스물일곱 명.

●　그 답도 외우고 있어요? 한 명은 벽을 칠하는 데 필요하고 스물여섯 명은 구경꾼들을 정렬시키는 데 필요하다는 거잖아요. "스웨덴에서 집에 전투 경찰을 출동시키는 가장 빠른 방법은? 도서관에서 빌린 책을 제때 반납하지 않으면 된다." 그만큼 경직된 사회라는 거죠. 이게 제일 재밌어요. 스웨덴 사람의 주식은 두 가지다. 하나는 청어, 나머지 하나는? 청어.(웃음) 그런데 빌 브라이슨도 남 흉볼 만한 사람은 아니에요. 파리에서 택시를 타기 위해 줄을 섰다가 새치기하려는 파리 사람들을 따돌리는 행동을 보면 만만한 분이 아니죠.

■　책을 다 읽고 나니 그런 생각이 들더라구요. 암스테르담에 대한 부분을 보면, 스무 살 때 암스테르담에 처음 왔을 때 쾌락과 방종을 허용해주는 이 도시를 존경스럽다고 생각했다가 서른일곱 살에 가보니 그건 아닌 것 같다고 하잖아요. 이 사람의 마음이 바뀐 거죠. 그렇게 심경의 변화가 있는 건 당연하죠. 나이가 들고 기성세대가 되면서 앞으로 질주하던 그 시기는 당연히 잊게 되죠. 빌 브라이슨은 그런 점을 인정하고 그렇다면 어떻게 나이 들 것인가, 어떤 아저씨가 되어서 이 세계를 새롭게 바꿔나가야 하는가 생각하는

사람 같아요. 기본적인 것을 잘 알고 있고 약간의 자유스러움도 추구하는 그런 아저씨의 모델이라고 할까요.

● 네. 삶을 살아가는 태도를 보면 보수적인 사람으로도 보여요. 정치의식은 상대적으로 리버럴하고 여행하는 방법이나 자세는 자유로운 보헤미안 같은 사람이지만 세상을 읽어나가는 방식은 매우 원칙적이고 깐깐한 사람이라는 생각이 듭니다.

● 《발칙한 유럽산책》의 백미라고 하면 여행을 다니면서 나름 대로 각 민족을 비교해본 빌 브라이슨의 이야기예요. 요약하자면, 유럽인들은 일단 지적이고 상대적으로 책을 좋아하고 소형차를 몰고 오래된 마을의 작은 집에 살고 축구 좋아하고 덜 물질주의적이고 법을 준수하고 호텔방은 춥고 음식점과 술집은 따뜻하다고 말해요.

┓ 그렇죠.

● 이 이야기를 뒤집으면 미국인의 특성이 되는 거죠. 미국인들은 지적이지 않고 책을 좋아하지 않고 큰 차를 몰고 대도시에서 아파트에 살고 야구 좋아하고 훨씬 더 물질주의적이고 법은 안 지키고 호텔방은 따뜻하고 음식점은 춥다. 우리도 대체로 이렇게 생각하지 않나요?

┓ 제가 유럽에 가서 느낀 것도 그래요. 그 사람들은 활자 중독자들처럼 카페든 어디에서든 누구나 신문이나 책을 들여다보고 있어요. 상대적으로 작은 차가 많고요.

● 도로들이 워낙 옛날에 만들어진 거니까요.

┓ 그리고 호텔방은 정말 추워요. 식당에 가면 확실히 따뜻한

느낌이 있구요.

● 　이렇게 유럽인들의 기본적인 공통점에도 불구하고 그들 사이에 또 다른 점들이 있죠. 워낙 많은 국가가 모여 있는 대륙이고 문화적인 차이도 존재해요. 벨기에에 가면 남쪽에서는 주로 프랑스어를 쓰고 북쪽은 네덜란드어를 사용하는데 북쪽의 사람들이 남쪽을 굉장히 업신여긴다는 거죠. 더 웃긴 건 네덜란드어를 쓰는 벨기에인들이 가장 싫어하는 사람들이 네덜란드 사람들이라는 거예요. 그 이유는 식사 시간에 불쑥 찾아온다, 올 때도 뭘 사들고 오는 법이 없다는 거구요. 이 이야기를 듣고 나서 빌 브라이슨은 이건 영국 사람들이 스코틀랜드 사람들에 대해 하는 말과 똑같잖아, 이러죠. 다른 문화에 대한 편견 같은 게 어디에나 있다는 거죠.

▜ 　상대적으로 북쪽과 남쪽의 기질 차이라는 게 있나, 기후의 영향인가 하는 생각이 들기도 해요.

● 　그럴 수도 있죠. 노르웨이에 대해서는 그 사람들을 매우 무뚝뚝하고 일상에서 아무런 일도 일어나지 않는 삶을 사는 것으로 묘사를 하고 있어요. 대표적으로 노르웨이 방송들도 재미가 없다고 하죠. 영국인들이 햄버거 먹는 방법도 흉봐요. 햄버거는 들고 먹으면 되는데 왜 포크와 나이프로 썰어 먹냐구요.

▜ 　정말 미국인의 시각이에요. 이탈리아에 가도 그들은 포크와 나이프로 피자를 잘 먹는데.

● 확실히 유럽에는 미국만큼 먹을 때 손을 많이 쓰는 나라가 없죠. 프랑스 파리에 가서는 새치기 같은 무질서함에 대해서 지긋 지긋하게 생각하는 것 같아요.

┓ 16세기에도 이미 비슷한 묘사가 있더라구요. 그때의 여행자 들도 이탈리아인에 대해서 수다스럽고 신뢰하기 어렵다, 독일인은 식탐이 많으며 스위스 사람들은 짜증날 만큼 거만하고 정리정돈 좋아하고, 프랑스 사람은 견딜 수 없을 만큼 프랑스인답다, 이랬다 고 해요.

● 북구인들에 대해서도 자세히 묘사하는데 신기했어요. 덴마 크 사람들은 삶의 즐거움을 순간순간 만끽하는 아주 유쾌한 사람 들이라고 묘사하면서 반대로 노르웨이에서는 세 명이 모인 자리에 맥주 한 병만 있으면 그걸 파티라고 부른다고 한다든지 말이죠.

┓ 노르웨이의 법 이야기가 정말 웃겼어요.

● 뭐였죠?

┓ 노르웨이에서는 술잔을 다 비우기 전에 바텐더가 술을 더 따라주면 불법이래요. 지금은 어떤지 모르겠지만 주말에 제과점에 서 빵을 구워도 불법이고. 또 스웨덴에서는 대낮에도 무조건 전조 등을 켜고 운전하도록 법으로 정해놓았다고 하죠.

● 앞에서도 이야기했지만 빌 브라이슨의 독설도 대단하죠. 함

부르크에 가니 여자들이 매우 예쁘더라는 거죠. 그런데 함부르크 여자들은 겨드랑이에 수세미를 달고 다닌다고 하는데 어휴…….

■ 각 도시마다 매춘부들을 묘사하기도 하잖아요. 어디에선가 본 쉰 살이 넘은 매춘부 묘사하는 것은, 뭘 그렇게까지 하나 싶기도 했어요.

● 맞아요. 재미있기도 한데 한편으로는 불편한 느낌도 분명히 있습니다. 아슬아슬한 순간도 있구요. 인종주의적인 태도로 보일 수도 있구요.

■ 이런 문장도 이상하죠. "'엘베 강에 가면 프로이센 냄새가 난다'고 했던 콘라드 아데나워의 말이 생각났지만, 내겐 죽은 물고기의 냄새만 났다. 아니면 그건 프로이센 사람의 냄새였는지도 모른다."

● 그렇습니다. 저도 빌 브라이슨의 이런 농담들이 어디까지 수용되고 수용되지 말아야 할지 생각해보기도 했어요.

■ 빌 브라이슨이 이 책 전체의 톤을 유머러스하게 잡았기 때문에 농담으로 넘어갈 수도 있지만 그 톤을 조금만 달리 잡았다면 공격 받을 소지가 많았겠죠.

● 이 책에서 유럽 여행 중 만난 일본 사람들에 대해서 코믹하게 쓰고 있잖아요. 그 부분을 일본인 입장에서 보면 기분이 나쁠 수

있거든요. 만약 빌 브라이슨이 현재 시점에서 유럽을 여행하다가 만난 한국 사람들에 대해서 비꼬면서 유머의 대상으로 삼았다면 한국 독자가 모욕감을 느끼게 될지도 몰라요.

￭ 제가 초반에 이야기했듯이 이 책을 읽다가 3분의 2 지점쯤에서 피로감을 느낀 것도 그런 이유예요. 좌충우돌하면서 모든 사람들을 이쑤시개로 찌르는 듯하니까 조금 반감이 생기기도 했어요. 하지만 이탈리아나 프랑스에 대해서는 욕을 하면서도 애정을 갖고 있는 걸 알겠어요.

● 스웨덴에 대해서는 존경심을 품고 있다고도 말해요. 왜냐하면 미국의 의료제도가 너무나 부자 위주로 되어 있고 돈이 없는 사람들은 아파도 병원에 가는 게 엄청난 부담이잖아요. 그런데 스웨덴은 복지제도가 잘 되어 있고 자발적으로 유럽식 사회주의를 유지하고 있다는 걸 대단하다고 하는 거죠. 물론 과장해서 은행 대출을 받지 않으면 맥주 한 병도 사기 어려울 정도로 엄청난 물가이고 인생의 즐거움은 다 없애버리려고 작정한 듯한 나라라고, 밋밋한 술집에 맛없는 음식, 겨울은 너무 춥고 다른 계절엔 비만 온다, 텔레비전도 최악이라고 깎아내리면서요. 이 책에서 흥미로운 점은 이렇게 경쾌하게, 중심을 잘 잡고 보여주고 비판한다는 거죠. 이탈리아를 좋아하면서도 밀라노는 돈만 아는 도시고 피렌체는 멋없는 도시라고 하기도 하고.

￭ 그렇죠. 도시의 품격 같은 것을 이야기하면서 한편으로 국가는 무엇이고 국가는 어떠해야 하는가라는 질문도 내포하고 있는

책이에요.

● 그렇습니다.

◥ 나는 미국의 이러이러한 부분들이 너무 싫어, 유럽에서 어떤 대안을 찾고 싶기도 했어, 그런데 가보니까 이런 부분은 좋았는데 또 한계도 분명히 있어, 그럼 우리는 과연 어떤 세계를 만들며 나아가야 하는가, 이런 이야기가 밑에 깔려 있다고 생각합니다.

● 그래서 원제가 'Neither here nor there'인 거죠. 파라다이스는 어디에도 없다는 그런 이야기일 수도 있어요. 마지막에 가면 짙은 향수, 짙은 피로감 같은 것도 느껴져요. 결국 아시아를 코앞에 둔 터키에서 여행을 중단하고 집으로 돌아가잖아요. 거기에 이상한, 좀 씁쓸한 해방감 같은 게 있어요. 감동적이기도 하고요.

◥ 그렇죠. 빌 브라이슨이 가장 인상적이었던 데가 이탈리아였던 것 같죠? 이탈리아에서 기차를 타면 창밖으로 몸을 내밀지 말라는 경고가 세 가지 언어로 쓰여 있다고 소개해요. 독일어와 프랑스어로는 '몸을 내밀지 말라'지만 이탈리아어로는 '몸을 내미는 게 좋은 생각이 아닐 수도 있다'라죠. 이게 어쩌면 우리가 살아갈 때 필요한 여유가 아니겠는가, 이탈리아 사람들처럼 활달하게 약간은 무모하게 에너지를 가지고 사는 게 좋지 않겠는가 하는 빌 브라이슨의 메시지 같은 걸 느꼈어요. 저도 이탈리아에서 카페에 가보면 그런 게 느껴져서 부럽기도 했거든요. 커피를 즐기기도 하지만 정말 주위 사람들과 이야기하고 소통하는 걸 즐기는 사람들 같았어요.

● 돈과 시간이 다 보장된다면, 1년간 지낼 수 있는 한 곳을 고르라면 어디에 가시겠어요? 스웨덴, 아이슬랜드, 그리스나 이탈리아…….

◤ 영국이요.

● 굳이 보기에도 없는 걸 고르세요.(웃음)

◤ 이동진 작가님은요?

● 저는 그리스요. 날씨가 중요한 것 같아요.

◤ 저도 날씨가 중요해요.

● 그런데 영국에 가요?

◤ 저는 스페인이나 그리스보다 영국의 그 우중충하고 햇볕이 별로 없는 날씨가 더 좋아요.

6 _____ 괄호의 글쓰기

●   빌 브라이슨을 따라서 여기저기 잘 다녔는데 이제 정리를 해볼까요. 얼핏 이 책은 좌충우돌하면서 재미있는 경험과 에피소드만 쓱쓱 써내려간 것 같지만 다 읽고 나면 묵직하고 진지하게 남는 부분들이 있습니다. 앞에서 이야기한 대로 스웨덴의 사회주의에 대한 언급도 그랬구요. 저는 오스트리아 부분에서 나치 전력으로 논란이 된 쿠르트 발트하임◀이 대통령으로 당선된 것을 비판한 부분이 매우 서늘하게 다가왔어요. 불가리아에서 물자가 부족해서 고통받는 사람들과 외국인 여행자로서 편안한 생활을 하는 것을 비교하면서 '경제적 아파르트헤이트(인종 격리 정책)'라고 말한다거나 스위스가 필요할 때 외국인 노동자를 고용했다

▶ 오스트리아의 외교관 출신으로 외교부 장관, 유엔 사무총장 등을 역임하고 1986년에 대통령에 당선되었다. 나치 장교로 근무한 전력 때문에 미국 정부로부터 입국 금지를 당하기도 했다.

가도 경제적으로 감당할 수 없게 되면 내치는 상황을 비판하는 등 매우 인상적인 시각이 많아요. 책 전체가 밝고 가볍기 때문에 그런 비판적인 언급이 더 무게감을 갖고 다가오죠.

◗   아주 넓은 땅을 갖고 있는 미국은 큰 아파트를 혼자 쓰고 있는 느낌이라면 유럽 대륙은 다닥다닥 붙어 있는 작은 방들에서 맞대고 살아가는 느낌이잖아요. 독일의 제국주의로 인해 비극적인 일도 경험했구요. 독일에서 할아버지 웨이터를 보면서 혹시 수십 년 전 아이들을 죽였던 사람은 아닐까 생각하는 대목이 있는데 그로부터 독일을 용서할 수 있는가, 그리고 어떻게 평화를 유지하며 살아갈 것인가 하는 문제를 고민하게 만들어주기도 하는 교훈적인

책일 수도 있어요.

●   빌 브라이슨의 글쓰기에 대해서도 한번 정리해주세요.

▌   보통 산문을 쓴다고 하면 많은 사람들이 교훈을 생각하고 글을 시작하잖아요. 이 글을 통해서 나는 어떤 이야기를 하고 싶은가를 고민하거나 또는 옳은 글을 써야겠다는 생각을 하는 순간 글이 답답해지는 것 같아요. 하지만 빌 브라이슨의 경우에는 머릿속에 드는 생각을 다 끄집어낸 다음에 그것들을 나열해놓고 그것에서 자기만의 답을 찾아가는 것 같아요. 저는 그게 매우 중요한 글쓰기 방법이라고 생각해요. 이 책을 읽다보면 처음에는 어수선하게 보이지만 결국 묵직하게 남는 메시지가 있는데, 이건 작가가 미리 상정하고 쓴 게 아니라 직접 겪은 것을 충실히 나열했기 때문이거든요.

●   그렇죠.

▌   덧붙여서 에세이를 잘 쓰는 팁을 하나 드리자면, 상황을 극단적으로 생각해보면 좋아요. 예를 들어 자막이 없어서 내용을 전혀 이해할 수 없는 노르웨이의 TV를 보면서 상상의 나래를 펼쳐본다든지요.

●   전적으로 동감합니다. 못 만든 영화를 보면, 자신이 하려는 명확한 이야기가 있고 그것을 위해 영화를 만든 것 같은 느낌이 들어요. 예술의 영역에서 메시지를 말하는 방식이 중요한 것이지 그

메시지라는 게 뭐 그리 대단하겠어요. 이야기의 결론을 갖지 않고 이야기 자체를 목적으로 하고 밀어붙인다면, 그러니까 애초에 교훈을 이야기에 녹여내려고 하는 게 아니라 이야기를 상대적으로 열린 태도로 풀어나가면 그 이야기 속에서 그 교훈이 스스로 살아남게 된다는 거겠죠. 흥미롭네요.

■　빌 브라이슨이 이 책에서 괄호를 많이 쓰는 게 인상적이잖아요. 글을 쓰다 보면 생기는 잡생각들이 많이 있는데 그것들을 과연 버릴 것인가, 아니 불필요해 보이지만 괄호 안에 넣어보자, 그런 거죠. 그러면 그 가지들이 뻗어나가면서 나무가 풍성해 보이는 효과를 낼 수 있거든요. 그래서 저는 빌 브라이슨의 괄호를 적극적으로 지지해주고 싶습니다.

●　괄호를 많이 쓴다는 건, 글을 쓰는 사람이 산만하면서도 예민하다는 거예요. 하고 싶은 이야기가 있는데 그걸 괄호에 넣지 않고 다음 문장으로 쓰게 되면 문장의 밀도가 약해지면서 옆으로 퍼져버리잖아요. 그렇지 않도록 괄호로 묶어서 전체적인 리듬을 상하지 않게 하는 거죠. 그런 점이 매우 인상적이었습니다. 이렇게 빌 브라이슨의 발칙한 여행 이야기뿐만 아니라 글쓰기의 테크닉까지 살펴보았습니다.

함께 읽으면 좋은 책들

●

《먼 북소리》, 무라카미 하루키

그리스로 떠나는 첫 여행을 앞둔 서른 무렵의 나는 마흔 무렵의 하루키가 쓴 이 여행기를 설레며 떠올렸다. 스페체스 섬의 고양이와 미코노스 섬의 술집, 그리고 먼 북소리가 이끄는 터키의 옛 노래. 그때 나는 하루키처럼 여행하고 싶지는 않았지만 분명 하루키처럼 체험하고 싶었다.

《50년간의 세계일주》, 앨버트 포델

무려 192개국을 여행한 남자가 남긴 현란한 궤적. 돈키호테 같기도 하고 조르바 같기도 한 이 프로 여행꾼은 강박에 가까운 태도로 시종 좌충우돌하면서도 세계 곳곳을 누비며 숱한 에피소드를 남긴다. 굳이 오지로 고생하며 다녀올 필요가 없도록 대리만족의 독서 경험을 선사해준 포델의 발바닥에 경의를!

¶

《파타고니아》, 브루스 채트윈

영국 작가 브루스 채트윈이 부에노스아이레스부터 푼타아레나스에 이르는 동안 겪은 97개의 기이한 이야기들을 써낸 작품이다. 수다스러운 빌 브라이슨의 정반대에 있는 여행기다.

《걷기의 역사》, 리베카 솔닛

여행이란 곧 걷는 일이다. 걷는 일이란 가장 인간적인 행동이며, 인간의 속도를 제대로 깨닫게 되는 행동이다. 길은 잃기 위해 걷는 것이고, 여행이란 길을 잃기 위해 시작하는 여정이다.

비틀즈는
무엇을
노래했는가?

비틀즈 앤솔로지

THE BEATLES ANTHOLOGY

비틀즈

THE BEATLES

작가 소개 비틀즈는 1960년 영국에서 존 레논, 폴 매카트니, 조지 해리슨, 스튜어트 서트클리프, 피트 베스트로 처음 결성되었다. 스튜어트 서트클리프와 피트 베스트가 곧 탈퇴하고 링고 스타가 합류하여 해체시까지 4인조로 활동했다. 1961년 첫 싱글 발표와 함께 인기를 얻기 시작했고 특히 1964년 미국 진출 이후 세계적인 명성을 누렸다. 1970년 4월 공식 해체를 발표하고 이후 멤버들은 각기 활동을 벌였다. 1980년 존 레논이 미국 뉴욕에서 암살당했고 2001년 조지 해리슨이 암으로 사망하였다. 1960~70년대 음악뿐만 아니라 사회와 문화 전반에 혁명적인 영향을 끼친 것으로 평가받는다.

• 외래어 표기법은 '비틀스'이지만 이 책에 따라 '비틀즈'라고 표기합니다.
• 곡명, 앨범명은 번역 없이 원어 그대로 표기합니다.

1_____ 인사이드 비틀즈

● 　1970년 4월 10일, 전세계 비틀즈 팬들은 충격적인 뉴스를 접하게 되었습니다. 바로 비틀즈 해체 소식입니다. 20세기 최고의 밴드, 팝 역사상 가장 위대한 밴드라는 데 이견이 없는 만큼 비틀즈 팬들은 슬픔과 충격에 빠질 수밖에 없었죠. 이후 비틀즈 신화를 조명한 책들도 셀 수 없이 많이 나왔는데, 그중에서도 가장 정확하고 꼼꼼하게 쓰여진 책이라고 말할 수 있는《비틀즈 앤솔로지》는 멤버들의 어린 시절부터 활동 시절, 해체까지의 이야기를 아주 상세하게 담고 있는 비틀즈 전기입니다. 재미있는 일화가 워낙 많아서 비틀즈와 그들의 음악을 좋아하시는 분들이라면 아주 흥미롭게 읽으실 것 같아요. 그런데 이 책, 아주 무겁고 큽니다. 아마 〈빨간책방〉에서 다룬 책 중 가장 무거울 것 같네요. 이 책 무게가 2,915그램, 거의 3킬로그램입니다.(웃음) 〈빨간책방〉의 존 레논 또는 링고 스타라고 할 수 있는 김중혁 작가님은 이 책 어떻게 보셨어요?

■ 　이 책은 들고 다닐 수가 없어서 읽는 데 고생을 좀 했죠. 책이 크고 내용도 많고 비싸기도 해요. 하지만 매우 탐이 나는 책이죠. 비틀즈를 좋아하는 사람이라면 당연히 구입할 테고 비틀즈를 잘 모르는 사람도 꼭 갖고 싶어지는 책이에요.

● 맞습니다. 희귀한 자료도 많이 들어 있고요.

¶ 저도 워낙 비틀즈를 좋아했기 때문에 이번에 노래들도 다시 들어봤어요. 책을 읽으며 다른 자료들도 찾아보고, 오랜만에 비틀즈를 느껴볼 기회였습니다.

● 저도 일주일 동안 비틀즈를 계속 들었거든요. 정말 특별하더라구요.

¶ 몰아서 들으니까 새롭더군요. 이 책이 1960년부터 70년까지 딱 10년 동안의 일을 다루고 있잖아요. 한 편의 영화를 보는 느낌이기도 했어요. 그들의 육성을 듣는 듯한 느낌도 나고, 음악과 함께하니까 감동이 확실히 커지더라구요. 특히 비틀즈의 황금기라고 할 수 있는 1964~65년 부분은 완벽하게 창작론이에요. 그 부분을 읽고 음악을 들으면 완전히 다르게 들립니다. 창작하는 사람들의 진실한 이야기를 만나는 것으로도 이 책이 가치 있다고 생각했습니다.

● 이미 해체가 된 이후에 멤버들이 활동 시기를 회상하고 아쉬워하는 부분을 읽을 때는 울컥하는 느낌이 들었어요. 이 책을 다 읽고 나니 비틀즈라는 거대한 제국, 비틀즈라는 위대한 드라마가 이렇게 끝나가는구나 하는 묘한 감정도 생겼구요.

¶ 이 책의 편집 방향이 탁월한 게요, 비틀즈를 둘러싼 시대적인 흐름이나 주위의 이야기를 다 생략하고 비틀즈 내부에 집중하

고 있죠. 마치 영화 〈인사이드 르윈〉▸처럼 '인사이드 비틀즈'라고 할까요, 그들의 속으로 들어가서 함께 경험하는 느낌이 들어요. 그저 비틀즈 멤버들과 한 시절을 같이 누리는 것 같은 느낌을 갖게 하는 의도로 보였습니다.

▸ 코언 형제의 2013년 연출작. 데이브 반 롱크라는 실존 뮤지션을 모델로 한 음악 영화로 오스카 아이삭, 캐리 멀리건, 저스틴 팀버레이크 등이 출연했다.

●   그렇습니다. 특정 사안에 대해서는 멤버들 간의 회상이 다르기도 해요. 어떤 곡을 누가 작곡했느냐에 대해 다른 기억을 갖고 있기도 하구요. 그런 것까지 다 담고 있어서 흥미롭죠. 또 인터뷰 시기가 다 다른데도 주제별로 잘 모아서 구성했기 때문에 같은 자리에 앉아서 이야기하는 그런 느낌도 들어요.

◤   또 어떤 이야기는 매니저나 주변 인물을 통해 서술하고 있기도 하고요.

●   영화로 말하자면 시네마 베리테나 다이렉트 시네마처럼 직접 맨얼굴을 보게 하는 느낌도 특별합니다. 무엇보다 멤버들이 참 솔직하게 인터뷰하지 않았나요? 스스로의 미성숙함도 그대로 드러내고 말이죠.

◤   그렇죠. 하나의 사건이 얼마나 부정확한 기억에 의해서 왜곡되고 엇갈리고 있는지도 보여주고. 후반부에 가면 서로 시기하고 사이가 좋지 않았던 시절을 회상하는데 그럼에도 그 시절을 품어내려고 하는 솔직함 같은 것이 보여서 더욱 감동적이었어요.

● 지난 일주일 내내 비틀즈만 들었다고 했잖아요. 하나 고백하자면, 며칠 전에 자정쯤 운전하면서 역시나 비틀즈를 듣는데 하필 〈Hey Jude〉를 듣게 되었어요. 그 노래 좋아하거든요. 늦은 시간에 운전하면서 이 노래를 따라 부르다가 저도 모르게 울었어요. 노래를 부르다가 또는 노래를 듣고 눈물을 흘린 건 정말 오랜만이었는데 좀 부끄럽더라구요.

❚ 혼자 있는데 뭐가 부끄러워요.

● 노래를 부르다가 눈물이 주르륵 흐르는데, 그 순간이 당혹스럽기도 하고 한편으로는 이렇게 아직도 음악이 나를 울리는구나 싶어서 뭉클하기도 했어요.

❚ 저는 계속 〈Yesterday〉를 안 듣고 있었어요. 너무 잘 안다고 생각해서요. 그러다가 오랜만에 들어봤는데 정말 좋은 거예요. 아주 오래된 듯한 폴 매카트니 음성이 나오는 순간, 내가 잘 알고 있던 노래지만 정말 놀라운 노래였구나 이런 생각이 들었죠. 사실 〈Yesterday〉는 제 인생의 첫 번째 팝송이거든요. 그 노래를 시작으로 다른 많은 팝음악을 듣게 되었는데 그때 처음 들었던 〈Yesterday〉와 지금 듣는 〈Yesterday〉는 완전히 다르더라구요. 비틀즈의 음악은 장르적으로 워낙 다양해서 시기에 따라 다른 노래를 듣게 만들었는데 시간이 지나서 들으면 또 다른 느낌을 주는 것 같아요. 참 위대한 밴드라는 생각을 새삼 다시 했어요.

● 과거를 불러오는 능력, 말하자면 기억의 문고리를 잡아당기

는 능력이 가장 뛰어난 매체가 음악 아닐까요. 〈Yesterday〉를 처음 들었을 때 느낌을 기억하세요?

■ 처음 듣고 기타를 쳐보고 싶다고 생각했어요. 〈Yesterday〉를 쳐보고 싶어서 기타를 사서 코드를 짚던 때가 떠오르더라구요.

● 저도 한창 음악을 듣던 10대 시절에는 〈Yesterday〉를 별로 안 좋아했어요. 다들 좋아하고 비틀즈의 최고 노래라고 하니까 괜히 그랬던 거죠. 너무 짧고 담백하잖아요. 그래서 다른 노래들이 더 좋다고 생각했는데 다시 집중해서 들어보니 역시 명곡은 명곡이구나 생각이 들었어요.

■ 그런 게 딱 세 곡인 것 같아요. 〈Hey Jude〉〈Yesterday〉〈Let It Be〉. 이 세 곡은 하도 많이 들어서 지겨울 것 같았는데 오랜만에 들으니 다른 느낌이 오더라구요.

● 다 폴 매카트니 곡이네요. 비틀즈 앨범은 다 갖고 있어요?

■ 부틀렉(해적판) 말고는 다 갖고 있어요.

● 저도 다 갖고 있어요. 부틀렉도 몇 개 있구요. 이번에 앨범별로 들어봤거든요. 초기부터 순서대로.

■ 저도 그랬습니다.

● 　흔히 비틀즈의 4대 명반이니 5대 명반이니 이렇게 꼽는데 꼭 그것에 속하지 않는 음반들도 좋더군요. 마지막 음반인《Let It Be》는 보통 명반에 포함시키지 않잖아요? 폴 매카트니도 필 스펙터의 프로듀싱 자체를 격렬하게 거부했고요. 하지만 다시 들어보니 저는 좋은 앨범이구나 생각을 하게 됐어요.

■ 　그 음반의 경우 전체 완성도는 좀 떨어질지는 모르겠으나 그 안에 들어 있는 싱글들은 정말 대단하죠.

● 《비틀즈 앤솔로지》외에도 비틀즈에 관한 책은 많이 나와 있습니다. 그 중 가장 충실하게 쓰여진 것들을 말씀드리면, 헌터 데이비스의 《The Beatles》◀는 이미 1960년대 말에 출간되었는데 비틀즈의 공식적인 전기라고 할 수 있어요. 또 《The Complete Beatles Chronicle》◀은 비틀즈의 모든 작업을 체계적으로 정리해둔 말 그대로 '비틀즈 연대기'구요. 아쉽게도 이 두 권은 모두 국내에서 출간되었다가 지금은 절판되었네요.

▶ 비틀즈의 공식 전기로 1968년에 처음 출간된 이래 1985년, 2002년에 각각 개정판이 나왔다. 비틀즈 멤버와 주변 인물들의 인터뷰로 구성되어 있다.

▶ 영국의 저술가이자 비틀즈 연구자 마크 루이슨이 방대한 자료를 정리하고 관련된 사람들을 인터뷰하여 구성한 책. 비틀즈 활동과 연관된 다양한 자료들을 연도순으로 망라했다.

◗ 1960년대 비틀즈가 탄생한 시기에 대해서 더 알고 싶으시다면 김지영 씨의 《이상의 시대 반항의 음악》이라는 책을 권해드리고 싶어요. 그 시대의 음악을 잘 정리해놓았을 뿐만 아니라 비틀즈가 어떤 맥락에 놓여 있고 어떤 그룹들과 함께 활동했는지 자세하게 알 수 있거든요. 하지만 이 책도 현재 절판되었군요.

● 존 레논에 관한 책들도 특히 많죠? 신현준 평론가의 《레논 평전》이라는 책을 비롯해서 다양하게 나와 있는데 이런 책들을 읽고 나면 음악도 달리 들리는 것 같아요. 혹시 비틀즈를 잘 모르시거나 낯선 분들을 위해서 소개도 한번 해볼까요? 비틀즈는 네 명으로 구성되어 있고요, 메인 기타리스트는 조지 해리슨입니다. 나이가 가장 어리죠. 리듬 기타는 존 레논, 베이스는 폴 매카트니, 드럼은

링고 스타가 맡고 있습니다. 누가 뭐라고 해도 사실 비틀즈의 핵심 멤버는 존 레논과 폴 매카트니죠. 존 레논과 폴 매카트니 중 누구를 더 좋아하느냐는 비틀즈 팬들 사이에서 해묵은 논쟁거리잖아요. 이걸로 우리도 한 시간은 이야기할 수 있을 것 같은데요.(웃음) 누구를 더 좋아하세요?

▐ 저는 어릴 때부터 그 둘을 별로 안 좋아했어요. 존 레논은 너무 강하게 느껴지고 폴 매카트니는 너무 관계중심적인 사람처럼 느껴졌다고 할까요. 저는 원래 조지 해리슨을 더 좋아했거든요. 그런데 이 책을 보고 바뀌었어요. 링고 스타가 더 좋아졌어요.

● 링고 스타가 가장 인간적이고 유머러스하죠. 어떻게 보면 링고 스타가 나머지 세 사람을 받쳐주는 것 같기도 하죠? 실제로 초기에는 그런 이유로 링고 스타가 특히 인기가 좋았잖아요.

▐ 존과 폴 중 누가 더 좋은지 묻는다면 여전히 잘 모르겠어요. 어떤 때는 존 레논의 노래가 더 좋다가 어떤 때는 폴 매카트니 노래가 더 좋고요. 그런데 굳이 말한다면 폴이 더 와닿는 부분이 있는 것 같아요.

● 약간 의외네요. 김중혁 작가님은 존 레논을 더 좋아할 줄 알았는데.

▐ 저는 기본적으로 '훅'이 있는 노래들을 더 좋아하는 것 같아요.

● 저는 예진에는 존 레논을 더 좋아했어요. 그런데 이번에 이 책을 읽으면서 아, 존 레논은 나에게 없는 걸 가지고 있어서 내가 굉장히 동경했었구나 하는 걸 느꼈어요. 나이가 들면 들수록 폴 매카트니가 더 좋아지더라구요. 특히 음악이요. 비틀즈 해체 이후 1970년대부터는 각자 솔로 활동을 했는데 존 레논은 세상을 떠나기 전 10여 년간 매우 왕성하게 활동했죠. 상대적으로 유명하고 좋은 노래들도 많구요. 하지만 그 시기에 굉장히 기복이 심하기도 했거든요. 그런데 폴 매카트니 음악들은 1970년대에 상대적으로 훨씬 대중적이고 완성도도 고른 편이죠. 결국 저는 폴 매카트니의 음악을 더 좋아하는 것 같아요. 존 레논 이야기를 더 해볼까요? 존 레논은 일평생 자신은 버려졌다는 자기 연민을 갖고 있었던 것 같죠?

◤ 맞아요. 존 레논은 자신이 버림받았고 어떻게든 살아남아야 한다, 또 난 특별해야 한다는 이상한 강박이 있었던 사람 아닌가 싶어요.

● 존 레논이 어렸을 때 아버지가 가족을 버리고 떠났던 사건의 영향이 컸겠죠. 엄마는 따로 살면서 가끔 만나 밴조 가르쳐주는 정도였는데 자신은 이모랑 살았구요. 물론 이런 불행한 가족사가 있다고 해서 모든 사람이 평생 자기 연민에 시달린다고 생각하지는 않는데 존 레논은 아주 아프게 앓았던 사람인 것 같아요. 1970년대 존 레논이 솔로로 발표한 〈Mother〉라는 노래를 들어보면 너무 직설적으로 느껴질 정도로 자신의 상처를 그대로 드러내고 있잖아요. 존 레논과 오노 요코의 사랑은 워낙 유명한데, 존 레논이 자신보다 일곱 살 연상인 오노 요코를 둘이 있을 때는 '마더'라고도 불

렸다는 거예요. 가장 감수성이 예민한 10대 시절에 아버지가 떠난 경험, 그리고 자신을 만나고 가던 엄마가 교통사고로 세상을 떠난 경험 등이 이 사람의 정서를 좌우하는 극적인 사건이 되었겠구나 짐작하게 됩니다.

■　지나친 연결일지 모르겠지만, 예술이라는 게 결국 어린 시절의 트라우마 또는 어린 시절의 감정을 치유해나가는 과정일지도 모르겠어요.

●　어떤 사람들에게는 분명히 그렇죠.

■　오노 요코를 만나거나 〈Strawberry Fields Forever〉 같은 노래를 하면서 정신분석을 하는 과정 등을 통해서 명곡들이 탄생했던 것 같아요.

●　존 레논이 18년 동안 살았던 리버풀의 집을 '멘딥스(Mendips)'라고 하는데 그곳에서 15분 정도 걸어가면 스트로베리 필즈예요. 거기에 구세군이 운영하던 고아원이 있었는데 존 레논은 어렸을 때 그곳 아이들과 친하게 지냈다고 해요. 본인은 양친이 다 살아 있는데도 자신을 고아들과 동일시했던 것 같아요.

■　존 레논은 유일하게 중산층이었지만 하층민의 삶을 이야기하고 싶어했구요.

　●　〈Working Class Hero〉라는 노래도 했죠.

┓　　태생적으로 타고난 남다른 감수성이 있는 거죠.

●　　《비틀즈 앤솔로지》를 읽고 나서 든 생각은, 존 레논은 인생을 내내 올인하는 태도로 살았던 것 같아요. 반면에 폴 매카트니는 넷 중에서 가장 냉철한 사람으로 보이고요. 비틀즈를 시작한 사람도 존 레논이고 우리는 이제 끝났다라고 선언하고 떠난 것도 존 레논이잖아요. 오노 요코를 만나고 난 후 뒤를 돌아보지 않고 가족을 버리기도 했고. 존 레논의 삶 자체가 아주 드라마틱하죠.

┓　　아마 폴 매카트니나 다른 멤버들이 존 레논의 그런 리더십 때문에 모였겠지만 결국 그 리더십이 비틀즈를 해체하게 한 것이기도 하죠.

●　　모든 밴드가 그렇다고 하더라구요. 멤버들간의 음악적인 화학 작용과 인간 관계 사이에 역학이 존재하잖아요. 존 레논은 확실히 인간적으로 매력적인 사람인 것 같아요. 나머지 세 멤버는 존 레논을 어떤 의미에서 사랑했던 게 아니었을까 하는 생각도 들어요.

┓　　그 역학 관계가 해산의 이유가 된 것이겠죠.

●　　존 레논의 유머 감각도 매우 독특하죠. 이런 일화가 나옵니다. 비틀즈가 유명해지던 초기에 여왕의 초청을 받아서 귀족들과 상류층 사람들 앞에서 연주를 하게 됩니다. 그때 존 레논이 한 말이 매우 유명하죠. "저렴한 좌석에 앉아 계시는 분들은 박수를 쳐주시고, 나머지 분들은 보석을 흔들어주시면 어떨까요." 재미있는 농담

일 수도 있지만 계급적으로 날카로운 농담이기도 하죠.

◾　위악적인 태도도 자주 볼 수 있어요. 훈장도 받았는데 훈장이 값어치 있었던 유일한 이유는 나중에 반납할 수 있었기 때문이라고 해요. 실제로 반납했구요. 록 밴드의 반항적인 태도를 여실히 보여준 사람 아니었나 싶어요.

●　폴 매카트니의 회고에 따르면 존 레논이 자주 했던 말이 "이봐, 벼랑에 왔는데 왜 안 뛰어내리나?"라고 해요. 그 말이 참 인상적인 거예요. 벼랑에 다다르면 기꺼이 뛰어내리는 스타일의 사람이라는 거죠. 폴 매카트니는 많이 달랐던 것 같아요. 부모와의 관계도 가장 좋았던 걸로 보이죠. 아버지가 음악을 했었고 그래서 아버지로부터 피아노를 배우기도 했구요. 어쩌면 네 명의 멤버 중 가장 보수적인 성격이라고 할 수 있겠죠?

◾　계속 존 레논이 폴에게 아버지에게 맞서야 한다, 아버지한테 꺼지라고 해야 한다고 말했지만 폴은 끝까지 아버지에 대한 존경을 표했죠. 관리형 인간 같은 느낌이 있어요.

●　맞아요. 굳이 이야기하자면 비틀즈 전반기의 음악적인 리더는 존 레논이었는데 후반부에 가면 폴 매카트니가 그 역할을 했던 것 같아요. 그리고 그것도 역시 해산의 한 가지 이유였지 않을까 해요. 폴 매카트니는 상대적으로 예술 지향적이면서 완벽주의적인 기질도 있으니 다른 멤버들에게도 요구하는 바가 있었을 테구요.

┓   비틀즈 후기로 갈수록 존 레논이 그룹의 외양을 짊어졌다면 내실을 책임진 사람은 폴이었던 거죠. 존 레논이 외부를 향해 발언할 때 폴은 밴드의 성격을 잃지 않으려고 노력했던 것으로 보여요.

●   매우 강한 사람 같기도 해요. 그렇기 때문에 일흔이 넘은 지금까지도 음악을 하고 있는 게 아닐까요. 네 사람 중 가장 비즈니스 감각도 있었던 것 같구요.

┓   해체 과정에서 다들 혼란스러워할 때 폴 매카트니 혼자 독집 앨범을 준비했다고 하잖아요.

●   해산 과정에서 폴 매카트니와 나머지 세 멤버가 감정적으로 대립 상태였던 것 같아요. 해산은 결정되었지만 아무도 공식화하지 않을 때 폴 매카트니는 자신의 앨범을 발표하면서 비틀즈의 해산을 기정사실로 했구요. 그래서 나머지 세 멤버가 매우 화를 냈다죠. 아무래도 비틀즈의 음악적인 핵심은 존 레논과 폴 매카트니였다는 점을 부인할 사람은 없겠지만 조지 해리슨 좋아하는 사람들도 많아요. 영화 〈아이 엠 샘〉◀에도 조지 해리슨이 가장 좋다는 대사가 나오죠?

┓   네. 존 레논과 폴 매카트니는 타고난 예술가인 건 분명하죠. 조지 해리슨은 두 1인자 사이에서 정말 조용히 혼자 기타를 치면서 작곡 능력을 발전시키더니……

▶ 제시 넬슨의 2001년 연출작으로 숀 펜, 다코타 패닝이 출연했다. 주인공은 비틀즈를 좋아해서 극 중 딸의 이름도 비틀즈의 〈Lucy in the Sky with Diamonds〉에서 따와 '루시'로 지었고 리메이크한 비틀즈의 음악들이 사용되었다.

● 그런 걸 절치부심이라고 하죠.

▪ 결국 〈Something〉이나 〈Here Comes the Sun〉 같은 노래를
발표하잖아요. 솔로로 활동할 때도 빛을 발했구요. 이런 과정을 보
고 있으면 대단한 사람이고 존경심도 들더라구요.

● 조지 해리슨이 느꼈을 중압감을 상상해보면 정말 엄청났을
것 같아요. 우연히 동네 친구들과 같이 밴드를 시작했는데, 그 친구
들이 존 레논과 폴 매카트니인 거잖아요. 그 두 사람은 심지어 팀을
시작할 때부터 앞으로 모든 노래는 레논-매카트니 이름으로 공동
발표한다고 했고 이후 둘이 함께 작곡을 해나갔잖아요. 조지 해리
슨은 나이가 어리기도 했고 작곡도 하는 진정한 뮤지션으로 제대
로 대접받지도 못했죠. 그저 기타를 잘 치는 정도로 여겨졌던 것 같
아요. 프로듀서였던 조지 마틴조차도 조지 해리슨을 작곡가로 인
정해주지 않았는데 그런 상황에서 절치부심하며 노력한 끝에 비틀
즈 마지막에 가서야 다른 멤버들에게 인정받을 수 있었어요. 말씀
해주신 〈Something〉이나 〈Here Comes the Sun〉으로 말이죠.

▪ 처음에 조지가 곡을 만들어오면 다들 '그래, 조지가 만들었
으니까 넣어줘' 정도로 가볍게 여겼는데 점점 더 좋은 곡을 가져오
더니 나중에는 모두 경악을 금치 못할 정도로 훌륭한 노래를 발표
하게 된 거잖아요. 아마 멤버들이 속으로 '얘는 도대체 뭐지' 이런
생각을 했을 것 같아서 재미있어요.

● 비틀즈에 대해서 아주 잘 알지 못하는 분들은 이 노래는 누

가 만든 거고 누가 부른 거다까지는 잘 모르시잖아요. 그래서 많은 사람들이 〈Something〉을 좋아하면서도 폴 매카트니 곡으로 알고 있다는 거죠. 심지어는 마이클 잭슨도 조지 해리슨에게 "아, 그 노래를 쓰셨어요? 저는 레논-매카트니 작품인 줄 알았어요"하며 깜짝 놀랐다는 이야기도 있어요.

▌ 많은 사람들이 폴 매카트니에게 〈Something〉 좋다고 말하기도 하고 불러달라고 하기도 하고……. 그런데 그 곡이 살짝 폴 매카트니의 느낌을 주기도 하죠. 조지 해리슨은 10년 동안 밴드 활동을 하면서 그들에게 영향을 받으면서 아마 그것을 자기 식으로 체화해낸 것이 아닐까 싶어요.

● 정확하게는 알 수 없지만, 팬의 입장에서 이 책을 읽으면서 상상해보면 조지 해리슨은 겸손하고 진지한 사람이었던 것 같아요. 조지 해리슨 노래 중에서 제가 가장 좋아하는 것은 〈While My Guitar Gently Weeps〉거든요. 명곡이라고 생각해요. 노랫말도 참 좋지만 기타 연주가 중요한 곡이죠. 그런데 조지 해리슨은 본인이 기타리스트면서 그 노래의 기타 솔로를 에릭 클랩튼에게 의뢰해요. 그런 사람인 거죠.

▌ 저도 그 이야기 참 좋더라구요. 그 곡의 기타 리프 솔로 연주 부분은 하기만 하면 대단한 기타리스트로 알려지고 인정받을 게 분명한데 그 기회를 본인이 갖지 않고 에릭 클랩튼에게 주었다는 건 정말…….

● 　그런데 에릭 클랩튼과 조지 해리슨은 나중에 삼각관계도 이루죠. 아마 록 역사상 가장 유명한 삼각관계가 아닐까요. 조지 해리슨의 부인 패티 보이드는 유명 모델이기도 했는데 에릭 클랩튼이 그녀를 너무 사랑해서 〈Layla〉라는 곡도 발표했죠. 결국 조지와 패티가 이혼하고 에릭과 패티가 결혼하기도 했지만 나중에는 조지 해리슨과 패티 보이드가 재결합했구요.

■ 　〈Layla〉도 정말 명곡이에요.

● 　링고 스타 이야기도 해볼까요. 이 사람만 가명을 쓰고 있어요. 본명은 리처드 스타키(Richard Starkey)예요.

■ 　이름과 달리 네 명 중 가장 인지도가 떨어지고 결국 스타가 되지 못했어요.

● 　정확한지는 모르겠는데 비틀즈 해체 이후 솔로 앨범을 발표했을 때 빌보드 차트 1위를 제일 먼저 한 사람이 아마 링고일걸요? 존 레논이 제일 늦게 1위에 오른 건 확실해요. 하지만 현재 음악적으로 링고 스타가 가장 간과되고 있는 건 사실이죠.

■ 　드러머인데 드럼 솔로를 하기 싫어하고, 나서는 걸 싫어했지만 낙천적이고 유쾌한 사람이었던 것 같아요.

● 　앞에 나서지는 않지만 모든 사람들이 좋아하는 그런 성격이었던 것 같아요.

¶　네 사람이 태어나고 자란 리버풀이라는 지역의 특성도 중요할 거예요. 항구도시인 리버풀은 거친 분위기였죠.

●　아일랜드에서 이주해온 이민자들이 많은 도시이기도 하구요.

¶　말하자면 하층민의 도시인데 조지 해리슨이 이런 말을 했어요. "리버풀의 모든 사람은 스스로를 코미디언이라고 생각합니다. 매표소에서 일하는 남자조차 코미디언입니다. 태어나고 자라면서 유머 감각을 갖게 된 거죠"라고요. 그게 이해가 되기도 해요.

●　삶의 신산함을 유머로 넘어서는 그런 사람들이라고 이야기하는 거군요.

¶　비틀즈 멤버 모두 기본적으로 유머러스했는데 제일 진지하게 보이는 조지 해리슨마저 특유의 유머가 있어요

●　이 책의 마지막 부분에서 폴 매카트니에게 비틀즈 활동을 하면서 가장 좋았던 때가 언제냐고 물어요. 몇 가지 중 하나로 넷이서 같이 여행을 다니면서 뭐가 왜 웃긴지도 모르면서 배를 잡고 막 웃었던 때를 이야기하거든요. 그게 인상적이더라구요. 특히 밴드 결성 초기에 멤버들이 서로 농담하고 장난하는 그런 활력 같은 게 음악에서도 들리잖아요. 그런 순간들이 10년 동안 멤버들 각자에게 일종의 원체험으로 남아 있지 않았을까 싶은 거죠.

▟   저한테 제일 재미있었던 장면은요, 독일에서 노래 두 곡을
모두 독일어로 불러야 취입할 수 있다고 했잖아요. 그런데 멤버들
이 독일어로 노래하기 싫어서 안 가고 있으니까 매니저가 데리러
와요. 매니저가 들어오자마자 방구석으로 숨고 그러는 모습이 정
말 귀여운 거예요. 우리 안 부르면 안 되냐고 이야기하는 모습이 어
리기도 하고 정말 20대 초반의 풋풋함도 느껴지고요. 그들이 얼마
나 깔깔거리고 재미있게 놀았을까 상상하게 되더라구요.

●   이런 생각이 들어요. 나이가 좀 들어서 스무 살 시절을 생각
하면, 스무 살 때는 당연히 그런 생각을 하지 않았겠지만, 참 그때
는 아무것도 모르는 나이였구나 싶잖아요. 그런데 비틀즈가 1964년
1월에 미국에 가게 되고 굉장한 대접을 받게 됩니다. 전세계적으
로 비틀즈 마니아들이 생겨나고 큰 인기를 넘어 신드롬이 되죠. 나
중에는 존 레논이 비틀즈는 예수보다 유명하다는 말을 할 정도로
1960년대 최고의 스타가 되는데, 그때 조지 해리슨이 스물한 살,
폴 매카트니가 스물두 살, 존 레논이 스물네 살이거든요. 20대 초반
의 어린 사람들이 어마어마한 삶의 장력에 진입했을 때, 미치지 않
을 수 없을 것 같아요. 제정신일 수가 없는 거죠. 그 속에서 마구 흔
들리면서 10여 년을 보내고 해산하는 순간을 맞이하는데 그때도
나이가 많아야 30대 초반이었구요. 이런 걸 생각하면 그들은 참 음
악뿐만 아니라 굉장한 인생을 살아냈구나 그런 느낌이죠.

▟   요즘 아이돌의 영향력의 천만 배쯤 되겠죠? 전세계적인 밴
드였으니까요.

● 그렇죠.

▜ 막연히 전세계적인 밴드라는 건 알고 있었지만 이 책을 보니까 정말 실감이 나더라구요. 정말 어마어마했구나, 세상에 이 정도였구나 하는. 비틀즈에게는 국경이 의미가 없었던 거죠. 여권도 필요 없고, 얼굴이 여권이었던 거니까요. 이런 힘과 영향력을 갖고 있는 사람들이 20대 청년이었단 말이죠. 어떻게 살아야 할지 정말 난감하지 않았을까 싶어요. 그들도 이야기하죠. "우리가 그나마 낭떠러지로 떨어지지 않은 것은, 엘비스 프레슬리는 한 명이었기 때문에 혼자 헛짓을 했지만 우리는 네 명이었기 때문에 한 사람이 나서려고 하면 다른 사람들이 막아주었다"고요. 그 네 명이 정말 친해질 수밖에 없었을 것 같고요, 거의 생과 사를 함께한 10년이었겠죠.

● 저 역시 이번에 새삼 느낀 것 중 하나는 비틀즈가 매우 민주적인 집단이었구나 하는 점이었어요. 특히 록 밴드는 강한 리더 한 명이 독재자처럼 팀을 이끌고 그로 인해 문제가 생기기도 하는데요, 비틀즈는 네 사람 사이에 힘의 역학 관계는 물론 존재했지만 음악을 만들거나 의사 결정을 할 때는 민주적으로 했던 것 같아요.

▜ 이 책은 또한 10년간의 성장담을 보여주는 것 같기도 하죠. 초기 멤버였던 스튜어트 서트클리프의 죽음, 매니저였던 브라이언 엡스타인의 죽음 등을 겪으면서 비틀즈 멤버들의 삶을 바라보는 시선이 성숙해지는 느낌이었어요.

● 그렇습니다. 비틀즈의 위대한 성장 드라마라는 느낌이 확실

히 들죠. 이 성장 드라마가 놀랍고 감동적이고 뭉클하게까지 느껴지는 것은, 그토록 어마어마한 팬덤을 얻고 최정상의 위치까지 오른 이 사람들이 그런 상황에 휩쓸리지 않고 계속 전진했기 때문이겠죠. 음악적으로든 삶에서든 말이죠. 물론 어린 친구들이었기 때문에 그 와중에 실수도 많이 했고 구설수에도 올랐지만요. 그럼에도 한 번도 뒤를 돌아보지 않고 꾸준하게 전진했다는 게 정말 인상적이었습니다. 이 드라마에는 모든 게 다 들어 있어요. 제가 한번 적어봤는데요, 사랑 있죠, 종교도 있구요. 우정, 타락, 구원, 섹스, 정열, 권태, 쾌락, 배신, 신의, 돈, 성공, 전락까지 모든 요소가 다 있습니다. 비틀즈라는 10년의 이야기는 그 자체로 흥미로운 드라마인 거죠.

◗   맞아요.

●   이건 좀 다른 이야기지만, 미국 시장으로 진출할 무렵인 1963~64년 무렵과 해산할 때인 1970년까지 불과 6여 년 사이에 비틀즈는 확연하게 변한 것으로 보여요. 외모도 그렇죠. 초반에는 파릇파릇했는데 해산 무렵에는 완전히 노안이 됐어요. (웃음)

◗   남들의 10년이 이들에게는 한 40년쯤 된 것 같죠.

●   맞아요. 해산할 때 존 레논은 서른 살이었는데요, 그때 사진을 보면 얼굴이 그 나이로 안 보여요.

3_____ 비틀즈의 생과 사

▋   이 책은 대사로만 이루어져 있잖아요. 그래서 매우 생동감
있죠. 한 사람이 이야기하면 바로 이어서 다른 사람이 이야기를 하
고, 갑자기 장면이 바뀌어서 같은 이야기를 다르게 하기도 하는 구
성인데요, 영화로 만들어도 재미있지 않을까 했어요.

●   비틀즈에 관한 영화가 여러 편 있기는 하죠. 하지만 비틀즈
의 역사를 온전히 다룬 극영화는 없었어요.

▋   〈백비트〉˹는?

●   〈백비트〉는 비틀즈 초기만 다루고 있죠. 비틀
즈 노래 저작권료가 워낙 비싸잖아요. 〈어크로스 더
유니버스〉˹란 영화가 있는데요, 그 영화가 오리지널
비틀즈 음악 33곡을 사용했어요. 그런데 그 저작권료
가 1,000만 달러 정도 된다고 하더라구요. 우리나라
평균 영화 제작비의 몇 배가 되는 금액이니까 어마어마한 거죠.

▶ 이안 소프틀리 감독
의 1993년 연출작. 비
틀즈 초기 시절을 다
루었으며 특히 스튜어
트 서트클리프의 삶을
중심으로 하고 있다.

▶ 줄리 테이머 감독의
2007년 연출작. 짐 스
터게스, 에번 레이철
우드 등 출연.

▋   〈아이 엠 샘〉도 비틀즈 음악을 썼잖아요?

●   〈아이 엠 샘〉의 많은 곡은 커버곡이죠. 〈어크로스 더 유니
버스〉는 다 오리지널을 썼거든요. 존 레논을 주인공으로 한 〈존 레
논 비긴즈—노웨어보이〉도 개봉했었고 이 밖에도 비틀즈와 관련

172

된 영화들이 몇 편 있기는 해요. 얼마 전에 비틀즈 멤버들이 출연한 〈하드 데이즈 나이트〉가 국내에 개봉하기도 했었죠. 비틀즈 자체가 영화화하기에 매우 좋은 소재인 것 같아요.

¶ 최초의 아이돌, 최초의 빅밴드였으니까 이야기 만들기도 재미있겠죠.

● 본인들이 원한 것은 아니지만 한 시대를 대표하는 아이콘이 되기도 했구요. 마니아, 팬덤의 상징이기도 하잖아요. 비틀즈가 미국에 진출했을 때가 어마어마했다죠. 〈에드 설리번 쇼〉에 출연했는데 시청자 수가 7,000만 명이 넘었다고 하니까요. 채널이 하나밖에 없었나?(웃음) 심지어 그 방송 시간대에 뉴욕에서 범죄가 한 건도 없었다는 거 아니에요.

¶ 정말 신화와 같은 일이죠.

● 그야말로 한 분야의 기준이자 이정표가 된 거죠.

¶ 이들은 1950년대 미국 로큰롤 음악을 즐겨 들으면서 그 뮤지션들을 우상으로 생각하고 음악을 시작했잖아요. 나중에 엘비스 프레슬리를 직접 만나면서 어찌 보면 자신들의 꿈을 이룬 거죠. 그런 과정들이 그들이 얼마나 음악을 중요하게 생각하고 좋아했는가를 보여주는 것 같아서 좋았어요. 비틀즈 멤버들과 함께 마리화나를 하며 놀다가 중간에 전화를 받은 밥 딜런이 "네, 비틀마니아입니다" 했다는 이야기도 재미있더라구요.

●   저는 비틀즈에 대해서 꽤 많이 안다고 생각했는데 막상 이 책을 보고 새롭게 알게 된 일화들이 많았어요. 특히 비틀즈가 처음에는 온갖 경연대회, 요즘으로 치면 오디션에 많이 나갔지만 계속 떨어졌다고 해요. 심지어는 "수저로 음악 연주하는 여자에게 지기도 했다"고 고백할 정도로요. 이 말이 정말 웃겼어요.

◥   말하자면 술집에서 소주병 두드리는 사람에게도 졌다는 거죠.

●   비틀즈가 제대로 오디션을 처음 본 건 데카 레코드였는데 거기서 탈락했고 몇 달 뒤 EMI에서 합격하여 그후로 승승장구하게 되었다는 건 아주 유명한 이야기죠. 비틀즈를 알아보지 못하고 퇴짜 놓은 데카의 담당자는 오랜 세월 회자되면서 비웃음거리가 되었구요.

◥   존 레논과 폴 매카트니가 그 사람을 비웃기도 하죠.

●   비틀즈가 위대하다고 한다면 그건 음악이 그렇다는 거지 사람에 대해서 말하는 건 아니잖아요. 신화이자 전설이 되는 과정에서 크게 포장된 면도 없지 않을 거구요. 《비틀즈 앤솔로지》를 읽다 보니 비틀즈 멤버들이 주위 사람들한테 너무 나쁘게 대한 일도 많더라구요. 너무 심하다 싶을 정도로요. 예를 들어서 스튜어트 서트클리프라고 초기에만 활동했던 멤버가 있었죠. 그런데 투어 다닐 때 그 사람을 일부러 제일 나쁜 자리에 앉힌다든지 하면서 멤버로 취급도 안 해주었어요. 집단 따돌림인 거죠. 그런 일 외에도 자기중

심적인 행동을 하거나 오만하게 굴면서 주변 사람들에게 꽤 상처를 주었겠구나 싶기도 했어요.

◗ 저는 스튜어트 서트클리프와 관련 있는 이 부분을 읽을 때 참 아련했어요. 스튜어트가 죽었을 때 존 레논이 웃었다는 루머가 있었다는데 폴 매카트니가 그 루머에 대해서 반박해요. 그리고 이렇게 말하죠. "우리는 '그가 다시 돌아올까?' 하고 궁금해 했죠. 우리는 서로 누군가가 먼저 죽으면 돌아와 다른 세계가 있다는 걸 알려주기로 약속을 했거든요. 그래서 제일 먼저 죽은 스튜어트가 과연 나타날지 조금은 기대를 가졌죠." 그러면서 한밤중에 그릇이 덜거덕거리면 아마도 스튜어트일지도 모른다고 생각했다고 하는데, 어린 시절에 친구의 죽음을 겪었던 멤버들의 마음 같은 게 느껴지더라고요.

● 네 사람이 만나서 처음 비틀즈를 만들 무렵에, 네 명 중 세 명은 부모로부터 버려지거나 세상을 떠난 상태였어요. 폴 매카트니와 존 레논은 어머니를 여의었고 존 레논과 링고 스타는 어린 시절에 아버지가 가족을 떠났죠. 이런 환경들, 그러니까 상실감 때문에라도 네 멤버의 관계를 더 특별하게 만들었고 음악에 더 몰입하지 않았을까 추측이 되기도 하죠.

◗ 누군가의 죽음을 겪었다거나 버림받았다는 동질감이 초기에 네 명을 끈끈하게 묶었던 원동력 같기도 해요.

● 초기 결성 단계에는 정말 재미있는 이야기가 많아요. 예를

들면 5인조 밴드를 만들고 싶어서 존 레논의 친구인 스튜어트 서트 클리프를 억지로 끼워 넣었는데 베이스를 처음 잡아본 사람이었던 거죠. 존 레논은 기타라고 치고 있는데 사실은 밴조였다는 거예요. 기타가 여섯 줄이라는 것도 모르고 기타리스트를 하겠다고 한 건데 그걸 조지 해리슨이 굉장히 한심해했다죠. 스튜어트 서트클리프도 베이스를 당연히 너무 못 쳤을 거 아니에요. 박자도 음정도 틀리는 걸 들키기 싫어서 뒤돌아서서 연주했다는 이야기도 있고요.

■　그런데 스튜어트에 대해서는 괜찮아, 너는 잘생겼으니까 다 용서해줄게, 이런 분위기였던 것 같아요.(웃음)

●　마음도 가장 여렸던 것 같구요. 결국 비틀즈에서 살아남기 어려워서였기도 했겠지만 사랑 때문에 비틀즈를 떠났죠.

■　음악에 대한 욕망도 그리 크지 않았구요.

●　그렇죠.

■　음악적인 재능이 뛰어나지 않았지만 초기에 비틀즈를 단결시켜준 인물이라는 생각도 들더라구요.

●　사진이 몇 장 안 남아 있는데 그걸 보니 잘생겼더라구요. 비틀즈 다른 멤버들도 다 잘생기지 않았나요?

■　다 잘생기진 않은 것 같은데요. 조지 해리슨이 제일 잘생긴 　176

것 같고.

● 그래요? 저는 폴 매카트니가 제일 잘생긴 것 같아요.

￭ 저는 폴 매카트니가 잘생겼다기보다는, 예쁘고 귀여운 얼굴 아닌가 싶어요. 존 레논은 잘생겼다고 생각해본 적이 없는데요, 약간 동양적이면서도 서양적인 특이한 얼굴 같아요. 링고 스타는 전형적인 서양 남자 같구요.

● 미의 기준이 다르네요.(웃음) 스튜어트 서트클리프는 자신의 선택으로 비틀즈를 나갔지만 잘린 사람도 있죠. 피트 베스트라는 드러머인데, 이 사람은 말하자면 불성실함 때문에 그렇게 된 거죠.

￭ 실력이 없는데 성실하지도 않았던 거죠.

● 그렇죠. 비틀즈가 EMI랑 계약할 때 프로듀서인 조지 마틴이 피트 베스트는 내보내는 조건으로 하자고 했던 거고 멤버들이 그걸 수용한 거죠. 미안해하면서요.

￭ 멤버들이 그 이야기를 하기 어려워했는데 결국 조지 마틴이 알아서 자른 걸로 했죠. 그런데 막상 피트 베스트도 그다지 상처받거나 하진 않은 것 같아요.

● 당시에는 관심이 없었겠죠.

▋   비틀즈가 이토록 위대한 밴드가 될지도 몰랐던 거죠.

●   나중에 인터뷰한 게 나오는데, 자기는 그때 후회하지 않았다고는 하더라구요. 그런데 괜히 센 척한 것 아닌가요. 어떻게 후회를 안 하겠어요.

▋   후회하지 않았을 수도 있어요. 그렇게 큰 욕망이 없었을 수도 있죠. 결국 비틀즈 멤버들도 사실 폴 빼고는 삶 자체가 행복하지 않았잖아요. 어쩌면 큰 행운 없이 조용히 살아가는 게 더 좋았을 수도 있지 않을까요.

●   명성이든 돈이든, 사람들이 일반적으로 추구하는 그런 것들에 임계점이 있는 것 같아요. 그래서 어느 수준까지는 올라가면 좋을 거예요. 예를 들면 연봉이 1,000만 원인 것보다는 2,000만 원인 게 조금 더 행복할 수 있겠죠. 그런데 어느 단계를 넘어서면, 1년에 10억 원 버는 사람보다 20억 원 버는 사람이 반드시 더 행복하지는 않잖아요? 오히려 그것이 발목을 잡는 순간이 올 수도 있구요. 인기와 명성도 그럴 거예요. 처음에 팝 차트 3위에 오르고 2위에 오르고 사람들이 알아봐주고 그러면 초기에는 좋겠지만 비틀즈처럼 모든 사람들이 달려들기 시작하면 그때부터는 인기는 없느니만 못할 수도 있다는 거죠. 비틀즈는 그런 임계점을 한참 넘어간 삶을 살았는데 동경의 대상이기는 하지만 측은하게 생각되는 그런 부분이 있죠.

▋   저도 그렇게 생각해요.

● 이런 엄청난 성공 스토리가 있으려면 주변 사람들의 도움이 절대적으로 필요하죠. 비틀즈에게는 대표적으로 매니저 브라이언 엡스타인과 EMI의 프로듀서였던 조지 마틴이 있었던 거죠.

▌ 그 두 사람이 없었다면 비틀즈는 없었겠죠. 저는 특히 조지 마틴이 대단한 사람 같아요. 브라이언이 비틀즈를 발굴했다면 조지 마틴이 비틀즈의 음악을 완성시켜준 거죠. 나중에 비틀즈가 위태위태해지고 애플이라는 회사를 차렸을 때도 전혀 개입하지 않으면서 자신은 음악에만 관여하겠다고 했어요. 그리고 그 선을 지키면서 완성도를 높여준 거죠.

● 그렇습니다.

▌ 브라이언은 무척 이상한 사람 같기도 해요. 조울증도 심했고, 운전을 너무 못해서 신호등이 빨간불이면 가고 초록불이면 서다가 경찰에게 잡힌 에피소드는 정말 웃겼어요.

● 브라이언은 이상한 사람이면서도 일벌레였던 것 같기도 하고요. 초기의 비틀즈는 원래 반항적이고 노동계급의 성격을 드러내는 가죽 재킷을 입는다든지 하는 이미지였잖아요. 하지만 지금 우리가 알고 있는 비틀즈의 이미지, 그러니까 깔끔한 수트 차림, 헤어스타일, 비틀 부츠 같은 패션을 만들어낸 핵심적인 사람이 브라이언 엡스타인이라고 할 수 있겠죠.

▌ 비틀즈의 외형을 담당한 게 브라이언이었다면 내부를 담당

한 게 조지 마틴이겠죠.

●   1966년 이후 비틀즈가 투어를 더 이상 다니지 않고 스튜디오 밴드가 되었죠. 그러면서 매니저로서 공연 스케줄을 잡고 관리하는 일이 줄어들면서 브라이언 엡스타인이 공허함을 느꼈을 거라고 많이 추측하더라구요. 그리고 결국 비극적으로 세상을 떠나게 되었죠.

◖   초기 비틀즈를 발굴하고 세상을 떠나기 전까지 5년 정도 짧은 기간인데 그동안 엄청나게 많은 일들이 있었기 때문에 거의 생과 사를 같이한 느낌이 들었어요.

●   그런데 비틀즈 멤버들이 브라이언한테 참 못되게 했더라구요. 브라이언 엡스타인은 말하자면 생사고락을 같이한 사람이고 음악에도 조예가 있는 사람이잖아요. 그런데 브라이언이 연주를 듣고 있다가 "당신들 중 하나가 반음 낮게 부르고 있는 것 같아"라고 말했더니 존 레논이 "노래는 우리가 알아서 할 테니 당신은 계속 퍼센트나 따지고 있어요" 하고 쏘아붙였다고 해요.

◖   뮤지션 특유의 자존심 같은 것이겠죠. 우리 음악인데 당신이 뭔데, 하는.

●   그래도 상대방을 그렇게 무시하면 안 되죠. 비틀즈가 겪은 가장 큰 구설수는 뭘까요?

¶   아무래도 예수 발언이겠죠?

●   "비틀즈는 예수보다 유명하다"고 했죠.

¶   어쩌면 미디어가 얼마나 아티스트를 궁지로 몰 수 있는가를
보여주는 중요한 사례 같아요. 매우 파장이 컸죠.

●   분명히 그런 면이 있죠. 하지만 존 레논도 조금은 경솔했던
거죠. 아무리 자신의 말을 강조하기 위해서 강한 표현을 한 거라지
만 서구 사회에서 중요하게 생각하는 게 종교적인 문제일 텐데 부
주의했다고 할 수 있어요.

¶   나중에 존 레논이 이렇게 반성을 하기도 하죠. 그 발언에 대
해서 "'비틀즈'라는 고유명사를 쓴 것이 문제다. 만약 'TV가 예수
보다 유명하다'라고 말했다면 사람들의 반감은 그리 크지 않았을
것이다"라고 말했어요. 제가 보기에도 'TV'보다 '비틀즈'를 넣어
말하는 게 효과적이거든요.

●   하지만 말의 효과를 위해서 결국 말의 위험도를 높이고 말
았죠.

¶   벼랑에 갔으면 뛰어내려야 하니까요. (웃음)

●   이런 경우를 보면 존 레논의 잘못이라기보다는 부분적으로
소란과 구설수를 불러들이는 식으로 앞으로 나아가는 존 레논의

방식인 거죠. 그게 존 레논의 훌륭한 점이기도 하구요. 정면돌파하는 태도 말이죠. 존 레논은 비틀즈 활동 말기에 오노 요코를 만나면서 요코에게 올인했죠. 이 책에 사진도 나오는데《Two Virgins》라고 두 사람이 나체로 찍은 사진을 재킷으로 사용한 앨범을 발표해요. 당시 사람들에게 얼마나 충격적이었겠어요. 대스타가 파트너와 함께 전면 누드 사진을 앨범 재킷으로 쓰다니 말이죠. 이 밖에도 비틀즈를 둘러싼 많은 사건이랄까 논란이 있었는데, 필리핀에서의 일도 제가 알고 있던 것보다 더 심각했더라구요.

◥ 네. 이 책을 보니 정말 무섭던데요.

● 당시 필리핀은 마르코스 정권하에 있었는데, 부패와 사치의 상징처럼 일컬어지는 이멜다가 비틀즈를 초청한 거죠. 그런데 매니저 브라이언 엡스타인이 자기 선에서 거절을 했어요. 하지만 필리핀에서는 일방적으로 비틀즈가 올 거라고 기다렸고 실제로 정치와 행정을 담당하는 사람들이 매우 강압적으로 비틀즈를 압박했던 거예요. 심지어 TV 쇼로 그들이 아직 오지 않고 있다고 생중계까지 하면서요.

◥ 그냥 해프닝으로 끝날 일이 아니라 생명의 위협까지 느낀 거잖아요.

● 그렇죠. 이게 역사의 아이러니이기도 한 게 결국 마르코스와 이멜다가 비틀즈의 음악을 발전시켜준 은인이기도 한 것 같아요. 이 일을 계기로 비틀즈는 더 이상 투어를 하지 못하게 되었고

그 대신 스튜디오 레코딩에 전념하게 되었거든요.

▐   이멜다에게 감사하는 곡이라도 하나 바쳐야겠네요.(웃음)

●   존 레논은 훈장 반납 사건이라든가 인도의 영적 지도자 마하리시 요기와의 갈등을 빚었던 걸 보면 참 에너지가 많으면서도 공격적인 사람이었던 것 같아요.

▐   링고 스타는 그와 반대로 자학적인 스타일이었어요. 유머러스하기도 하고. 존 레논과 오노 요코의 누드 사진으로 된 《Two Virgins》 앨범 재킷을 보고도 처음 하는 말이 엉뚱하게 "오, 사진에 〈타임〉까지 찍혔네"잖아요.(웃음)

●   안 보는 척하면서 다 보는 거죠.(웃음)

▐   기자들한테 전화 와도 "보세요, 앨범 재킷에 〈타임〉이 있습니다" 식으로 말한다든지 비행기를 탔을 때 좌석이 하나 모자란다고 하니까 "저는 서서 가죠"라고 말하는 게 정말 제가 좋아하는 스타일이라니까요.(웃음) 하지만 비틀즈 멤버로서 링고 스타는 힘들기도 했을 것 같아요.

●   비틀즈는 참 팀워크도 좋고 멤버 모두 가족보다도 가까워 보이는데 그 중에서도 링고 스타는 좀 아웃사이더 같고 나머지 세 사람과 거리가 있는 듯한 느낌을 가졌던 거죠.

▪   드러머라는 위치 때문이기도 한 것 같아요. 다른 세 사람은 모두 앞에 나와 있는데 혼자 제일 뒤, 제일 높은 곳에서 리듬을 맞추다보면 어느 순간 외로워지지 않았을까 싶어요.

●   카펜터스의 카렌 카펜터나 이글스의 돈 헨리▸ 정도가 아니면 사실 밴드의 드러머가 돋보이지는 않죠.

▸ 카펜터스는 1970년 대 활동한 미국의 듀오로 카렌 카펜터(보컬, 드럼)와 리처드 카펜터(건반) 남매로 구성되었다. 〈Top of the World〉등으로 인기를 얻었다. 카렌은 1983년 거식증으로 사망했다. 이글스는 1970년 대 결성된 미국 록밴드로 가장 유명한 〈Hotel California〉는 돈 헨리가 드럼과 보컬을 맡은 곡이다.

▪   사실 밴드에서 베이스 연주자가 가장 존재감이 없기도 해요. 그런데 비틀즈에서는 폴 매카트니가 특이하게도 베이스로 멜로디를 연주하면서 중요한 위치가 된 거죠. 스스로를 드러내고 싶어하는 폴 매카트니의 성격 때문일 수도 있겠고요.

●   비틀즈는 악기 구성으로 보면 좀 이상한 밴드죠. 원래 모였던 멤버는 세 명인데 모두 기타리스트였잖아요. 그래서 한 명은 베이스를 치자 해서 스튜어트 서트클리프가 베이시스트가 됐는데 그가 나가고 나니까 폴 매카트니가 담당했던 거구요. 원래 기타리스트였기 때문에 베이스를 잡고 나서도 역할이 달랐던 것 같아요. 또 흥미로운 것은 네 사람 모두 개성 강하고 뛰어난 뮤지션들이었지만 조화를 중요하게 생각하는 연주를 했던 점이에요. 솔로로 화려하게 연주를 하는 사람이 없잖아요.

▪   맞아요.

● 　비틀즈의 사실상 마지막 앨범이라고 할 수 있는《Abbey Road》중 〈The End〉를 들어보면 그 곡에서 세 명이 모두 기타 솔로를 하고 링고 스타가 처음이자 마지막으로 드럼 솔로를 해요. 각자 솔로 플레이를 보여준 〈The End〉라는 곡으로 비틀즈 신화를 마감했다는 게 의미심장한 면도 있어요.

◤ 　〈The End〉에서 링고 스타가 보여주는 드럼 솔로는, 예를 들면 드럼 솔로로 가장 유명한 레드 제플린의 〈Moby Dick〉에서처럼 화려한 것이 아니라, 매우 수줍은 연주예요. 이렇게 수줍은 드럼 솔로는 처음 들어봤어요.(웃음) 결국 음악이라는 게 사람을 반영하는구나 그런 생각이 들어요.

● 　네. 맞아요.

◤ 　폴 매카트니도 베이스를 하고 싶어서 잡은 게 아니라 할 사람이 없어서 그런 건데, 왼손잡이여서 그에 맞는 걸 찾다가 왼손 오른손 구별이 없는 호프너 베이스라는 걸 치게 된 거죠. 또 마침 그 베이스가 가볍기 때문에 멜로디 치기 좋았고. 이런 식의 작은 우연과 연결고리들이 비틀즈 음악을 완성하게 된 거라고 할 수 있을 거예요.

● 2010년에 미국의 가장 유명한 음악 잡지인《롤링스톤》◀이 역사상 가장 위대한 비틀즈 노래 베스트 10을 선정했 었습니다. 이 잡지 취향이 좀 보수적이긴 하지만 그래 도 공신력이 있다고 볼 수 있는데, 이 순위를 한번 볼 까요.

▶ 1967년 미국 뉴욕 에서 잔 웨너가 창간 한 대중문화 잡지. 특 히 대중음악 분야에 큰 영향을 미쳤다. 창 간호 표지 모델은 존 레논이었다.

10. While My Guitar Gently Weeps

9. Come Together

8. Let It Be

7. Hey Jude

6. Something

5. In My Life

4. Yesterday

3. Strawberry Fields Forever

2. I Want to Hold Your Hand

1. A Day in the Life

그럴 만하죠? 명곡 위주로 잘 알려진 곡들로 순위가 매겨진 것 같 아요.〈I Want to Hold Your Hand〉를 꼽았다는 게 저는 인상적이에 요. 아마 미국 잡지여서 그런 듯한데 이 곡이 미국에서 처음으로 넘 버원이 된 비틀즈 곡이잖아요. 김중혁 작가님이 보시기엔 어때요?

■ 　대부분 수긍할 만하구요, 아무래도 평론가와 전문가들의 시각이라 음악적인 역사성을 더 중요하게 생각한 것 같네요. 그럼 저만의 비틀즈 베스트 10 말씀드릴게요. 일단 2위까지만요.

10. Love Me Do

9. Ob-La-Di, Ob-La-Da

8. Yesterday

7. Nowhere Man

6. Across the Universe

5. A Day in the Life

4. Something

3. Come Together

2. In My Life

10위 〈Love Me Do〉나 9위 〈Ob-La-Di, Ob-La-Da〉는 의외 아닙니까?(웃음)

● 　네, 의외네요. 그럼 저도 비틀즈 베스트 10을 발표하죠. 저도 2위까지.

10. Penny Lane

9. Come Together

8. While My Guitar Gently Weeps

7. Here, There and Everywhere

6. You Never Give Me Your Money

5. Happiness Is a Warm Gun

4. A Day in the Life

3. Eleanor Rigby

2. Hey Jude

김중혁 작가님과 제가 좋아하는 비틀즈 노래가 많이 다르죠? 1위 빼고 고작 두 곡 겹쳤네요.

■   제가 좀더 대중 친화적인 것 같아요.

●   이 리스트만 보면 그러네요.

■   제가 비틀즈를 좋아하는 이유를 생각해봤는데, 역사적으로 로큰롤의 계승자이기도 하고 어떤 면에서는 부드러운 발라드 연주 자이기도 하고 또한 새로운 사운드를 실험하거나 메탈이라는 장르를 선구적으로 도입하기도 했는데 가장 중요하게는 정말 귀에 훅 들어오고 착 감기는 노래들을 잘 만들어냈다는 거죠.

●   김중혁 작가님이 가장 좋다고 하신 노래들이 상대적으로 초기 로큰롤 쪽이고 제가 좋아하는 노래들은 상대적으로 후기 쪽이 많은 것 같네요.

■   이동진 작가님의 5, 6, 7위 곡들은 정말 의외예요.

●   일반적이지는 않죠? 특히 〈You Never Give Me Your Money〉   188

좋다는 사람은 저도 아직 본 적이 없어요.

■ 〈Here, There and Everywhere〉는 누구 곡이죠?

● 폴 매카트니 곡이에요.

■ 아, 존 레논이 극찬했던 곡이죠. "이 곡은 나의 모든 앨범 속의 곡보다 좋다"고 말하기도 했대요.

● 개인적으로 《Revolver》 앨범 중 이 노래가 가장 좋아요.

■ 앨범으로는 《Revolver》가 그리고 시기적으로도 1964~65년 이때가 비틀즈 최고였던 것 같아요.

● 멤버들이 예술적으로도 눈을 뜨고 발전하여 스튜디오 레코딩에 최선을 다했던 시기이기도 하고 멤버들 사이가 나빠지기 직전이기도 하죠.

■ 공연들에서 열광적인 반응과 인기를 경험한 후 그 열기를 간직한 채 스튜디오에서 음악에 몰두하던 시기였기 때문에 너무 학구적으로 흘러가는 느낌도 있는데 《Revolver》와 《Rubber Soul》 앨범들은 정말 좋아요.

● 그러시군요. 그럼 가장 좋아하는 곡, 1위 발표할까요?(웃음)

┓ 제가 뽑은 1위는, 너무 평범할 수도 있어요.

● 〈Hey Jude〉? 〈Let It Be〉?

┓ 둘 다 아닙니다. 〈All You Need Is Love〉입니다. 의외죠? 워
낙 영화에 많이 쓰이기도 해서 흔해지기도 했지만 저는 가장 좋아
해요.

● 요즘은 다들 영화 〈러브 액츄얼리〉를 떠올리시더라구요.

┓ 노래의 시작과 끝이 비틀즈의 역사를 보여주는 것 같기도
하고요, 사랑이라는 테마로 만들어진 것이라는 점이 비틀즈를 대
변하는 것 같기도 해요.

● 맞습니다. 만약 비틀즈의 시대정신을 상징하는 노래를 한
곡만 고르라고 한다면 방금 말씀하신 대로 〈All You Need Is Love〉
인 것 같아요.

┓ 그래서 저한테는 가장 중요한 노래이고 가장 많이 듣는 노
래이기도 해요. 하지만 솔직히 말해서 비틀즈 베스트 순위는 매번
바뀌죠. 이번에는 〈Hey Jude〉와 〈Let It Be〉를 선택하지 않은 것처
럼 말이죠.

● 맞아요. 저도 몇 년 전에 제 블로그에 비틀즈 베스트 10을 올
린 적 있었는데 이번에 다시 적어보니 몇 곡은 바뀌었더라구요.

❚   그래서 1위는 뭔가요?

●   저는 〈Across the Universe〉예요. 이 곡은 저의 올타임 베스트입니다. 이번에 《비틀즈 앤솔로지》를 보고 처음 알았는데 존 레논이 쓴 이 곡을 다른 세 멤버가 안 좋아했다면서요. 다들 시큰둥한 반응이어서 존 레논이 그냥 혼자 발표할까 그런 생각도 했다고해요. 저는 이 노래를 들으면 뭐라고 그럴까요, 비틀즈가 그야말로우주 속으로 산화되어갔구나 하는 느낌이 들기도 해요. 중간에 "Jai guru deva om"이라는 가사가 나오죠. 힌디어인데 "신이시여, 당신은 나의 스승이십니다" 이런 뜻이에요. 영적인 메시지도 있는 노래죠. "Nothing's gonna change my world"라는 부분도 참 좋아해요.가장 존 레논적인 곡이면서 비틀즈와 다른 존재를 연결해주는 곡이라고 생각하고요, 저는 이 노래를 들으면 해방감 같은 걸 느껴요.

❚   많은 뮤지션들이 커버하기도 했지만 역시 본래의 느낌을 내지는 못하는 것 같아요. 당연하겠지만요. 저는 이번에 쭉 듣다 보니까 비틀즈가 정말 도입부를 잘 쓰는구나 싶더라구요. 〈Across the Universe〉도 그렇고 〈All You Need Is Love〉도 그렇고 노래가 시작하면 아, 비틀즈구나 느껴지잖아요.

●   초기 곡인 〈Help!〉는 아예 전주 없이 시작되기도 하고 〈Love Me Do〉도 존 레논의 하모니카로 시작하는데 모두 들어가는 느낌이 굉장하죠.

❚   사실 초창기, 그러니까 네 번째 앨범까지만 해도 비틀즈가

아티스트로서 큰 힘을 발휘했다고 보기 힘들죠. 그럼에도 그 시대의 흐름을 주도면밀하게 잡아챘다는 게 느껴져요. 존 레논도 "우리는 시대를 이끈 그룹이 아니다, 시대를 대변한 그룹이다"라고 자주 말했다는데 그게 정확한 것 같습니다. 그렇게 시대를 정확하고 예민하게 반영했다는 면에서 존 레논의 음악적인 가치와 행보가 크게 느껴지는 것 같아요.

● 그러고 보니 2, 3위 모두 존 레논 노래를 꼽으셨네요. 제가 2위로 뽑은 〈Hey Jude〉는 아예 김중혁 작가님 순위에 없군요. 저는 앞에서 말씀드린 대로 최근 운전 중 느꼈던 그 감정적인 경험이 이번 순위에 영향을 미쳤어요. 명곡은 명곡이구나 느끼면서요.《비틀즈 앤솔로지》에서 읽었는데, 〈Hey Jude〉 노랫말 중 "the movement you need is on your shoulder" 부분에서 폴 매카트니가 항상 뭉클해진다는 거예요. 저 역시 그렇더라구요. 이 노래는 듣다 보면 삶이라는 것이 참 복잡한 거구나 새삼스럽게 생각하게도 만들어요. 아마 이 노래가 만들어진 그 이야기 때문이겠죠.

◢ 그렇겠죠.

● 많은 분들이 알고 계시듯이 존 레논의 첫 부인은 신시아였죠. 둘 사이에는 아들 줄리언 레논이 있었구요. 존 레논은 신시아에게 특별히 애정이 있지 않았다고 스스로 말하기도 해요. 그러다가 오노 요코를 만나 열정적으로 사랑하게 되고 신시아와 줄리언을 두고 떠나는 거죠. 친구인 폴 매카트니 입장에서 보면 그 이혼 과정에서 줄리언이 너무 상처를 받으니까 그 아이를 위로하기 위해 만

든 게 바로 〈Hey Jude〉죠. 그런데 비틀즈가 이 노래를 연주하고 노래하는 영상을 보면요, 유명한 후반부 코러스 "나나나~" 하는 부분 있잖아요, 존 레논이 그 부분을 정말 열정적으로 불러요. 그런데 저는 대체 존 레논은 무슨 생각일까 싶은 거죠. 물론 존 레논은 자기 삶에서 매우 중요한 사랑을 만났고 그것을 찾아 간 것은 그의 진실함에서 비롯된 것일 거예요. 하지만 그 결과로 남겨진 전 부인과 아이는 큰 상처를 받은 것도 사실이잖아요. 자신의 아이를 위로하기 위해 친구가 만든 노래인데, 거기서 그렇게 열심히 코러스를 부르다니, 존 레논도 참, 이런 생각이 들더라구요.

■   폴 매카트니가 그 노래를 왜 만들었는지 모르는 것 아닐까요.(웃음)

●   하하하. 이 책에 나오는 이야기인데, 가사 중 "go out and get her"라는 부분이 있는데 그것도 존 레논은 "아, 오노 요코를 잡으라는 이야기구나"라고 해석을 했대요. 정말 자기 중심적인 사람인 거죠. 아무튼 이런 뒷이야기까지 다 포함하여 〈Hey Jude〉는 명곡이구나 다시 느꼈습니다.

■   저는 〈Yesterday〉에 뭉클함을 느껴요.

●   깨끗하고 담백하죠.

■   사실인지 아닌지 모르겠지만 〈Yesterday〉는 폴 매카트니가 꿈에서 들은 멜로디라고 하죠. 믿기 어렵기도 하지만 꿈에서 그런

멜로디를 낚아챌 수 있는 천재적인 뮤지션이라는 생각도 들어요.

●   조지 해리슨 노래는 〈Something〉 하나 뽑으셨는데 정말 아름다운 노래예요.

▪   〈While My Guitar Gently Weeps〉도 역시 좋아하지만 〈Something〉은 가장 비틀즈다운 노래라는 생각도 들고요. 저는 유난히 더 좋아해요.

●   반대로 저의 베스트에 조지 해리슨 곡은 〈While My Guitar Gently Weeps〉가 유일하죠. 조지 해리슨이 어느 날 책을 한 권 탁 펼쳤는데 거기서 "gently weeps"라는 표현을 보고 이 곡을 만들게 되었다고 해요. 재미있는 이야기죠. 이 노래가 좋은 건, 당연히 기타도 우는 것 같지만 노래의 창법 같은 것도 흐느끼는 것처럼 느껴져요. 그래서 비 오는 봄밤 같은 때 들으면 정말 좋습니다.

▪   저는 5위에 꼽고 이동진 작가님은 4위에 꼽은 노래가 〈A Day in the Life〉예요.

●   창작이라는 것이 우연적인 배열과 접합에 따라서 굉장한 작품으로 만들어진다는 것을 보여주는 노래라는 생각이 들어요. 존 레논이 작곡한 곡과 폴 매카트니가 작곡한 곡을 합친 거잖아요. 그렇게 합쳐진 부분이 불협화음이기도 하고 악기의 연주는 현악기, 관악기가 중간중간 그것도 알아서 하라는 식으로 들어가죠. 그때 막 고양되는 느낌이 있어요.

■　정말 잔잔하게 시작하다가 뒤로 갈수록 카오스의 세계로 빠져나가는 것 같죠.

●　노랫말도 그래요. 폴 매카트니는 일상적인 내용을 많이 쓰는데 존 레논은 감정적인 게 강하죠.

■　그래서 이렇게 비유하죠. '존은 시인 같은 작곡을 하고 폴은 소설과 같다.'

●　이런 말도 있어요. '존은 음악을 1인칭으로 대하고 폴은 3인칭으로 대한다.' 그러니까 1인칭으로 음악을 대하는 사람은 감정적인 소모가 클 수밖에 없을 거예요. 그 대신 사람의 마음을 더 많이 움직이기도 할 거구요.

■　이해가 되네요. 폴 매카트니는 좀 거리를 두고 떨어져서 잔잔하게 이야기하는 느낌이고 존 레논은 확실히 심장으로 훅 들어가는 것 같죠.

●　비틀즈 노래는 아니지만 존 레논의 ⟨Mother⟩를 들으면 정말 그래요. 어떻게 저런 이야기를 저런 표현으로 절절하게 토해낼 수 있을까, 저 사람은 어떤 사람인가 그런 생각이 들거든요. 그런 면에서 보면 존 레논은 정말 온몸을 던져서 단계단계를 돌파한 사람이죠. 그게 좋기도 하고 부담스럽기도 해요. 사실상 비틀즈의 데뷔곡이라고 할 수 있는 ⟨Love Me Do⟩를 좋아하시네요?

비틀즈 초기의 〈Please Please Me〉도 좋아하지만 〈Love Me Do〉가 가장 비틀즈스럽기도 하고 귀엽기도 하죠. 〈Ob-La-Di, Ob-La-Da〉는 신나고 들으면 고양되는 곡이에요. 또 무라카미 하루키 에세이집 중 《오블라디 오블라다 인생은 브래지어 위를 흐른다》가 있었는데 인상적이었던 기억도 있구요. 무슨 말인지 모르겠지만 '오블라디 오블라다'라는 게 듣고 있으면 일단 기분이 좋아지잖아요.

맞아요. 《White》 앨범에 있던 곡이죠. 끝날 때 "Ob-La-Di, Ob-La-Da, Thank you" 하잖아요. 그것도 너무 귀여워요. 제가 베스트로 꼽은 곡 중 좀 특이하게 보이는 〈You Never Give Me Your Money〉는 미완성 곡이에요. 비틀즈가 《Abbey Road》 앨범을 만들 때 B면은 완성되지 않은 곡들로 채웠잖아요. 폴 매카트니의 아이디어였다고 해요. 이 노래도 거기에 들어가 있는데 저는 세상에서 가장 아름다운 미완성 노래인 것 같아요. 폴 매카트니적인 발라드로 완성되면 좋겠다는 생각도 들고 지금 남아 있는 부분만으로도 아름답기도 하구요.

〈Happiness Is a Warm Gun〉은요?

이 노래를 프로그레시브의 효시라고 말하는 저널리스트나 평론가도 있죠. 비틀즈가 서로 다른 곡들을 붙여서 만드는 경우가 많았잖아요. 이 노래도 거의 세 곡 정도를 붙여서 만든 것처럼 느껴지거든요. 그만큼 변화무쌍한 노래인데 저는 참 좋아요. 특히 제목이 너무 인상적이기도 하구요. 원래는 총기 광고 문구라면서요.

《비틀즈 앤솔로지》에 그렇게 나오더라구요.

■   총을 발사한 직후 열기가 남아 있는 총구를 말하는 거죠.

●   가사가 성적인 이야기로도 보여요. 오노 요코와의 관계를 묘사한 노래 같기도 하죠. 그런데 전 염세적인 느낌도 있어요. 행복이란 막 발사한 총이라는 말이요.

■   행복이라는 게 그렇게 짧은 순간이라는 이야기인 것도 같죠.

●   총이 발사된 직후라는 게 그렇게 안온한 감정은 아니잖아요.

■   누군가를 공격하고 누군가를 죽였을지도 모르는 거니까요.

●   그 총이 스스로를 향한 것일 수도 있구요. 음악 이야기를 하니까 끝이 없네요. 비틀즈는 앨범 재킷에도 영향을 미쳤어요. 초반에야 멤버 얼굴들로 구성되는 정도였지만 아마 《Sgt. Pepper's Lonely Hearts Club Band》◀(이하 《Sgt. Pepper's》)가 가장 획기적으로 보여준 것 같아요. 김중혁 작가님은 어떤 재킷을 좋아하세요?

■   저는 보통 '화이트 앨범'이라고 하는 《The Beatles》 앨범이요. 흰색에 비틀즈 로고만 양각되어 있는 그게 결국 비틀즈를 상징하는 디자인인 것 같아요.

▶ 1967년 6월에 발매된 비틀즈의 여덟 번째 정규 음반. 앨범 재킷은 영국의 팝 아티스트 피터 블레이크와 잔 하워스가 디자인했다. 비틀즈 멤버 외에 지그문트 프로이트, 칼 마르크스, 마릴린 먼로, 알베르트 아인슈타인, 오스카 와일드 등 70여 명의 모습으로 구성했다.

● 　재미있네요. 《Sgt. Pepper's》 바로 다음이 화이트 앨범이죠. 이 두 앨범은 재킷 디자인도 정반대인데 앨범 내용도 그래요. 《Sgt. Pepper's》 앨범은 흔히 최초의 콘셉트 앨범이라고 말하는데 일관된 주제로 통일감을 준다면 화이트 앨범은 네 멤버의 개성을 마음대로 담아보자고 했고 그래서 더블 앨범이 된 거잖아요. 재킷을 봐도 《Sgt. Pepper's》는 콘셉트를 가지고 복잡하고 정교하게 수많은 인물들을 콜라주로 표현했고 화이트 앨범은 미니멀리즘의 극치구요.

■ 　《Sgt. Pepper's》 앨범 재킷에 들어가는 사람들한테 일일이 편지를 보내서 승낙을 받았다고 하죠.

● 　저는 이 앨범을 1980년대에 처음 구입했는데요, 앨범 재킷이 지금과 달랐어요. 왜냐하면 재킷에 들어간 인물 중에 칼 마르크스가 있었거든요. 당시 국내 정치 상황으로는 용납이 안 되었던 거죠. 그래서 당시에 제가 산 LP판을 보면 재킷에 비틀즈 멤버들이 제복을 입은 그 모습만 있어요. 다른 수십 명의 인물은 다 제외했고요. 정말 말도 안 되는 시대였죠.

5_____ Get Back, Let It Be

● 1960년대는 록 음악 역사에서 가장 중요한 시기라고도 할 수 있죠. 이 시기의 비틀즈는 다른 밴드와 뮤지션들과 영향을 주고받으며 또 경쟁을 동력으로 발전했다고도 볼 수 있을 텐데요, 대표적인 밴드가 롤링스톤스◀겠죠?

▶ 1962년 영국 런던에서 결성된 록 밴드. 주로 블루스를 기반으로 한 개성 있는 스타일을 확립하며 인기를 얻었다.

◼ 네. 롤링스톤스는 우리나라에서 비틀즈보다는 인기가 덜하긴 하지만요. 롤링스톤스는 마초라고 해야 할까, 강한 이미지를 갖고 있어서일지도 몰라요. 존 레논이 그런 말을 했잖아요. "롤링스톤스는 우리가 그만둔 것을 했다." 비틀즈와는 확연히 다른 스타일의 음악이죠. 저는 롤링스톤스 음악도 좋아하는 편이에요.

● 저는 썩 좋아하지는 않아요. 주로 그들의 베스트 앨범을 반복해서 듣는 편이죠.

◼ 롤링스톤스 사운드는 매우 좋아하는데, 믹 재거 보컬은 좀 느끼하기도 하고 그래요. 미국적인 스타일이라고 할 수 있을 텐데 그런 면에서 비틀즈가 세계적인 밴드가 된 것과 달리 롤링스톤스는 한계가 있었던 것 같아요.

● 맞아요. 롤링스톤스는 취향을 많이 타죠.

┓   비틀즈가 동경했던 그룹 중에는 비치 보이스가 있죠. 비치 보이스 역시 한국에서는 서핑 사운드로만 알려져 있지만 엄청난 밴드라고 생각해요.

●   그렇죠.《Pet Sounds》같은 앨범은 정말 훌륭해요. 팝 역사상 최고의 명반 열 장 꼽으면 그 안에 들어가지 않나요?

┓   그렇죠.

●   폴 매카트니가《Pet Sounds》를 듣고 충격을 받아서 만든 음반이《Sgt. Pepper's》라고 흔히들 이야기하잖아요. 서로가 서로에게 영향을 주고받으면서 이런 결과물들이 생기기도 하죠. 비틀즈가 가장 콤플렉스를 느낀 사람은 밥 딜런이었던 것 같아요. 존 레논을 비롯해서 비틀즈 멤버들이 가사를 쓰는 데 결정적인 영향을 미친 사람이기도 했구요.

┓   밥 딜런과는 교류가 잦았다고 하죠. 음악을 만들면 늘 들려줬던 것 같아요.《Sgt. Pepper's》를 들려주니까 밥 딜런이 이렇게 이야기했다고 하더라구요. "이제 더 이상 귀염 떠는 음악은 싫다 이거구나." 정말 정확한 멘트였던 거죠. 경쟁자이기도 하지만 친구이기도 하고 서로서로 영향을 끼치는 사이였구나 알 수 있어요.

●   네, 그렇습니다. 비틀즈 멤버는 어떻게 보면 미국 음악의 세례를 받고 자랐다고 할 수 있죠? 영국 음악보다는 미국 음악을 훨씬 좋아하고 동경했고요.

200

¶   어렸을 때부터 엘비스 프레슬리나 척 베리의 1950년대 미국 로큰롤을 듣고 자랐죠. 제2차 세계대전 전후로 미국 문화가 영국으로 대거 유입되면서 많이 듣게 되었으니까 당연히 영향을 받을 수밖에 없었을 거예요.

●   존 레논은 자신의 노래할 때 목소리를 싫어했다고 하잖아요. 조지 마틴은 그 목소리를 굉장히 좋아했지만요. 존 레논 목소리 좋아하세요?

¶   저는 좋아해요.

●   저는 예전에는 존 레논이 노래를 못한다고 생각했어요. 폴 매카트니가 훨씬 잘한다고 생각했는데 지금은 전혀 그렇게 생각하지 않아요. 다만 개성이 다르다고 생각해요.

¶   음역대만 보면 폴이 더 올라가는 편이죠. 존이 노래 부르다가 고음이 안 되면 폴에게 넘기기도 했다고 해요.

●   비틀즈가 대단한 밴드라고 평가하는 이유 중 하나는 당시에 그들처럼 밴드 내부에서 스스로 작곡을 하는 경우가 드물었기 때문이기도 하죠.

¶   심지어 악보를 볼 줄 아는 멤버가 한 명도 없었는데도요.

●   그건 해산할 때까지 그랬죠. 베토벤 이후 최고의 작곡가가

폴 매카트니라고 극찬하는 사람도 있던데, 사실 그들의 작곡이라는 게 기타나 피아노를 뚱땅거리다가 코드 맞춰서 흥얼거렸던 거고 악보로 적지도 않고 그냥 외웠다는 거 아니에요.

■　네. 그래서 예전에 적어놓은 코드를 발견했는데 가사는 알지만 멜로디가 생각 안 나고, 그러니까 가사만 살려서 새로운 곡을 만들기도 했다는 거죠.

●　거기에 대해서는 이런 식으로 변명하죠. "작곡을 한 우리도 멜로디를 기억하지 못한다면 어떻게 다른 사람들이 그 멜로디를 좋아하고 기억할 것이라는 기대를 가질 수 있겠는가?"

■　존 레논과 폴 매카트니가 코드를 세 개밖에 몰랐고 그 안에서 작곡을 해온 거잖아요. 코드를 하나씩 새로 익힐 때마다 새로운 곡이 탄생하고 이전에 들었던 것들을 재조립하는 과정이 작곡이라고 본다면, 누가 그 과정에서 더 창조적으로 재조립하는가가 작곡의 능력이라는 생각이 들구요. 그런 의미에서 두 사람은 뛰어난 작곡자들인 거죠.

●　네. 세상에 이렇게 아름답고 멋진 곡들을 많이 남겼으니까요. 창작이라는 건 참 경이로워요. 《비틀즈 앤솔로지》를 읽으면서 새삼스럽지만 확실하게 느낀 것은요, 비틀즈가 초기에 낸 다섯 장의 앨범에서 《Rubber Soul》이나 《Revolver》로 넘어오면서 진보할 수 있었던 것은 유희정신 때문이었구나 하는 점이었습니다. 다르게 말하면 실험정신이라고 할 수도 있지만, 어쨌든 그들은 음악적으

로 해보고 싶은 것을 다 한 거잖아요. 음악의 이론적인 지식을 갖추고 있는 조지 마틴이 "그런 화음은 쓰지 않아"라고 하면 "왜 안 써요" 하고 밀어붙였잖아요. 그런 생각이 계속 발전하게 만든 거죠. 사실 비틀즈 노래라도 다 좋은 건 아니잖아요?

■　좋지 않은 건 드물죠.

●　화이트 앨범을 들어보면 이건 순전히 유희정신으로 만들었구나 느껴지는 곡들이 있어요. 초기와 후기의 비틀즈는 불과 몇 년 차이인데도 하늘과 땅처럼 느껴지잖아요. 노래 스타일부터 모든 면이요. 그런 진보가 있었던 건 음악에 대한 이 사람들의 끊임없는 호기심, 유희와 실험정신 때문이었구나 하는 생각이 듭니다.

■　그런 유희정신은 이들이 돈을 아주 많이 번 후에 애플이라는 회사를 만들고 유지하는 과정에서도 보이죠.

●　애플 부티크 폐업할 때 옷을 공짜로 나눠주었다면서요.

■　돈을 굉장히 많이 벌었던 사람이 얼마나 유희적으로 낭비할 수 있는가를 보여주는 극단적인 사례가 아닌가 싶기도 해요.

●　애플과 관련된 부분을 자세히 읽어보니 어이가 없기도 하더라구요. 경영 마인드라고는 전혀 없는 사람이 회사를 운영한 거죠. 그러다 보니 이상한 사람이 와서 회사를 그야말로 말아먹게 된 거고 거기에서 초래된 재정적인 위기가 결국 비틀즈 해산에도 상당

한 영향을 미친 거잖아요. 사람이 자기가 할 줄 아는 것만 해야 하는데 말이죠.

■　그런데 비틀즈만의 방식으로 멋지게 망했다는 생각이 드는 게요, 비틀즈가 만약 자산 관리나 경영을 잘했다면…….

●　그럼 또 이상하죠.

■　회사를 차려서 영화도 제작하고 이러다가 다 날려먹고 결국 해산한 게 비틀즈다운 방식 같아요.

●　이들이 회사를 운영하는 방식이 어떻게 보면 매우 이상주의적이었잖아요. 그게 비틀즈답다고 할 수 있죠.

■　이 책을 읽다가 눈앞에 선명하게 그려지는 장면이 있어요. 존이랑 폴이 엄청나게 싸웠잖아요. 한참 언쟁을 벌이다가 갑자기 존 레논이 안경을 벗으면서 말하는 거죠. "나야. 네 친구 존이야."

●　거의 러브신이에요.(웃음)

■　맞아요.

●　정말 누구보다도 서로 사랑하는 사이였구나 싶죠.

■　밴드가 해산할 때 두 사람이 어떤 심정이었을까 그런 생각

을 하면 마음이 좀 울컥하더라구요.

● 그렇습니다. 해산하는 과정도 꼭 부부가 이혼하는 것 같지 않아요? 사실 결국 헤어지는 걸 선택할 때 결정적인 하나의 사건 때문만도 아니잖아요. 무언가가 쌓이고 지치고 서로에게 실망하고 이러다가 마치 코끼리를 바늘로 찔러 죽이는 것처럼 한계에 도달하는 순간이 있는 경우가 많죠. 이들이 해산할 때가 그랬던 것 같아요.

◤ 일단 시작은 1967년 브라이언 엡스타인의 죽음이죠. 아무도 스스로를 관리하지 않다가 브라이언이 죽고 나자 우리끼리 해나가야 한다는 책임감이 생겼을 텐데 거기서부터 뭔가 어긋나기 시작했던 것 같아요. 물론 그 사이에 애플의 문제라든지, 폴이 점차 주도권을 갖게 되었고 존이 오노 요코와 사랑에 빠진 일 등 많은 일이 있기도 했는데, 조금씩 드러나고 커지게 된 거죠.

● 잘 말씀해주신 것처럼 모든 요소들이 다 겹쳐서 결국 비틀즈라는 거대한 제국이 무너지게 된 거죠. 그 무렵 폴 매카트니는 음악적 욕심이 점점 커지고 있었는데 다른 멤버들이 그걸 못마땅하게 생각하게 되었어요. 그 와중에 존 레논은 오노 요코에게로 마음이 완전히 떠난 상태이고 조지 해리슨은 영적인 탐구에 집중하고 있었고 링고 스타는 스스로 음악적으로 애매하다고 생각하는 상황이었구요. 해산의 핵심적인 인물을 존 레논과 폴 매카트니라고 본다면, (예전에 《참을 수 없는 존재의 가벼움》편에서 나누었던 이야기인데) 삶에서 가장 두려운 것을 권태와 허무라고 할 때 존 레논은 권태를 못

참는 종류의 인간인 거예요. 폴 매카트니는 허무를 못 참는 거구요. 그렇게 두 사람은 삶의 궤적이나 음악적인 방향에서 큰 차이를 보이는 게 아닌가 싶어요.

🎤 　그러네요. 조지 해리슨은 "우리 모두는 넓은 공간을 원했는데 비틀즈는 이미 너무 좁았다"고 했고 존 레논 역시 "우리 자신이 비틀즈라는 이름보다 크게 성장해버린 것이죠. 자루가 너무 작았던 겁니다"라고 했어요. 밖에서 보기에 비틀즈는 제국이라 할 만큼 거대했지만 네 사람이 가야 할 길까지 모두 품기에는 작았기 때문에 깨어질 수밖에 없었던 것 같아요.

● 　흥미로운 사실은, 멤버들이 한 번씩은 비틀즈에서 나가겠다고 잠적하거나 선언했었어요. 제일 처음에는 조지 해리슨이, 그다음에는 링고 스타, 존 레논도요. 그런데 폴 매카트니는 끝까지 그러지 않았죠. 또 아이러니한 것은, 《Let It Be》 앨범 제목이 원래 'Get Back'이었다면서요. 'get back'은 돌아오는 거잖아요. 'let it be'는 내버려두는 거구요. 이 둘은 정반대 의미죠. 'get back'이 아니라 'let it be'로 타이틀이 결정되는 그 순간 자체가 비틀즈의 해산을 상징하는 것만 같았습니다. 자, 이렇게 비틀즈에 관해서 길고도 짧은 이야기 나눠보았습니다.

🎤 　비틀즈를 익히 잘 알던 분들도 모처럼 그들의 음악을 한 번더 들어보고 싶어지셨을 것 같아요. 요즘에는 유튜브 등에서 손쉽게 검색해서 들을 수 있지만 이왕이면 앨범으로 좋은 음질로 들어봐도 좋을 것 같아요. 이 《비틀즈 앤솔로지》를 읽으면서 앞에도 이

야기했지만 네 멤버가 각자의 길로 걸어가게 되는 과정이 어떤 영화나 드라마보다도 감동적이에요. 이 책을 읽고 다시 음악을 들으면 특히 더 좋겠죠.

● 비틀즈 음악이 시작된 것은 50년 전이죠. 그런데 앞으로 50년이 지나도 비틀즈는 계속 들을 것 같아요. 대중문화가 교양이 되었을 때, 그것의 가장 극적인 형태 그리고 가장 광범위하게 사람들로부터 사랑받는 형태가 비틀즈 음악이 아닐까 그런 생각도 해보았습니다. 책에 관한 이야기는 늘 즐거웠지만 음악 이야기를 같이 하니까 더 재미있네요.(웃음)

함께 읽으면 좋은 책들

●

《Paint it Rock》, 남무성

부제는 '남무성의 만화로 보는 록의 역사'. 록 음악사의 빛나는 순간들을 글과 그림으로 효율적으로 스케치하며 세 권에 담았다. 물론 그중 가장 밝게 빛난 별은 비틀즈.(만세!) 남무성 특유의 유머와 재치가 곳곳에 담겨 있어 읽는 재미를 더한다. 그때그때 언급되는 노래 중 특히 궁금한 것들은 유튜브에서 찾아 들어보는 방식으로 읽으면 더욱 좋다.

《더 비틀스 솔로》, 맷 스노

비틀즈 네 멤버의 음악은 밴드 해산 이후에도 찬란했다. 네 권으로 이뤄진 이 책은 각 멤버별로 한 권씩 따로 배정해 해체 이후에 그들 각자가 어떤 삶을 살았고 어떤 음악을 했는지 기록한다. 글자들이 빽빽한 《비틀즈 앤솔로지》를 완독했다면 사진 많고 글은 적은 이 책쯤이야 룰루랄라 콧노래를 부르며 금세 읽어낼 수 있을 것이다.

¶

《이상의 시대 반항의 음악》, 김지영

비틀즈가 활약했던 1960년대는 서구인들에게 이상의 시대였다. 기성세대에게 음악으로 반항했던 젊은이들의 생생한 역사가 이 책에 녹아 있다.

《레트로 마니아》, 사이먼 레이놀즈

비틀즈 이후의 음악은 어떻게 발전했는가. 현재진행형이어야 할 팝 음악은 어쩌다 진화를 멈추었는가. 음악평론가 사이먼 레이놀즈의 진지한 물음을 만날 수 있다.

작가는 왜,
무엇을
쓰는가?

작가란 무엇인가

THE PARIS REVIEW INTERVIEWS

/

파리 리뷰

THE PARIS REVIEW

1_____ 우리가 사랑한 작가들

● 문학을 접하게 되면 이런 작품은 어떻게 상상하고 써낸 걸까 한 번쯤 궁금증을 갖게 되죠. 제목은 어떻게 지었을까, 스토리나 플롯은 어떻게 짜는 걸까, 아니면 이런 '이상한 작품'을 쓰는 사람은 대체 어떤 사람일까 같은 궁금함도 생기고요. 이런 궁금증에 답해주는 책,《작가란 무엇인가》는《파리 리뷰》라는 문학잡지에서 세계적인 작가 열두 명을 인터뷰한 내용을 엮은 것입니다. 어니스트 헤밍웨이, 무라카미 하루키, 움베르토 에코, 밀란 쿤데라 등 쟁쟁한 작가들의 창작 기법, 글쓰는 습관, 예술론까지 엿볼 수 있습니다. 김중혁 작가님에게도 많은 이야기를 들어볼 수 있을 것 같네요. 이 책 어떠셨어요?

¶ 주변 작가들이 많이들 보고 있더라구요. 그래서 저도 관심이 생겨서 이미 읽어보았어요.

● 문학계간지《파리 리뷰》는 원래 작가들에 대한 심층 인터뷰로 유명한 잡지라고 하던데요. 이름은 '파리 리뷰'지만 현재는 뉴욕에서 발행되는 잡지구요. 당연히 프랑스 잡지일 거라고 생각했는데 이번에 알았습니다. 그 수많은 인터뷰 중 이번에 국내 출간된

이 책은 특히 한국 독자들이 관심 많은 작가들 중심으로 골라서 엮었다고 해요. 2, 3권도 출간되어 있습니다. 어쩌면 이후로도 더 나올지도 모르겠어요.

▶《작가란 무엇인가 2》에는 올더스 헉슬리, 호르헤 루이스 보르헤스, 블라디미르 나보코프, 조이스 캐롤 오츠, 도리스 레싱, 마리오 바르가스 요사, 귄터 그라스, 토니 모리슨, 주제 사라마구, 살만 루슈디, 스티븐 킹, 오에 겐자부로 인터뷰가, 《작가란 무엇인가 3》에는 앨리스 먼로, 트루먼 커포티, 커트 보네거트, 어슐러 K. 르귄, 줄리언 반스, 잭 케루악, 프리모 레비, 수전 손택, 돈 드릴로, 존 치버, 가즈오 이시구로, 프랑수아즈 사강 인터뷰가 각각 실려 있다.

🔳　앞으로 나올 책도 궁금한데 일단 이 책에 실린 열두 명에게 공통점이 발견되기도 하더라구요. 하나의 편집 방향도 있었던 것 같고. 각각의 스타일은 다르지만 비슷한 점이 느껴져서 이게 아마 소설가라는 직업군의 특징일 수도 있겠구나 생각했어요. 그런데 '작가란 무엇인가'라는 제목이 묘하게 이상하지 않아요?

●　사물 취급하는 것처럼 보이나요?

🔳　'소설가는 누구인가' '작가란 누구인가' 이렇게 할 수 있을 법한 제목을 '작가란 무엇인가'로 하니까요, 저는 좀 이상하더라구요. '글을 쓴다는 건 무엇인가'도 아니고.

●　우리말에서는 '누구'와 '무엇'이 다르기도 하지만 영어에서 'Who is he'라고 하는 것과 'What is he'라고 하는 게 완전히 다르잖아요. 어떻게 보면 'What is he'라고 하는 게 더 근원적인 느낌도 있구요. 원제는 뭔지 모르겠는데…….

🔳　《파리 리뷰》 인터뷰에서 선별한 거니까 다른 제목은 없을 거예요.

● 아, 그렇겠군요. 이 책에 실린 작가들은 움베르토 에코, 오르한 파묵, 무라카미 하루키, 폴 오스터, 이언 매큐언, 필립 로스, 밀란 쿤데라, 레이먼드 카버, 가브리엘 가르시아 마르케스, 어니스트 헤밍웨이, 윌리엄 포크너, E. M. 포스터입니다. 다들 쟁쟁한 문학사의 거인들이죠. 총 250명 정도의 인터뷰 중에서 일단 1권으로 열두 명을 뽑은 건데, 국내 문예창작과 학생들에게 설문 조사를 해서 구성했다고 해요. 총 4개 대학 문창과에 설문했다고 하는데, 그 1위가 누구일 것 같아요?

┑ 무라카미 하루키 아닌가요?

● 하루키는 2위예요.

┑ 폴 오스터?

● 아닙니다. 정답은 어니스트 헤밍웨이예요. 1위가 헤밍웨이고 2위가 무라카미 하루키, 3위 윌리엄 포크너, 4위가 오에 겐자부로, 5위가 스티븐 킹, 6위가 밀란 쿤데라……. 그런데 저는 이 순위를 보면서 의외로 문창과 학생들이 책을 많이 안 읽는구나 그렇게 생각했어요.

┑ 저는 E. M. 포스터가 여기에 실린 것이 잘 이해가 안 되었어요. 한국에서 그렇게 유명하거나 많이 읽힌 작가가 아니거든요.

● 포스터는 소설 이론에 관한 저서도 냈잖아요. 그래서 문학

214

전공자들은 잘 알지 않나 싶기도 한데요. 저는 이 책을 읽으면서 헤밍웨이 인터뷰가 좀 별로더라구요. 저러려면 뭐하러 인터뷰하나 싶은 생각도 들구요.

■ 저도 인터뷰만 읽고 싫었던 사람이 두 명 있어요. 싫다기보다는 안 맞는다고 해야겠죠. 한 명은 E. M. 포스터.

● 아, 인터뷰 분량도 너무 적죠. 또 인터뷰에 소극적으로 보이기도 해요.

■ 다른 한 명은 오르한 파묵이요.

● 비슷한데요. 저 역시 파묵, 헤밍웨이, 포스터 인터뷰가 좀 별로였어요.

■ 헤밍웨이는 잘 알려진 대로 마초이고 말도 약간 상스럽게 하는 느낌도 있지만 인터뷰 자체는 재미있던데요. 묘한 수사의 강렬하고 통쾌한 맛이 있는데, 우리 정서에는 맞지 않죠.

● 맞아요. 통쾌하죠. 여기 인터뷰어들이 문학평론가나 저널리스트 또는 작가니까 문학에 대해 아무것도 모르는 사람들도 아닌데, 헤밍웨이는 면전에서 무안을 주죠. "당신이 누군가에게 낡고 진부한 질문을 한다면, 당신은 낡고 진부한 대답을 듣기 십상일 것입니다" 이런 식으로요.

▄ 　저는 좋아요.(웃음) 그럼 좋았던 인터뷰는 뭐예요?

● 　포크너의 촌철살인 답변이 재미있었어요. 사실 포크너 소설이 참 어렵잖아요. 인터뷰어가 "당신의 작품을 두 번 아니면 세 번 읽었는데도 이해할 수 없다고 말하는 사람이 있습니다. 그들에게 제안하고 싶은 접근 방법이 있으신가요"라는 질문을 하니까 "그 작품을 네 번 읽으시면 어떨까요" 이렇게 답하는데 대단하다고 생각했어요.

▄ 　인터뷰어와 작가들 사이에 묘한 관계들도 보이잖아요. 역시 인터뷰에는 기싸움 같은 게 들어가는구나 하는 생각도 들더라구요. 작가들이 절대 양보할 수 없는 지점에 대해서는 강하게 말하기도 하는데, 포크너의 그 대답도 정말 대가답죠.

● 　어쩌면 오만함일 수 있는데 저는 사실 예술가에게 그런 오만함은 필요하다고 보는 입장이에요.

▄ 　마르케스 인터뷰에서도 인상적인 게 있었어요. 시작할 때 "녹음기를 사용할 건데 괜찮으시겠어요"라고 물으니까 "제가 느끼기에 가장 좋은 인터뷰 방법은 저널리스트가 아무것도 받아 적지 않은 채로 오랫동안 대화를 나누는 거예요. 그리고 저널리스트가 나중에 대화를 회상하면서 자신이 느낀 것에 대해서 적는 것이지요"라고 답하거든요. 저도 그게 이상적인 인터뷰인 것 같거든요.

● 　그런가요? 저는 이해할 수 없었어요. 게다가 마르케스는 스

스로를 저널리스트라고 인식하는 사람이잖아요.

■   재미있는 건, 마르케스는 인터뷰를 한 적이 없더군요.

●   네, 이 책에 나오죠.

■   본인은 보도만 했지 그런 식의 인터뷰를 한 적이 없기 때문에 녹음기를 쓰지 않았다고 말하죠.

●   인터뷰를 읽는 독자의 입장에서 저는 예전엔 인터뷰어가 인터뷰이를 보는 인상을 지문 같은 것으로 자세하게 풀어주는 것을 좋아했어요. 예를 들면 '그는 잠시 고개를 숙이더니 컵을 들고 말을 하기 시작했다' 식으로 코멘트를 하는 방식이요. 그런데 지금은 그런 인터뷰는 싫어지고 문답으로 간결하게 나오는 게 훨씬 좋아요.

■   저도 인터뷰어로서 글쓰는 입장에서는 문답 형식이 더 편하기는 해요. 그런데 읽는 사람들은 인터뷰하는 사람과 당하는 사람 사이의 관계, 상황 이런 것을 같이 느끼고 싶어 하는 것 같아요. 어쨌든 인터뷰가 좋으려면 질문을 잘해야 하고 답을 잘해야 해요. 하지만 말이라는 게 논리적으로 서술되는 게 아니잖아요. 이때 인터뷰어가 내용을 그대로 실을 것인가 편집할 것인가 선택이 중요해지죠. 저는 그대로 싣는 게 맞다고 생각하거든요. 이 책에서 필립 로스는 인터뷰한 내용들을 주고받으면서 수정한단 말이죠. 그렇게 되면 생동감이랄까 흐름이 깨질 수도 있는데 이런 인터뷰의 특성도 생각해볼 필요가 있을 거 같아요.

● 네, 생각해볼 문제네요. 앞에서 안 좋은 인터뷰를 이야기했으니 반대로 좋았던 인터뷰 골라볼까요?

∎ 너무 많아서요. 생각지도 못하게 좋은 내용이 많아서 놀랐어요. 그래도 고른다면, 이언 매큐언, 필립 로스, 마르케스. 하나 더 꼽으라면 레이먼드 카버.

● 카버는 매우 인상적이죠. 다른 작가들과도 또 달라요.

∎ 짧은 전기 같은 느낌이죠.

● 저에게 가장 좋았던 것은 필립 로스였어요. 그리고 윌리엄 포크너와 움베르토 에코. 저도 하나 더 꼽으라면 이언 매큐언이에요.

2 _____ 대가들의 말

● 움베르토 에코 인터뷰가 제일 처음 나옵니다.

◖ 저는 좀 버겁더라구요. 말하자면 이 중 가장 다른 스타일의 작가예요. 소설가로 시작한 게 아니라 학자였다가 나중에 소설을 쓴 경우죠.

● 독자들도 그렇게 받아들이고 있죠.

◖ 그래서인지 소설가로서의 피가 흐르는 느낌이라기보다는 소설가의 피를 수혈받은 것 같은 느낌이에요. 양쪽을 왔다 갔다 하는 거죠. 그래서 시작 부분이 좀 세다고 느꼈어요. 시니컬하기도 하고. 뒤로 갈수록 재미있어졌지만요.

● 전체적으로 내용은 제일 재미있기도 해요. 또 에코가 재담꾼이잖아요. 저는 움베르토 에코 인터뷰가 좋았던 이유가 그가 여유롭고 유머러스해서 대화가 즐겁게 읽혔거든요. 그런데 에코는 모든 인터뷰에서 그렇더라구요. 제가 본 다른 인터뷰도 흥미로웠는데, 에코가 장서가로 유명하잖아요. 책이 5만 권쯤 된다고 하죠. 인터뷰어가 이런 질문을 불쑥 던졌어요. "와, 책이 이렇게 많은데 다 읽으셨어요?" 진짜 이상한 질문이잖아요. 그런데 움베르토 에코 대답은 이래요. "아니요. 다음 일주일 동안 읽을 책입니다." 이런 여유로운 농담이 저는 유쾌하더라구요.

▜   이 책에서 인터뷰 시작할 때 그 작가에 대한 묘사가 조금씩 나오는데, 움베르토 에코 부분은 읽는 순간 전형적인 뚱뚱한 이탈리아 아저씨구나 그런 느낌이더라구요.

●   맞아요. 이언 매큐언은 전형적인 영국 남자, 움베르토 에코는 전형적인 이탈리아 남자, 그렇게 대비가 되죠.

▜   계속 시가를 문 채로 농담하는 모습이 상상돼요. 손짓이나 제스처도 많이 했겠죠? 또 먹는 것은 얼마나 좋아할까 싶고.

●   칼조네에 포크를 꽂으면서 그 글이 끝나잖아요.

▜   그런 이탈리아인의 호탕함, 농담 좋아하는 성격이 드러나서 사람 냄새가 많이 나는데 그래서 가장 작가스럽지 않아 보였어요. 내성적이고 내밀하고 예민하고 조심스러운 인터뷰이가 훨씬 많으니까 에코는 상대적으로 튀는 사람인 거죠.

●   저는 필립 로스 인터뷰가 가장 좋았는데, 일단 제가 필립 로스를 좋아하니까 그런 이유도 있고요, 한편으로는 오만하면서도 상대방을 굉장히 잘 배려하는 사람으로 느껴져서도 그래요. 이 책에 실린 인터뷰는 1980년대 했던 거니까 당시 필립 로스 나이가 50대였죠. 그래서인지 인터뷰를 읽으면, 아, 이 사람이 굉장히 젊구나 생각할 정도로 자기가 인정받고 싶은 욕구나 내면에서 부글부글 끓고 있는 에너지가 느껴져요. 한편으로는 통찰력과 뛰어난 지성도 보이구요. 인터뷰어로 다른 사람 인터뷰도 잘할 것 같아요.

■　필립 로스가 자신의 소설에서 그런 것처럼 인터뷰에서도 자신이 하고 싶은 이야기를 적절하게 통제하는 느낌이 들어서 저도 좋았어요. 의외로 유머도 군데군데 있구요.

●　윌리엄 포크너의 경우는 정말 대가이구나 하고 감탄하게 되었어요. 인터뷰를 읽어보니 말 한마디 한마디에 통찰이 깃들어 있고 마치 태산을 움직이는 것 같은 느낌이 들 정도였어요.

■　저도 포크너 부분이 새롭게 읽히더라구요. 그가 생활을 위해서 영화 시나리오를 쓴다든지 하는 다른 일도 많이 했잖아요. 그런 작업에 대해서 말하는 태도가 초연하기도 하고 역시 거장답구나 그런 생각을 했습니다.

●　무라카미 하루키 인터뷰는, 저는 약간 실망했어요. 워낙 인터뷰를 잘 안 하는 작가잖아요. 그래서 희귀한 인터뷰일수록 그 가치가 큰 법인데 이 책에 실린 것은 실망스럽더라구요. 오르한 파묵처럼 무겁게 말하는 사람이 있고 움베르토 에코처럼 가볍고 재미있게 말하는 사람이 있는데 둘 다 그 사람이 거장이구나 하는 느낌을 주거든요. 그런데 무라카미 하루키 인터뷰에서는 전혀 그런 느낌을 못 받았어요.

■　저는 무라카미 하루키 개인에 대해서는 크게 매력적으로 느끼지 않아요. 작품 속에 그 자신이 많이 드러나기도 해서 그렇게 느끼는 것 같은데, 일단 그가 별로 재미있는 사람이 아니고 단조로운 사람으로 보이거든요. 매일 똑같은 일을 하면서 그 속에서 스스로

가치를 발견해내는 스타일이어서 어긋나거나 과도한 부분이 하나도 없어 보이죠. 그러면 작품은 좋을 수 있지만 인간적으로는 크게 매력이 없어요. 그러니까 인터뷰도 그렇게 매력적이지 않더라구요.

● 동감입니다. 저도 하루키 작품은 좋아하지만 작가에 대한 궁금증은 많지 않았는데 역시 인터뷰를 보면서 하루키 개인에 대한 궁금증은 굳이 갖지 않아도 되는구나 그런 생각을 했어요. 자신만의 확고한 문학론을 매우 체계적으로 설득력 있게 말하는 작가들이 많잖아요. 밀란 쿤데라의 경우 이론가로의 면모가 잘 드러나구요. 그런데 하루키가 말하는 문학론이라는 게 나이브하기도 하고 체계도 잡혀 있지 않아 보이더라구요.

■ 그래도 하루키에 대해서 한 가지 변명해주고 싶은 건, 그가 자기 작품에 대해 이야기하는 걸 매우 쑥스러워하는 사람 같아요. 그래서 누군가가 자신의 작품에 대해 파고들어오면 자꾸 도망치는 버릇이 있는 것 같구요. 작가는 늘 자신의 작품에 대해 가장 늦게 말하는 사람이어야 한다는 신념이 너무 강해서 인터뷰가 재미없게 나온 것 아닌가 싶네요.

● 하지만 민망한 이야기도 하던데요. 저는 의외라고 생각한 부분이 있어요. 인터뷰어가 일본 독자들도 미국 독자들과 마찬가지로 쉬운 이야기만 좋아하는지 물었더니《해변의 카프카》◀가 일본에서 30만 부가 팔렸다, 본인도 그렇게 많이 팔린 걸 보고 놀랐다고 하면서 이렇게 덧붙입니다. "제 장편은 아주 복잡하고 따라가기도 어렵습니다.

▶ 무라카미 하루키가 2002년에 발표한 장편 소설로 15세 소년이 현실과 꿈의 경계를 넘나들며 경험하는 여정을 그리고 있다.

하지만 제 스타일, 제 산문은 읽기가 쉽죠. 그리고 유머 감각이 있으면서 극적이기도 하고 페이지를 계속 넘기게 만들지요. 이 두 가지 요소 사이에 일종의 마술적인 균형적인 게 있어요. 바로 이 점이 제 성공의 또 다른 이유겠지요." 본인이 하기에는 좀 그런 말 아닌가요? 사실 질문하는 사람이 해야 하는 이야기잖아요.(웃음)

■ 무라카미 하루키는 그 인터뷰를 하고 나서 후회했을 것 같아요.(웃음)

3 _____ 좋은 질문과 좋은 대답

● 이《작가란 무엇인가》에는 치명적인 약점이 있어요.

▉ 뭔가요?

● 이 책을 읽고 나면 소설을 쓰고 싶어진다는 점이죠.

▉ 아, 그래요?

● 저는 그렇더라구요.

▉ 그런데 왜 치명적인 약점이에요?

● 한 사람 인생을 망치니까요.(웃음) 제가 쓰면 어떻게 되겠습니까.

▉ 저만 망할 수는 없죠. 이쪽으로 넘어오세요.(웃음)

● 이 책에서 감동 비슷한 것도 느꼈는데요, 일단 허세를 부리는 작가가 없더라구요. 또한 작가들 역시 노동자구나 하는 걸 느낄 수 있는 책이었어요. 성실한 직업인들로 보여서 좋았습니다. 예술 창작 행위를 성실하게 수행하고 그 과정에서 수많은 시행착오도 겪으면서 노력하며 글을 쓰는 그런 모습을 재확인하게 되었어요.

■　덧붙이자면, 노동자이되 생각을 많이 해야 돼요. 노동자로서 스스로 자신이 어떤 노동을 하고 있는지를 늘 반추하고 그 의미를 계속 스스로 물어야 하는 직업인 거죠. 그렇기 때문에 누군가 물었을 때 내가 왜 그런 노동을 할 수밖에 없는지를 명확하게 대답할 수 있게 되는 것 같아요.

●　평상시에 늘 그런 질문을 갖고 있으니까요.

■　늘 그런 생각이 들거든요. 쓰다 보면 내가 왜 이걸 쓰고 있지, 하고 스스로에게 물어요. 내가 만든 소설 속 인물이 내 뜻대로 움직이지 않는 걸 왜 괴로워하고 있는가, 왜 허구의 이야기를 만들고 거기서 돌파구를 찾기 위해서 끙끙거리고 있나 생각하다 보면 내가 한심하게 느껴질 때가 있거든요. 그럴 때마다 내가 왜 이 노동을 하고 왜 이 글을 쓰고 있는지 근본적인 질문을 수없이 많이 하게 되는데 여기 소개되는 대가들은 더 했겠죠. 그런 수없는 질문들로 자연스럽게 생겨난 대답이 이 책에 담겨 있는 게 아닐까 생각하게 되더라구요.

●　그렇습니다. 창작을 하지 않는 사람의 입장에서는 창작자에 대해서 일종의 낭만주의적인 천재 예술가의 상을 갖고 있지 않습니까. 그런 편견과는 정반대의 모습을 보게 되었어요.

■　약이나 술에 취해 있기도 하고 천재성과 광기를 가진 낭만주의적인 예술가 상을 이 책은 여지없이 부수어버리죠. 마르케스가 이렇게 말했잖아요. "훌륭한 작가가 되기 위해 작가는 글을 쓰

는 매 순간 절대적으로 제정신이어야 하며 긴강해야 합니다." 또 알코올중독자였던 레이먼드 카버조차도 "나는 한순간도 술에 취해서 써본 적은 없다"고 이야기할 만큼 소설을 쓴다는 게 얼마나 힘든 노동인지 작가들의 증언을 통해 알 수 있는 거죠.

● 갑자기 섬광처럼 스친 이야기를 일필휘지로 써내려갔다는 신화나 "내가 쓴 게 아니다. 이야기가 나를 선택한 것이다" 같은 멋진 말은 문학적인 수사로 볼 수 있겠죠.

┓ 오르한 파묵이 글을 쓰면서 힘들 때마다《파리 리뷰》의 인터뷰들을 보면서 마음을 다잡았다고 해요. 말하자면 이게 동지들의 수난사 같은 거잖아요. 다른 작가들은 얼마나 힘들게 쓰고 있는가를 보게 되는 거죠.

● 마치 알코올의존증 치료 모임에서 자신의 경험담을 털어놓으며 서로 위로받는 것처럼요.

┓ 포크너도 이렇게 힘들어하는데 내가 뭐라고, 이런 생각을 하게 되죠. 헤밍웨이도 힘들게 글쓰는데, 이런 생각.

● 헤밍웨이가《무기여 잘 있거라》◀ 마지막 페이지를 서른아홉 번 고쳐 썼다는 거 아니에요. 그런데 소설가들이 만나면 상대방 작품 이야기 잘 안 한다고 하잖아요. 레이먼드 카버 인터뷰에서도 인상적이었어요. "친구 중 한 명이 당신 마음에 들지 않는 작품을 출판했을 때

▶ 제1차 세계대전을 배경으로 젊은 남녀의 사랑 이야기와 존재론적 성찰을 담은 헤밍웨이의 대표작.

어떻게 하는가"라고 물으니까 "친구가 물어오지 않는 한 어떤 의견도 말하지 않습니다. 그리고 제 의견을 묻지 않기를 바라지요. 하지만 그가 의견을 부탁하면 우정을 깨뜨리지 않는 범위 내에서 이야기해주지요"라고 답해요. 김중혁 작가님이나 주위의 친한 작가분들은 어때요?

■　작품에 대해서 물어보지 않죠. 그런 이야기 안 해요. 필립 로스가 인터뷰에서 조이스 캐롤 오츠◀의 경우를 인용하면서 이렇게 말하잖아요. "저는 다른 작가들의 글 쓰는 습관에 대해 묻지 않습니다. 조이스 캐롤 오츠는 어디선가 이렇게 말했습니다. 작가들이 서로에게 언제 작업을 시작하는지, 언제 끝내는지, 그리고 얼마나

▶ 1960년대 데뷔하여 지금까지 왕성한 활동을 하고 있는 미국 소설가. 오 헨리 상, 브람 스토커 상, 전미도서상 등을 수상했다. 대표작으로는 《그들》, 《좀비》, 《블론드》 등이 있다.

오랫동안 점심을 먹는지 물을 때 그들이 정말 알고 싶은 것은 '그도 나만큼 미쳤나?'라는 점이라고 하네요. 그러니 저는 그 질문에 답할 필요가 없다고 봅니다." 저도 실제로 이런 걸 많이 물어봐요. "어디서 써? 작업실이 있어? 주로 언제 써?"

●　그런 질문이 '너도 나만큼 미쳤니?'라는 뜻이에요? 물론 비유적인 거지만요.

■　그런 뉘앙스가 들어 있기는 하죠. '너는 요즘 소설 쓰는 게 재미있니? 정말?' 이런 뜻이 포함된 것이기도 하구요.

●　'너도 나만큼 힘드니?' 그런 것일 수도 있겠죠.

￭   네. 그렇게 위안을 받고 싶은 생각도 있을 테고 동지애를 느끼고 싶은 마음도 있구요.

●   그렇다면 다른 소설가들에게 우리는 같은 직업을 가진, 같은 길을 가는 동료다, 그런 의식이 있어요?

￭   그럼요. 다른 작가들을 만나면 늘 그런 생각을 해요. 어떤 작가가 첫 장편을 낸 후 두 번째 장편을 쓴다고 하면 그때의 그 막막한 심정을 알기 때문에 안쓰럽기도 하고 맛있는 것 사주고 싶고 그래요. 조금 먼저 가본 사람으로서 뭔가 이야기해주고 싶기도 하구요. 비슷한 해에 데뷔해서 여러 자리에서 자주 만나본 작가한테는 직장 동료 같은 느낌이 들어요. 같이 회사에 입사해서 같이 과장 되고 부장 되는 그런 동료 같은 거죠.

●   그렇군요. 소설가에게 이런 이야기를 직접 들으니 좋네요. 《작가란 무엇인가》가 바로 그런 의미에서 재미있는 책이죠. 이 책에는 열두 명 작가의 인터뷰가 실려 있다 보니까 인터뷰어 능력에 따른 내용의 편차도 느껴져요. 저는 필립 로스를 인터뷰한 허마이오니 리는 매우 훌륭하다고 보는데 헤밍웨이를 인터뷰한 조지 플림턴이라는 사람은 그렇지 않다고 봐요. 이 사람은 말을 못 알아듣는 게 아닌가 싶을 정도예요. 예를 들면 '누구에게 영향을 받았는가'라는 요지의 질문을 말만 조금 바꿔서 여러 번 하는데 그때마다 헤밍웨이가 면박을 준단 말이죠. 그런데도 계속 둔중하게 질문을 던지니까 대답도 이상하게 나오죠. 물론 헤밍웨이가 짜증을 잘 부리는 사람일 수도 있겠지만 저는 인터뷰어 역량이 부족했다

228

고 봐요.

■   그렇죠. 헤밍웨이가 굉장히 마초적이라고 느끼기도 했는데 그런 식으로 대답했던 것도 질문 자체가 안 좋았기 때문일 것 같네요. 예를 들어서 ‘등장인물 이름을 어떻게 붙이시나요?’ 같은 질문은 사실 좋지 않거든요.

●   《당신의 그림자는 월요일》의 주인공 ‘구동치’의 이름은 어떻게 붙이셨나요?(웃음)

■   최선을 다해서 지은 이름입니다.(웃음) 저는 이 책을 읽으면서 아무리 대가여도 비슷한 고민을 하는구나 그런 생각을 했어요. 그런데 그 고민을 풀어나가는 방식은 다 다른 거죠. 그래서 어쩐지 이 책이 답이 없는 참고서 같더라구요. 문제에 대한 답은 없는데 읽다 보면 이해가 되는 것 같은 그런 책이죠. 레이먼드 카버에 대해서도 대충 알고 있는 내용이기도 했지만 실제로 그의 말로 이야기를 들으니까 그 사람의 삶을 좀더 이해할 수 있게 되었구요.

●   저는 레이먼드 카버 인터뷰를 읽으면서 좋은 의미에서 작가에 대한 신비로움 같은 것이 깨졌다고 할까요. 레이먼드 카버가 단편소설만 썼잖아요. 이 인터뷰에 의하면 레이먼드 카버가 돈을 벌기 위해서 다른 일도 하면서 중간중간 글을 써야 하니까 시간이 오래 걸리는 장편보다는 빨리 돈이 되는 단편을 주로 썼다고 하잖아요. 그게 감동적이면서도 뭐라고 할까…….

■　슬프죠. 장편소설을 쓰기 위해서는 절대적인 시간이 필요한데 그것을 가질 수 없는 형편이었다는 거죠. 집에서 애들이 울고 있으니까 카버가 트럭 운전석에 앉아서 글을 썼다고 하잖아요. 그 장면이 상상되었어요. 카버가 190센티미터가 넘는 거구인데, 차 안에 쪼그리고 앉아서 소설을 쓰는 모습이 얼마나 안쓰러워요.

●　그러게 말입니다.

■　폴 오스터 인터뷰에서도 인상 깊었던 게 있어요. 폴 오스터가 우연에 의한 사건의 전개를 많이 이야기하잖아요. 어린 시절에 같이 소풍 갔던 친구가 바로 옆에서 번개에 맞아 죽은 일이 자신의 삶을 바꿔놓았다고 말하는데, 폴 오스터의 소설 세계가 그렇게 될 수밖에 없었던 게 아닐까, 그래서 이 책이 작가를 좀더 잘 이해할 수 있게 만든다고 생각했어요.

●　저도 폴 오스터 인터뷰를 읽으면서 이 사람은 참 진실하구나, 신뢰가 가는 사람이구나 이런 느낌이었구요, 이언 매큐언 인터뷰를 읽으니 아, 이런 사람이니까《속죄》▶를 쓰는구나 생각했어요. 이렇게 꼼꼼하고 물 샐 틈 없는 사람이니까 그런 문장이 나오는구나 싶은 거죠. 이렇게 한 인터뷰가 그 사람의 작품을 확인시켜줄 때 느끼는 쾌감이 있어요.

▶ 이언 매큐언의 대표작으로 한 소녀의 오해가 불러온 비극과 일평생에 걸친 속죄의 이야기. 영화 〈어톤먼트〉의 원작이다.

■　작가로서 말고 그냥 사람으로서 누가 좋아 보였어요?

● 움베르토 에코가 삼촌이라면 정말 좋을 것 같아요. 용돈도 많이 줄 것 같고.(웃음)

￢ 에코 삼촌이면 진짜 좋겠네요. 책도 많이 있고.

● 책도 빌려다 보는 거죠.

￢ 이탈리아어로 되어 있어서 책은 못 빌려 보겠지만 칼조네랑 술은 잘 사주시겠죠.

● 친구로 누가 좋겠어요?

￢ 저는 폴 오스터요. 진중하고 예술적 감각도 뛰어나지만 유머러스하고 잘생겼고 유쾌한 사람인 것 같아요.

● 그럴 것 같네요. 개인적인 교유를 생각하지 않고 제가 좋아하는 스타일의 사람은 이언 매큐언이나 밀란 쿤데라 같은 사람이에요.

￢ 저는 이언 매큐언이나 밀란 쿤데라가 말하자면 이동진 선배 같은 사람이라고 느꼈거든요. 진지하게 분석하는 태도나 인파이팅하는 모습이 그래요. 그래서 저는 그런 사람은 이동진 선배 한 명으로 족한 것 같아요.(웃음)

231 ● 다른 분들이 욕하시겠네요.(웃음)

4_____ 작가의 공간과 시간

● 이 책을 보니 대부분 작품에 몰두할 수 있는 자기만의 공간을 갖고 있더라구요. 보헤미안 같은 헤밍웨이처럼 예외도 있지만 많은 작가들이 특별한 환경에서 자신만의 도구를 가지고 자기만의 스타일로 쓰는 것 같아요.

┓ 그건 절대적으로 필요해요. 제가 아는 많은 작가들이 집이 아닌 작업실을 구해서 쓰는 경우가 많거든요. 아주 허름하더라도요. 오르한 파묵이 "글을 쓰는 공간은 잠을 자거나 배우자와 공유하는 공간과 분리되어야 한다"고 했죠. "집 안에서 벌어지는 여러 가지 일들이 상상력을 죽인다"고요.

● 그 이야기 재미있죠. 오르한 파묵이 미국에서 살 때 작업실이 따로 없어서 집에서 일상을 생각나게 하는 물건들에 둘러싸인 채로 글을 쓰는 게 짜증이 났다는 거예요. 그래서 아침에 부인에게 출근하는 것처럼 인사하고 나가서 잠깐 산책하고 사무실에 출근한 것처럼 집에 돌아와서 글을 썼다고 해요.

┓ 일종의 가면을 쓰는 거죠.

● 그렇죠. 그것 자체가 의식(儀式)인 거죠.

┓ 글을 쓰는 공간과 생활 공간을 분리하고 싶어 하는 게 작가

들의 어쩔 수 없는 숙명인 것 같아요.

● 예전에 제가 알던 기자가 유럽에 특파원으로 갔어요. 그런데 비용 문제로 따로 사무실을 갖지 못하고 집에서 기사를 써야 했던 거죠. 이 사람이 어떻게 했냐 하면 작은 방 문에 '사무실'이라고 적어놓고 아침에 일어나면 넥타이 매고 옆방으로 출근해서 일을 한 거예요. 그리고 시간 되면 그 방에서 나오는 게 퇴근이고요.

┓ 많은 작가들이 작업실을 구하지 못하면 카페로 가서 글을 쓰죠.

● 저는 그게 신기해요. 어떻게 카페에서 글을 쓰죠?

┓ 일단 집만 아니면 되는 것이거든요. 꼭 카페여야 되는 게 아니구요.

● 그렇군요. '여기가 아닌 어디'이면 되는 것이군요. 헤밍웨이는 서서 글을 썼다고 하죠. 작가들은 대체로 올빼미형으로 밤에 글을 쓸 거라고 생각했는데 안 그런 사람이 많더라구요.

┓ 대부분 밤에 안 쓸걸요.

● 왜요?

┓ 일단 글을 쓰는 게 노동이거든요. 마르케스 말처럼 제정신

일 때 써야 하구요. 밤에 일을 하는 건 힘들어요. 더 명료한 정신으로 쓰기 위해서는 낮 시간이 좋죠. 소설 쓰는 데는 생각보다 공간도 필요하고 체력도 있어야 해요. 헤밍웨이가 매일 800미터를 수영하는 것처럼 체력이 받쳐주어야 해요.

● 반대의 경우도 없진 않죠. 마르셀 프루스트는 침대에서 썼잖아요. 병약한 사람이었지만 침대에서 어마어마하게 긴 소설을 써냈죠. 김중혁 작가님은 밤에 쓰시는 타입이죠?

◣ 아니요. 낮에 써요. 밤에는 주로 일러스트를 그리거나 인터넷 서핑을 하는 식으로 가벼운 작업을 해요. 저도 소설은 낮에 쓰는 게 좋아요.

● 움베르트 에코 이야기 재미있어요. 한때 가톨릭 신자였고 지금은 무신론자인데도 아직도 쾌락을 좇는 것에 죄책감을 느껴서 낮에는 소설을 읽지 않는다고 말하죠.

◣ 소설을 쓰는 사람으로서 크게 관심이 갔던 게 글을 쓰는 도구에 관한 이야기예요. 공책에 쓰느냐, 타이핑을 하느냐. 레이먼드 카버가 그렇게 꼼꼼한 단편을 쓸 수 있었던 건 역시 타자기 때문이 아닐까 싶었어요. 타자수에게 원고를 주어서 타이핑한 걸 돌려 받으면 다시 수정해서 다시 타이핑하게 만들고 그런 식으로 여러 번 수정해서 완성했다고 하죠.

● 폴 오스터는 반대로 손으로 쓴다는 게 인상적이었어요. 손

으로 쓰는 이유는 글쓰는 행위의 촉감 때문이라고 하는데 그게 정말 이해가 되거든요. 손으로 쓰는 것과 타자기를 쓰는 것 그리고 컴퓨터로 쓰는 것은 많이 다르죠. 일단 타자기는 복사해서 붙이기가 불가능하잖아요. 하지만 원고를 정서하는 행위가 있죠. 저는 타자기를 처음 쳤던 순간을 자전거를 처음 타던 순간처럼 선명하게 기억해요. 하지만 컴퓨터나 워드프로세서를 처음 쓰던 순간은 기억이 안 나거든요. 그렇게 타자기에 대한 환상이 있어요.

¶　　어떤 것인지 확실하게 알겠어요. 물리감 같은 것이라는 생각이 들어요. 타자기의 원리를 보면 매우 육체적이죠. 워드프로세서는 타자기와 컴퓨터의 중간 단계라고 할 수 있을 텐데 이언 매큐언의 언급이 재미있어요. "워드프로세싱은 내면적이어서 생각하는 것 그 자체에 더 가까웠어요. 돌이켜보면 타자기는 엄청난 기계적 방해물이었던 것 같아요. 저는 컴퓨터 메모리에 저장된 인쇄되지 않은 자료의 잠정적인 상태를 좋아합니다. 마치 아직 말하지 않은 생각처럼 말이에요. 저는 문장이나 문단이 끊임없이 수정되는 방식을 좋아합니다. 그리고 믿을 만한 기계가 당신이 적어놓은 사소한 것들까지 모두 기억해서 알려주는 그런 방식을 좋아합니다. 물론 이 기계는 부루퉁해져서 작동을 멈추기도 하지요." 예전에 그런 워드프로세스도 있지 않았나요? 작은 화면에 타이핑한 글자가 나타나는데, 그걸 승인해야 종이에 인쇄하기 시작해요. 타이핑은 했지만 인쇄는 안 되는, 한 줄 다 쳐야지 인쇄되는 그런 상태요. 내가 말을 했지만 문자로는 아직 말하지 않은 상태인 거죠.

　　●　　타자기도 그런 기능 있었어요. 한 줄 정도를 타자기로 치고

나서 키 하나를 탁 치면 타타타타타 치던 그 느낌이 좋았죠. 이언 매큐언 꿈 이야기를 읽으면서 아, 작가란 이런 사람들이지 하고 흥미롭게 느꼈어요. 이언 매큐언이 반복해서 꾸는 꿈이 있는데, 우연히 책상 서랍을 여니까 작년 여름에 완성해놓고 잊고 있던 자기 소설이 들어 있는 거예요. 꺼내서 읽어보니까 너무 잘 쓴 거죠. 아, 이거 쓰느라고 힘들었는데 내가 이걸 발표하지 않고 넣어두었구나 하고 기뻐한다는 거죠. 이 사람이 생각하는 가장 아름다운 꿈인 거예요. 얼마나 기분 좋을까, 저는 그 마음이 잘 이해되면서도 작가란 이런 사람들이구나 그런 생각을 했어요.

■   마감 때는 정말 그런 마음이 있죠. 누가 와서 글을 써주면 좋겠다고.

●   어쨌든 이 책을 읽으면서 다시 떠오르는 것은 필립 로스의 《에브리맨》*에 나왔던 척 클로스의 말이죠. "영감을 찾는 것은 아마추어고 우리는 그냥 일어나서 일하러 간다."

> ▶ 펜포크너상, 퓰리처상, 전미도서상 등을 수상한 필립 로스의 2006년 장편소설. 한 남자가 늙고 병들어 죽는 이야기를 통해 삶에 대한 질문을 던진다.

■   영감과 직관이라는 게 얼마나 쉽고 안이한 말인가 싶어요. 영감이 그냥 오는 것처럼 느껴지지만 정말 많은 땅을 갈아야 영감을 받아들일 수 있거든요.

●   영감이 하늘에서 떨어지는 거라고 생각하기 쉽지만 사실 땅에서 온다는 거죠. 땀 흘린 만큼, 보낸 시간만큼 오겠죠. 한 작품을 시작하고 탈고하고 출간하기까지의 전 과정에서 소설가로서 가장

행복한 순간은 언제예요?

￭   쓸 때가 가장 좋아요. 책을 내고 나면 자랑스럽다기보다는
사람들이 생각하는 것보다 괴로움과 자학이 더 심해지고요.

●   쓰는 초반이요, 아니면 마무리할 때요?

￭   중반이요. 기본 세팅이 끝나고 캐릭터도 다 완성된 것 같고
그들이 이제 사건을 향해 달려갈 때, 속도를 막 낼 때가 좋아요. 제
일 재미있구요. 하지만 마지막에 고비가 오죠. 결론을 어떻게 내야
하나 고민할 때요.

●   그렇군요.《작가란 무엇인가》를 읽으면 많은 작가들이 어린
시절의 경험이 문학적인 자산을 좌우한다는 이야기를 하던데요.

￭   맞는 것 같아요. 소설은 자신의 이야기를 쓰는 것인가 남의
이야기를 쓰는 것인가에 대해서도 의견이 많잖아요. 공통적으로는
자신의 이야기를 쓰되 그대로 가져오는 게 아니라고 말하는 것 같
아요. 자신의 이야기에서 벗어날 수 없다는 거죠. 처음부터 완벽하
게 다른 사람의 이야기를 하려고 하면 허황된 이야기가 될 확률이
크기 때문인데 그래서 자신의 이야기에서 출발하되 그대로 쓰지
말아라, 이렇게 말할 수 있죠.

●   레이먼드 카버도 그런 말을 했죠? "특별한 종류의 작가나
아주 뛰어난 재능을 지닌 작가가 아니라면 계속해서 자기 삶에 대

한 이야기를 쓰는 건 위험이 따릅니다. 약간의 자서전적인 요소에
다 많은 상상력을 가미하는 것이 최선이지요."

▜   마르케스의 이런 이야기도 덧붙일 수 있어요. "젊을 때는
영감이 끝없이 솟구치고 있기 때문에 우연에 맡기는 방식으로 일
해도 괜찮지만 소설 쓰는 기법을 배우지 않는다면, 영감이 사라지
고 이를 보상할 수 있는 기법이 필요하게 되는 훗날에 곤경에 빠질
것"이라고요. 자신의 경험과 자신의 생각들을 어떻게 잘 구체화시
킬 수 있는지 그 기술을 배워두지 않으면 나중에는 영감만으로 쓰
기 힘들다는 거예요. 저도 동의합니다.

●   이 책의 앞에 김연수 작가님이 쓰신 추천사가 들어가 있습
니다. 역시 흥미로운 이야기가 있었는데요, "모든 소설가들의 데뷔
작은 검은색이어야만 한다. 그건 어떤 불이 타오르고 남은 그을림
의 흔적이니까. 예민한 작가라면 첫 작품을 다 쓰자마자 그 사실을
깨달을 것이다. 그러나 아무리 늦더라도 두 번째 책을 펴낼 즈음이
면 누구라도 자신의 데뷔작이 검게 그을렸다는 사실을, 하지만 두
번째 책은 그렇지 않다는 사실을 발견할 것이다." 쉽게 이야기하면
데뷔작이 아니라 두 번째 작품부터가 진짜 승부다, 이런 뜻이겠죠.
첫 작품을 쓸 때는 작가 누구나 자신이 소설을 써야겠다는 분명한
이유가 있잖아요. 마음속에 굉장한 불이 타오르고 있는데 신열에
불타 쓰고 나서 첫 책을 내고 나면 그을린 상태가 되고요, 그 이후
의 작가가 진짜 작가다, 그러니까 진짜 고난은 그때부터 시작이라
는 말인데 인상적이더라구요.

▜   정말 맞는 말이에요. 제가 두 번째 장편소설을 쓰는 사람에게 응원과 격려를 보내고 싶다고 했잖아요. 누구나 한 편은 쓸 수 있어요. 그런데 두 번째 소설은 달라요. 정말 고민이 많고 혼란스러울 수밖에 없는 시기거든요.

●   그 점은 문학뿐만 아니라 다른 분야도 다 그런 것 같네요. 특히 서사를 다루는 예술일 경우에 더더욱이요. 데뷔 이후 두 번째 영화를 만드는 감독들도 그래요.

▜   말하자면 소포모어 징크스죠. 데뷔작은 온 힘을 다해 만들어낼 수 있지만 그다음 방향을 잡아야 하는 두 번째 작품은 예술가에게 아주 중요하고 어려운 과정이죠.

●   이 책에 실린 열두 명 작가가 모두 남성 작가이고 대부분 기혼자예요. 그들의 공통점은 소설을 쓰고 나면 아내에게 제일 먼저 보여주는 거예요.

▜   소설 쓸 때 가장 필요하고 중요한 건, 내 소설을 정말 잘 봐줄 수 있는 한 사람이에요. 특히 데뷔 전후로요. 정말 정확하게 읽어주고 이야기해줄 사람이 있다면 그 어떤 재능보다 소중하죠.

●   신뢰할 만한 사람이 소설을 읽고 나서 쓰지 말라고 하면 그 말도 들어야 하는 거예요?

239   ▜   글쎄요. 그럴 수도 있겠죠. 그런데 그 판단은 기본적으로 본

인이 해야죠. 이왕이면 너무 극단적으로 이야기하지 않으면서도 계속 앞으로 나아갈 수 있도록 믿음을 주는 사람, 창조적이고 긍정적으로 이야기해주는 사람이 좋겠죠.

● 　스티븐 킹의 사례가 극적이잖아요.《캐리》라는 작품을 쓰고 나서 스티븐 킹은 본인이 보기에 별로여서 쓰레기통에 버렸는데 부인이 읽고 나서 좋다고 이야기해주어서 출판했고 그로 인해 오늘날 스티븐 킹이 있을 수 있었다고 하죠. 사실 정말 쓰레기통에 버렸을까, 의심되지만요.(웃음)

¬ 　아내 책상 위에 잘 올려놓았을 수도 있죠.(웃음) 소설을 쓴다는 것 자체가 위험하기도 하고 힘든 일이기도 해요. 결국 혼자 쓰는 것이니까요. 그래서 작품의 가치를 판단하는 것 자체가 어렵죠. 과연 이 소설이 재미있는가, 세상에 내놓았을 때 부끄럽지 않은가부터 어떤 의미를 가지게 될 것인가 등 많은 것을 생각해야 하는데 그런 모든 조건을 고려하며 봐줄 수 있는 사람은 가장 가까운 관계일 확률이 크죠.

● 　그렇게 작품을 볼 수 있는 눈을 가진 사람이 가족이라는 것은 굉장한 행운이겠죠.

¬ 　그럼요, 큰 행운이죠.

● 　필립 로스의 경우는 자신을 객관화할 수 있었기 때문에 정신분석을 받은 게 큰 도움이 되었다고 이야기하잖아요. 이렇듯 작

240

가가 자신의 의식을 객관적으로 들여다볼 수 있는 게 참 중요한 것 같아요. 작가로서 자신의 경험을 담는 게 중요할 텐데 저는 어떤 이야기든 모든 게 소설이 될 수 있다고 생각해요. 다만 좋은 소설과 못 쓴 소설이 있을 뿐이지.

■　저는 다르게 생각해요. 좋은 소설과 더 좋은 소설이 있다고 생각해요.

●　모든 소설은 좋은 소설이에요?

■　네.

●　그렇군요. 이 책을 읽어보니 작가들이 자신의 시, 소설이 처음 문학 잡지에 실렸을 때를 정말 짜릿한 경험이라고 기억하고 있더라구요. 당연하겠죠. 레이먼드 카버의 경우 찰스 부코스키와 같은 잡지에 시가 실린 적이 있다며 그 순간을 감격스럽게 회고하더군요. 찰스 부코스키가 자기한테는 영웅이었다는 거죠. 이언 매큐언은 한 문학잡지에 소설이 실렸는데 표지에 귄터 그라스, 수전 손택, 필립 로스 아래 자기 이름이 실린 걸 보고 너무 짜릿했다고 말하죠.

■　정말 짜릿한 기분이죠. 저도 제 이름이 문학잡지 표지에 처음 실린 것을 보았을 때 정말 신기하고 기뻤어요.

● 이미 《작가란 무엇인가》에 실려 있는 작가들의 에피소드나 이야기를 많이 소개했지만 몇몇 작가들은 좀더 이야기해보겠습니다. 저는 움베르토 에코 부분을 읽으면서 찡하기도 했어요. 에코는 평범한 노동자 가정에서 태어나 자랐죠. 하지만 세계 최고의 지성으로 뽑히기도 했잖아요. 많은 저서도 남겼구요. 그런 아들을 자랑스러워하는 부모님이 책을 읽을 수 없었죠. 그런 회상을 읽는데 마음이 짠하더라구요.

■ 아버지가 노점에서 책 보는 이야기가 재미있어요. 책 파는 노점에서 한참 서서 책을 읽다가 주인이 뭐라고 하면 옆 노점으로 가서 똑같은 책을 이어서 읽고 그러셨다는 이야기요.

● 움베르토 에코가 다양한 일을 했죠. 기호학자이면서 방송 진행도 하고 소설도 쓰고. 그런데 에코가 자신이 즐기는 걸 보면 스스로 분열적이라고 말을 해요. 예를 들면 예전에 드라마 〈스타스키와 허치〉◀를 좋아했는데 지금은 〈CSI〉를 좋아한다고 하죠.

▶ 미국에서 1975년부터 방영된 드라마 시리즈로 개성 강한 두 형사가 겪는 에피소드를 다루었다. 국내에는 1980년대에 방영되었고 2004년에 토드 필립스 감독에 의해 영화로도 제작되었다.

■ 저도 〈스타스키와 허치〉 시리즈 정말 재미있게 봤어요.

● 에코는 지금 전세계 문학 중 미국문학이 최고라고 말해요.

242

그는 한 나라의 문학적 역량을 추리소설이 어느 정도인지로 본다, 추리소설이 어느 정도 생산되고 있는지, 그 수준은 어떤지를 보면 문학적인 토대를 대충 알 수 있다, 이런 이야기를 하는데 저는 개인적으로 추리소설을 즐기지는 않지만 에코의 말은 그럴듯하다는 생각이 들었어요.

▌ 그렇죠. 저도 그런 생각을 많이 하는데, 추리소설이라는 게 단순히 범인이 누구인지 추리해내는 과정일 수도 있지만 결국 비밀을 밝혀내는 것, 우리가 알지 못했던 진실에 접근하는 것이잖아요. 그런 과정을 얼마나 체계적이고 논리적으로 접근하는가가 중요하죠. 현재 전세계적으로 많이 사랑받는 서사는 대부분 추리가 곁들여져 있어요. 그러므로 에코의 말대로 그런 토대가 있어야 좀 더 다양한 스토리텔링이 가능하다는 점에 정말 공감합니다. 아직 한국의 소설은 그런 요소가 약하기는 하지만 점점 그런 균형을 맞춰가고 있다고 생각해요.

● 움베르토 에코가 한 이야기 중 매우 인상적인 게 있어요. "어떤 특정 시기, 예를 들자면 열다섯이나 열여섯 살에 시란 자위행위나 마찬가지랍니다. 하지만 훌륭한 시인은 나중에 초기 시를 불태워버리고, 별 볼 일 없는 시인은 초기 시를 출판하지요."

▌ 작가들 중 시로 시작하는 경우가 많아요. 결국 사랑의 감정으로 글을 쓰기 시작했기 때문이 아닌가 싶어요. 소네트를 바치듯이 누군가에게 시적으로 전달하고 싶어 하는 상태가 시작(詩作)이 되어 문학이 시작(始作)되는 거죠. 그러다가 소설을 쓰기도 하고 그

단계가 무르익어서 시인이 되기도 하는 것 같아요. 그런데 그 시작 단계를 지우는 사람들이 좋은 시인이 될 수 있지만 그것에 머물러 있는 사람은 좋은 시인이 되지 못하겠죠.

● 움베르토 에코 이야기 중 재미있었던 것은 뭐예요?

◗ "《다빈치 코드》는 읽으셨나요?"라고 물으니까 "네.《다빈치 코드》를 읽는 잘못을 저지르고 말았네요"라고 말하죠. 작가 댄 브라운이 마치 자기 소설 《푸코의 진자》에 등장했던 인물이 발전되어서 이런 소설을 쓴 것 같다고 약간 비아냥대는 게 재미있어요.

● "저는 어쩌면 댄 브라운이라는 사람은 존재하지 않을 수도 있다는 의심도 품고 있답니다"라고까지 말하죠.

◗ 스포츠에서도 감독들이 상대방 팀에 대해서 '당신은 패배의 전문가' 식으로 설전을 하기도 하고 뮤지션들은 서로 디스도 하고 그러잖아요. 작가들의 독설도 모아보면 만만치 않을 거예요.

● "완강한 무관심(stubborn incuriosity)이라는 개념을 좋아해요" 라는 말이 정말 인상적이었습니다. 세상에 지식은 아주 많지만 어차피 모든 걸 다 알 수 없잖아요. 호기심이라는 것 자체가 삶을 행복하게 사는 데 결정적인 영향을 미친다고 생각하거든요. 호기심의 정도가 사람마다 다르겠지만 예술 쪽으로 호기심이 클수록 삶이 풍요로울 확률이 크죠. 에코는 '완강한 무관심'을 계발하려면 어떤 분야의 지식에 자신을 한정시켜야 한다고 말해요. 에코는 전

문가로서의 식견도 탁월하지만 훌륭한 제너럴리스트이기도 하잖아요. 그런 사람이 이렇게 말하니까 흥미롭더라구요.

■　특이한 사람 같아요. 이런 스타일의 소설가는 아마 또 없을 거예요. 학자이면서 역사소설을 쓰는데 대중문화에도 고루 관심이 많고.

●　어떻게 보면 매우 행복한 사람인데요, 예를 들어서 아인슈타인이 상대성 이론을 통해 물리학에 결정적인 영향을 미쳤다는 것 정도만 알면 되고 상대성 이론이 정확히 무엇인가는 전문가에게 맡겨두면 된다고 말하잖아요. 에코의 이런 말 덕분에 저는 지적인 조급증 같은 게 없어지더라구요.

■　"언제나 훌륭한 책은 작가보다 더 지적이라고 생각해왔습니다"라는 말도 기억에 남아요. 곧 텍스트라는 것은 '작가+이전의 영향'인데요, 작가는 자신이 보았고 들었고 알고 있는 수많은 것을 하나의 텍스트에 몰아넣는 거죠. 그렇기 때문에 텍스트는 더 집약적이고 똑똑해요.

●　소설을 읽으면 문장과 문장 사이, 혹은 장과 장 사이에 스스로 만들어진 텍스트의 유기체적인 힘 같은 게 있거든요. 그걸 작가가 완벽하게 장악할 수 없는 거죠.

■　역사소설을 쓰는 생각을 밝히는 것도 흥미롭습니다. "저에게 있어 역사소설은 실제 사건을 허구화한 것이 아니라 실제 역사

를 더 잘 이해할 수 있게 해주는 허구랍니다"라고 말하잖아요. 의미심장한 이야기예요.

● 그렇네요.

▜ 이 책에서 움베르토 에코 인터뷰가 제일 앞에 실린 건 이 말 때문이 아닐까 생각했어요. "남자는 여자를 사랑한다, 이건 전혀 독창적인 사고가 아니지요. 하지만 문학적인 솜씨를 발휘해서 남녀의 사랑에 대해서 멋진 소설을 쓴다면, 그것을 절대적으로 독창적인 것으로 만들 수 있습니다." 이것이 이 책의 서문격에 해당하는 인터뷰가 아닐까 싶어요.

● 문학의 본질 중 하나이군요.

6 _____ 좋은 작가가 된다는 것

● 　오르한 파묵의 인터뷰를 읽고 새삼 느낀 건, 명성이 누군가에게는 굉장한 덫이자 독이 되겠구나 하는 거였습니다. 이 인터뷰를 보면 오르한 파묵은 매우 불행한 상태인 것 같아요. 소설 한 편 쓸 때마다 가족과 의절을 하잖아요. 《이스탄불》*을 쓰고 난 후 어머니와의 관계가 끊어졌고 어렸을 때부터 경쟁의 대상이었던 형과도 전혀 만나지 않는다는 것

▶ 이스탄불의 역사와
오르한 파묵의 개인사
를 엮어 쓴 에세이.

아니에요. 또 오르한 파묵에 대해서 노벨상을 수상한 유명한 사람이라는 정도만 알고 있는 터키인들은 소설도 읽지 않고 그가 터키의 현실을 깎아내리고 있다고 강하게 비판하고 공격해서 아주 지쳐 있는 걸로 보이더라고요.

┓　최근에 오르한 파묵의 《소설과 소설가》라는 책을 읽었어요. 인터뷰에서도 알 수 있듯이 역시 오르한 파묵은 재미없는 모범생 같으면서도 짠하게 느껴지는 구석이 있어요. 터키가 가지고 있는 미묘한 역사적인 상황들 때문에 소설을 써나가는 과정이 쉽지 않았을 텐데 그걸 이겨내면서 사람이 피폐해진 듯한 느낌도 확실히 들고요. 그러면서도 결국 헤쳐나가기 위해 계속 스스로 다잡는 듯한 태도도 보이더라고요.

● 　오르한 파묵이나 무라카미 하루키, 마르케스 인터뷰를 읽으며 공통적으로 느낀 건 그들이 '변방 콤플렉스'를 가지고 있다는 점이에요. 소위 서구 입장에서 볼 때 제3세계의 작가들에 대해서는

그 나라의 특성으로 그 작가 개인을 파악하는 경향이 있죠. 터키는 세속주의와 이슬람주의가 충돌하고 있는 나라인데 그 나라 특성으로 오르한 파묵이라는 작가가 평가되는 거예요. 조금 다른 이야기이지만 가즈오 이시구로라는 작가가 있죠. 이름에서 알 수 있듯이 일본계이긴 하지만 영국 작가예요. 그런데 이 작가를 이야기할 때 일본의 아기자기하면서도 세련된 미적인 지향 운운하면서 작품세계를 논하니까 작가 본인이 분명하게 선을 그은 적이 있어요. 자신의 문학세계에는 일본스러움은 전혀 없다고요. 그런 강한 부정이 이해가 되기도 해요. 출신과 국적이 문화의 중심 지역이냐 변방이냐가 작품에 영향을 주는 면이 있을 수 있지만 그 평가가 반드시 작가에게 플러스가 되는 건 아닌 듯해요.

▪ '가장 한국적인 것이 가장 세계적인 것이다'라는 말을 흔히 하잖아요. 외부에서 볼 때 한국적이라는 것이 독특함으로 나타날 수 있죠. 예를 들어서 한국의 분단 현실을 아주 잘 그려내면 세계 문학에서 주목을 받을 수도 있겠지만 그게 과연 그 작가에게 옳은 방식의 글쓰기일까에 대해서는 생각해볼 필요가 있어요.

● 한국 출신의 예술가들이 점점 더 많이 외국에 알려지고 활동을 왕성하게 하고 있잖아요. 영화 쪽에서는 박찬욱 감독이 대표적이죠. 워낙 국제적으로 많이 알려졌고 한국을 대표하는 감독 중한 명인데 저는 박찬욱 감독의 영화가 유니버설하다고 느끼거든요. 매우 보편적인 정서를 가지고 있죠. 제가 보기에는 '한국적인' 감독이 아니에요. 그럼에도 국제적으로 박찬욱 감독 영화의 특성, 그러니까 폭력성이나 그로테스크함을 한국적인 것과 연결해서 해

석하는 경우가 많아요. 물론 작품 스타일은 전혀 다르지만 예를 들어서 데이비드 린치 감독이다 하면 그것을 군이 '미국스러움'을 부각시켜서 분석하지 않거든요. 이런 점은 소위 변방에 있는 창작자들이 겪어야 할 이상한 통념의 필터인 거죠.

￭   충분히 공감할 수 있는데 한편으로는 그런 시도가 이해되기도 해요. 무라카미 하루키 같은 경우에는 영미문학의 세례를 받았고 그런 소설을 쓰고 싶어 했지만 결국 그의 작품 바탕에는 분명히 일본적인 것도 있거든요. 그걸 어떻게 볼까 분석하려는 시도는 가능하다고 봐요.

●   물론 의미 있는 시도죠. 문제는 본말이 전도되는 경우일 거예요. 자연스럽게 무라카미 하루키로 넘어가볼까요. 그의 집무실이 평범한 회사 사무실처럼 보였다고 묘사되는데 정말 그렇겠다 싶더라구요. 그리고 자신의 글쓰기의 이상은 "챈들러와 도스토예프스키를 한 권에 집어넣는" 것이라고 말해서 흥미로웠어요. 역시 그렇구나 하는 생각도 들었구요.

￭   저도 챈들러, 도스토예프스키, 헤밍웨이를 좋아하고 영향도 받았다고 생각하는데 한국 작가들의 영향도 많이 받았어요. 주로 1980년대 작가들을 좋아해서요, 예를 들면 이인성, 최수철, 임철우 작가님들에게요. 카버나 챈들러를 만난 건 그 후이고. 황지우, 이성복 시에서도 영향받았다고 생각해요. 소재를 다루는 방법에서는 외국 작가들 영향이 컸지만, 쓰는 스타일과 방법론에 대해서는 한국 작가들 영향을 많이 받은 거죠.

● 상당히 흥미롭네요. 하루키가 여기에서 자신의 소설 속 주인공과 작가 자신의 관계에 대해 비유한 것이 눈길을 끌더라구요. 주인공에 대해서 '두 살 때 헤어진 쌍둥이 형제'라고 생각한다는 거예요. 유전자는 같은 사람이지만 헤어져서 따로 자랐기 때문에 환경과 사고방식이 다른 사람인 거죠.

■ 하루키가 쌍둥이를 좋아해요.(웃음)

● 맞아요. 소설에 여러 번 나오죠. 폴 오스터가 "청소년기에 닥치는 대로 책을 읽지 않은 사람이 작가가 된 경우를 생각하는 것은 어렵다"고 말하잖아요. 동의하세요?

■ 그런 것 같아요. 좋은 작가가 되기 위해서는 한동안 좋은 독자였어야 하지 않을까요. 문학에 대한 꿈이라는 게 다른 사람의 좋은 작품을 봤을 때 생겨나는 것이지 아무것도 없는 상태에서 갑자기 문학을 하고 싶어지기는 어렵죠.

● 그렇겠죠? 저는 폴 오스터 작품 중에서《달의 궁전》을 가장 좋아하거든요. 그래서인지 이 인터뷰 중《달의 궁전》에 관한 에피소드가 아주 재미있더라구요. 작품 속에 에디슨과 테슬라 논쟁이 나오는데요, 에디슨을 비난하는 내용이죠. 폴 오스터의 아버지가 에디슨 회사에 취직했었는데 유대인이라는 이유로 해고당했다는 거죠. 그래서 그것을 복수하기 위해 소설에 그런 내용을 넣었다고 말해요.

￭　　　복수의 한 형태로 문학이 분명히 기능을 합니다. 저도 제가 싫어하는 사람을 악역으로 등장시켜서 응징하는 이야기를 생각했던 적 있어요.

●　　　이언 매큐언 인터뷰도 재미있죠?

￭　　　〈빨간책방〉에서《속죄》를 다루기도 했지만, 인터뷰를 읽으니 그런 작품을 쓰는 작가인 게 분명하구나 그런 게 느껴지던데요.

●　　　허세가 없고 정확한 사람인 것 같아요.

￭　　　《속죄》이야기할 때 소개했던 에피소드가 바로 이 책에 나오죠. 이언 매큐언이 팔을 톱으로 자르는 데 시간이 얼마나 걸리는지 물었더니 병리학 강사가 해부학 시간에 직접 와서 보라고 한 거예요. 그런데 가지 않았다고 하죠. 직접 보는 것도 좋겠지만 상상하는 것도 소설가에게는 중요하니까요.

●　　　작가님은 어떠실 것 같아요? 전혀 모르는 세계인데 취재할 기회가 생겼다면.

￭　　　저는 안 보는 편이에요. 그런 적도 실제로 몇 번 있구요. 묘사가 정확한가 아닌가는 중요한 것이 아니라고 생각해요. 그 묘사를 넣음으로써 과연 소설 속에서 유기적으로 작용하는가 아닌가를 책임지는 것이 맞거든요.

● 맞아요. 제가 예전에 한 배우의 작품 세계를 쭉 다루는 시리즈를 쓴 적이 있거든요. 그때 흥미로운 것은 직접 만난 배우일수록 글이 잘 안 돼요. 한 번도 만난 적 없는 배우면 나만의 시선으로 그 배우를 보게 되잖아요. 그러면 글에 대한 만족도가 높더라구요. 이전에 인터뷰를 해서 아는 사람인 경우에는 내가 보았던 것과 내가 쓰고 싶은 시각 사이에서 충돌이 있기 때문에 그걸 모아서 쓰다 보면 오히려 글 완성도가 떨어지는 것 같았어요.

┓ 내가 본 것이 과연 전부였을까, 내가 본 게 정확할까, 본 걸 쓴다고 그 사람을 정확하게 설명할 수 있을까 등에 대한 미심쩍음이 생기기도 하거든요. 그래서 갈등도 생기구요. 섣불리 아는 것보다 모르는 게 더 나은 접근일 수 있다는 생각이 드네요. 저는 이언 매큐언 인터뷰 중에서 가장 좋았던 부분은 《권력과 영광》◀ 등의 소설로 유명한 그레이엄 그린의 말을 인용한 것이었어요. 그레이엄 그린은 "영감이 떠오르는 순간을 웅덩이라고 불렀습니다. 소설을 쓰는 것은 영감의 웅덩이들 사이에서 도랑을 파서 연결하는 것입니다"라고 하죠. 정말 소설 쓰는 과정 중 중요한 점인 것 같아요. 하나의 이미지가 떠오르면서 소설이 시작되지만 생각

▶ 영국의 소설가 그레이엄 그린의 대표작. 한 타락한 신부의 도피와 고뇌를 통해 신앙의 문제를 깊이 파고들었다. 발표 후 교황청의 수정 요구를 받는 등 논란을 불러일으키기도 했다.

의 웅덩이들이 계속 생겨나거든요. 그 물웅덩이들 사이에 물고랑을 내주고, 연결시켜주는 것이 창작의 과정이라고 생각해요. 이런 말들로부터 창작의 신비를 알게 되는 것 같아요.

● 영감이 웅덩이를 이룰 만큼 차오르지 않으면 못 쓰는 거예요?

■　그렇죠. 이렇게 비유하고 싶어요. 무수하게 많은 웅덩이가 생기는데 어떤 것은 물이 조금 고여 있고 어떤 것은 크게 만들어지겠죠. 그중 큰 웅덩이들을 먼저 연결시켜야 해요. 작은 것들은 무시할 수밖에 없구요. 그렇게 다 연결시키면 저수지처럼 보일 거예요.

●　다음은 필립 로스 인터뷰인데요, 앞에서 말씀드렸다시피 저에게는 가장 인상적인 인터뷰였어요. 필립 로스의 문학론이라고 할까 그런 이야기도 정말 흥미로웠구요. 또 본인의 삶에 대해서도 충분히 이야기하는데 아마도 이혼 과정이 꽤 지긋지긋하게 그를 괴롭혔던 것 같죠.

■　저는 필립 로스가 매우 냉정한 사람이구나 생각했어요. "문학은 도덕적 아름다움의 경연장이 아닙니다"라고 말하잖아요. 당연한 이야기이기도 하지만 그의 삶과 그의 문학적 세계, 소재 등을 생각해보면 이 짧고 엄정한 단언이 필립 로스를 설명해주는 아주 중요한 문장 같아요.

●　"글을 쓸 때 당신의 작품을 즐겨 읽는 독자들을 염두에 두는가"라고 물었더니 "아니요. 대신 종종 저를 싫어하는 독자를 염두에 둡니다"라고 말하잖아요. "'그가 이 작품을 얼마나 싫어하려나'라고 생각해요"라고 하구요.

■　악취미죠.

　●　대단한 사람 같아요. 대가나 가능한 자세죠.

■   칭찬이 연료가 되는 사람이 있는 반면에 필립 로스처럼 비판과 공격을 자신의 연료로 삼아서 움직이는 사람도 있는 거죠.

●   내면이 매우 강한 사람인 것 같다는 생각이 들었습니다.

■   많은 소설가들이 자신에게 발생했던 일에 대해 흥미를 가지지만 어떤 소설가들은 자신에게 일어나지 않은 일에 흥미를 갖는 사람이기도 해요. 필립 로스가 그랬던 것 같거든요. 도덕적으로 사는 것과 별개로 도덕적이지 않은 일이 생긴다면 그 일이 왜 일어났는지 그 이유와 현상, 결과를 밝혀내고 탐구하는 게 필립 로스의 문학적인 지향이구나 하는 생각이 들었어요.

●   자기 삶의 단계에서 그러지 않았을 어떤 세계를 상상하는 게 작가를 추동하는 원리라는 느낌도 있구요.

■   이 책에도 나오지만 많은 작가들이 소설이란 과연 무엇인가, 라는 질문을 받죠.

●   그런 질문, 싫지 않아요?

■   하지만 궁극적으로 중요한 질문이기는 하죠. 제 대답은 아니고 이 책에서 만난 작가들의 말을 빌려보자면 소설은 오락인 거죠. 충분히 훌륭한 오락이라고 할 수 있는데, 필립 로스의 말이 인상적이었어요.

● 저도 그랬습니다. 감동적이기도 하더라구요. 여기에서 인용해볼까요. "제가 원하는 것은 독자들이 제 소설을 읽을 때 소설에 푹 빠지게 만드는 것입니다. 할 수만 있다면 다른 작가들이 하지 못하는 그런 방식으로 독자를 사로잡고 싶습니다. 그러곤 그들을 소설을 읽기 전의 그들 그대로, 그들 외의 모든 사람들이 그들을 바꾸고 설득하고 유혹하고 조절하려고 애쓰는 그런 세상으로 다시 돌려보내는 겁니다. 최고의 독자는 이런 소란으로부터 자유로워지기 위해, 소설이 아닌 다른 모든 것에 의해 결정되고 둘러싸인 의식을 풀어주기 위해 소설의 세계로 오는 사람들입니다."

◀ 레이먼드 카버 역시 비슷한 이야기를 해요. 소설이 삶에 해답을 주거나 위안이 된다고 생각하는 사람도 있지만 쓰는 사람은 '당신들은 여기 와서 이야기에 흠뻑 빠졌다가 다시 고통스러운 현실로 돌아가야 한다, 하지만 그게 삶이다' 그런 태도를 보이는 거죠. 이것이 다소 자기 위악처럼 느껴지기도 하지만 저는 오히려 동의도 되고 감동적이라고 생각해요.

● 카버 이야기를 더 이어서 해보죠. 카버는 18세에 결혼을 했죠. 그때 부인은 16세였고 임신한 상태였어요. 장모가 그때부터 미워했고 지금도 여전히 미워한다고 말하는데 어떤 부모가 안 미워하겠어요.(웃음) 그렇게 이른 결혼을 한 후 생활고에 오래 시달렸죠.

◀ 이런 작가의 삶에 대한 정보 없이 카버의 소설을 읽으면 굉장히 따뜻하게 느껴지거든요. 정말 밑바닥까지 가는 감정의 단계를 지나서 오게 되는 그런 위안이라고 생각해요. 그런데 이렇게 알

코올의존증 이야기, 삶의 신산한 풍경 같은 것까지 알게 되면 더욱 작품에 대한 감정이 깊어지는 거죠.

● 바닥을 쳤을 때에 느껴지는 묘한 감정이 있어요. 인터뷰 중 〈춤 좀 추지 그래?〉라는 단편의 아이디어에 관한 것이 재미있었어요. 작가인 친구들이랑 술 마시는 자리에서 누군가가 런다라는 술집 종업원 이야기를 꺼낸 거죠. 어느 날 그녀가 술에 취해서는 남자친구와 침실 가구를 모두 뒷마당으로 옮겨놓았다는 거예요. 그 이야기를 듣고 나서 "그럼 누가 이 얘기를 쓸 거지?"라고 말했다고 하죠. 그리고 카버가 몇 년 후 그 이야기를 소재로 단편소설을 썼구요. 이렇게 술자리 같은 데서 들은 인상적인 이야기를 소설로 쓰는 경우가 많잖아요? 그때 그 이야기를 같이 들은 작가들이 여럿이라면, 누가 소설로 쓸 수 있는 거예요? 그냥 아무나 먼저 쓰면 되는 건가요?

❚ 운석이 A란 사람의 땅에 떨어졌는데 B가 발견했다면 발견한 B가 주인이에요.

● 먼저 쓰면 되는 거군요.

❚ 레이먼드 카버는 워낙 훌륭한 전기▸가 나와 있기 때문에 그걸 읽어보셔도 좋을 거예요. 《작가란 무엇인가》는 물론 작가의 육성을 느낄 수 있는 점이 좋죠.

▸ 소설가이자 에세이스트 캐롤 스클레니카가 집필한 《레이먼드 카버 : 어느 작가의 생》.

● 마지막으로 윌리엄 포크너 이야기를 해볼게요. 이 인터뷰를 보면 포크너가 재담과 통찰력과 문학에 대한 근본적인 태도를 갖고 있음을 알 수 있어요. 그런데 제가 알기로는 포크너가 헤밍웨이를 매우 싫어했어요. 헤밍웨이의 어휘력이 빈약하다고 경멸했던 거죠. 헤밍웨이도 격렬하게 포크너를 싫어했구요. 두 작가가 극단적으로 다른 특성을 갖고 있다고 볼 수 있죠. 제가 다른 책에서 보고 평소에 많이 인용한 포크너의 말이 있는데 이번에 이 책을 읽고 나서 원래 《파리 리뷰》 인터뷰에 나왔던 것을 알게 되었어요. "가장 슬픈 일 중의 하나는 사람이 하루에 여덟 시간씩 매일 할 수 있는 유일한 것이 일이라는 사실이었습니다. 사람은 매일 여덟 시간 동안 먹을 수도, 마실 수도, 사랑을 할 수도 없습니다. 사람이 여덟 시간 동안 할 수 있는 것은 일뿐입니다. 이것이야말로 인간이 자신뿐만 아니라 다른 모든 사람들을 그토록 비참하고 불행하게 만드는 이유입니다." 오래전부터 저는 이 말이 정말 인상적이었어요.

▌ 저는 사실 포크너의 작품을 많이 읽지 못했어요. 《소리와 분노》 앞부분 조금, 《곰》 앞부분 조금 읽어본 정도예요.

● 둘 다 두꺼운 소설은 아니지만 어렵죠.

▌ 네. 잘 안 읽히더라구요. 그런데 이 책에서 가장 감동적이고 밑줄을 많이 그은 인터뷰가 바로 포크너 것이긴 했어요.

● 2013년에 포크너 사후 저작권이 소멸되었죠? 그래서 국내에 대거 소개될 줄 알았는데 의외로 많이 나와 있지 않아요. 일단 번역 문제도 있는 것 같아요. 그렇게 쉽지는 않거든요. 허먼 멜빌도 그런 것 같구요. 미국 문학이나 세계 문학에서 차지하는 위상을 한국에서는 고스란히 느끼기 어렵죠.

┓ 포크너가 작가가 되는 데 영향을 끼친 사람으로 셔우드 앤더슨◄이라는 미국 작가가 있잖아요. 폴 오스터도 자주 언급하는 작가인데 국내에는 번역된 작품이 하나밖에 없어요. 셔우드 앤더슨의 작품들이 이렇게 포크너나 폴 오스터 등에게 어떤 영향을 미쳤는지 알 수 없고 추측만 할 수 있다는 것, 포크너 역시 작품을 통해 정확히 알 기회가 아직 드물다는 게 아쉽기도 해요. 포크너 인터뷰 중 가장 도움이 되었던 질문과 답이 있어요. "좋은 소설가가 되기 위해 따라야 할 좋은 방법이 있나요?"라는 질문이죠.

▶ 1876년 미국 오하이오 주에서 태어났다. 어려운 가정 형편으로 정규교육을 제대로 받지 못하고 여러 직업을 전전하다가 늦게 문학에 눈을 뜨고 소설을 발표했다. 현대 미국소설의 원조라 불리며 여러 작가들에게 영향을 끼쳤다. 국내에는 그의 대표작 《와인즈버그, 오하이오》가 번역되어 있다.

● 저도 인상적이어서 체크한 부분이네요.

┓ 포크너의 대답 중 이런 부분이 있어요. 동시대 작가나 선배 작가들보다 더 낫기 위해 괴로워할 필요가 없다면서 이렇게 말하죠. "소설가는 자기 자신보다 더 나으려고 애써야 합니다. 예술가는 악마가 몰아대는 그런 피조물이지요. 악마가 왜 그를 선택했는지 그는 모릅니다. 소설가는 대개 너무 바빠서 왜 그런지 궁금해하지도 않습니다. 그는 소설을 마치기 위해 아무에게서나 훔쳐

258

오고, 빌려오고, 구걸하고, 빼앗아온다는 점에서 도덕과는 완전히 관계없지요." 이 이야기가 저한테는 한편으로 크게 위안이 되기도 했어요.

● 많은 사람들이 예술가는 곧 지식인이라고 생각하는 경향이 있죠. 특히 텍스트를 다루는 소설가 같은 예술가에 대해서요. 저는 그렇게 생각하지 않거든요. 소설가 중 지식인이 있을 수 있겠죠. 그리고 지식인이 상위의 개념도 아닙니다. 범주가 다른 거죠. 하지만 소설가에게 지식인이어야 한다고 말하는 건 소설가라는 예술가의 본성과는 어긋난다고 생각해요.

■ 포크너의 이런 말도 인용하고 싶어요. "모든 예술가의 목적은 인위적인 방법으로 삶이라는 움직임을 잡아서 다시 고정시켜, 수백 년 후에 이방인이 그것을 보게 되었을 때 그것이 삶이기 때문에 다시 움직일 수 있도록 하는 것입니다. 인간은 죽을 수밖에 없기 때문에 그에게 유일하게 가능한 불멸은 언제나 살아 움직여서 불멸인 어떤 것을 뒤에 남겨놓는 것뿐입니다. 그것은 항상 움직일 것이기 때문입니다." 불멸하는 존재로 살아남기 위해 무언가 붙잡으려고 하는 이야기를 쓰고 싶어 하는 게 인간의 본능이 아닐까 하는 생각도 들거든요. 앞에서 이야기 나누었지만 움베르토 에코가 역사소설을 쓰는 것도 역사의 어떤 순간을 계속 현재와 비교하고 맞부딪치게 함으로써 현재라는 텍스트를 더 풍성하게 만들기 위해서라고 말할 수 있듯이 포크너의 이런 예술관 역시 현실을 더 의미 있게 만드는 문학의 역할로 보이기도 합니다.

● 　 우리가 이미 이언 매큐언의《속죄》를 팟캐스트 방송에서 다루고 또《우리가 사랑한 소설들》로 정리하면서 언급했듯이 역사가 할 수 없는 것을 소설이 할 수 있기도 하죠. 그런 점에서 이 책《작가란 무엇인가》에 실린 열두 명의 위대한 작가들의 이야기가 많은 분들에게 도움이 될 것 같습니다.

함께 읽으면 좋은 책들

●

《거장처럼 써라》, 윌리엄 케인

발자크와 도스토예프스키에서 J. D. 샐린저와 필립 K. 딕까지, 문학사의 거인인 21명의 소설가가 어떤 방식으로 작품을 썼는지를 구체적으로 파고들며 설명한다. 문학을 업으로 삼을 이들에겐 효율적인 작법서 같고 문학을 취미로 즐길 이들에겐 흥미로운 작가론 같을 책.

《유혹하는 글쓰기》, 스티븐 킹

이 책에서 스티븐 킹은 좋은 선배 같고 자상한 선생님 같다. 자신의 과거에 대해 들려줄 때면 저절로 고개가 끄덕여지고, 자신의 작법에 관해 설명할 때면 정말 그렇게 써보고 싶어진다.

┓

《유혹하는 글쓰기》, 스티븐 킹

《작가란 무엇인가》가 예비 작가들을 위한 입문용 도서라면 《유혹하는 글쓰기》는 실전용 도서라 할 수 있다. 쉼표 하나 마침표 하나 허투루 쓰면 안 된다.

《나는 왜 쓰는가》, 조지 오웰

왜 쓰는가? 조지 오웰은 네 가지 답변을 내놓았다. 순전한 이기심, 미학적 열정, 역사적 충동, 정치적 목적. 조지 오웰의 글을 읽다 보면 무언가 쓰고 싶어진다. 내 것인 문장을 만들어보고 싶다.

휴머니즘은
언제나
옳은가?

하찮은 인간, 호모 라피엔스
STRAW DOGS : THOUGHTS ON HUMANS AND OTHER ANIMALS

/

존 그레이
JOHN GRAY

작가 소개 옥스퍼드 대학, 하버드 대학, 예일 대학, 런던정경대학 등의 교수를 역임했으며 다양한 매체에 글을 발표하며 활발한 저술 활동을 펼치고 있다. 국내에 《하찮은 인간, 호모 라피엔스》 외에도 《추악한 동맹》, 《불멸화 위원회》, 《동물들의 침묵》, 《가짜 여명》 등이 출간되어 있다.

1_____ 부정과 허무의 철학

● 　동물과 비교해서 인간의 특성이나 인류 진화의 단계를 규정하는 말들이 있죠. 예를 들면 호모 사피엔스, 호모 에렉투스, 호모 파베르, 호모 루덴스◀ 등등이 그렇습니다. 이런 용어들은 대부분 다른 종보다 인간이 우월하다는 생각을 살짝 내포하고 있기도 한데요, 반대로 인간을 부정적으로 규정하는 조어도 있습니다. 존 그레이의 《하찮은 인간, 호모 라피엔스》(이하 《호모 라피엔스》)가 그렇습

▶ 호모 사피엔스는 '생각하는 사람', 호모 에렉투스는 '선 사람', 호모 파베르는 '도구의 인간', 호모 루덴스는 '유희하는 인간'이라 는 뜻.

니다. '호모 라피엔스'는 '호모 사피엔스'를 살짝 비틀어서 '약탈하는' '난폭한'이라는 뜻의 'rapiens' 'rapacious'를 사용한 것입니다. 이 책은 인간이 만물의 영장이라고 믿는 인간의 오만함을 고발하고 있습니다. 인류 역사에 남은 수많은 해악과 기만 등을 철저히 반휴머니즘적인 시각으로 보여주는, 묵직한 주제를 다루는 철학 에세이입니다.

◤ 　존 그레이라는 이름의 작가가 또 있죠? 《화성에서 온 남자 금성에서 온 여자》로 유명한.

● 　그 존 그레이가 훨씬 유명하죠.

￭　　　같은 존 그레이가 쓴 책이라 그처럼 쉬운 책일 줄 알았는데 아니더군요.(웃음)

●　　　이 책의 원제는 'Straw Dogs'입니다. 즉 '짚으로 만든 개'인 데요, 이 '추구(芻狗)'라는 말은 노자의 《도덕경》에 나오는 말이에 요. '천지불인 이만물위추구(天地不仁 以萬物爲芻狗)' 다시 말해서 '천 지는 어질지가 않아서 만물을 그냥 지푸라기 개처럼 여긴다'는 구 절이죠.

￭　　　《도덕경》 5장에 나오는 정말 멋진 말이에요. 그 뒤에는 이렇 게 이어지더라구요. '말이 많으면 자주 막히니 비어 있음을 지키는 것만 못하다.'

●　　　설명을 덧붙인다면, 옛날 중국 사람들이 하늘에 제사를 지 낼 때 지푸라기로 개의 형태를 만들어서 바쳤다고 해요. 제사를 모 실 때야 지푸라기로 만든 개를 고이 두었겠지만 제사가 끝나면 그 냥 버렸겠죠. '천지'는 신이나 초월적인 존재라고 말할 수 있는데 그것은 인간이 어떻게 되든 무엇을 하든 아무 관심이 없다는 이야 기를 하는 겁니다.

￭　　　이렇게 인용된 《도덕경》 구절이 이 책 전체를 관통하는 주 제이자 소재이고 지향점이기도 합니다.

●　　　다른 이야기지만 샘 페킨파의 〈어둠의 표적〉◀ 이라는 유명한 영화의 원제가 'Straw Dogs'이에요.

▶ 샘 페킨파 감독의 1971년 연출작으로 더 스틴 호프먼이 출연했 다. 2011년에 로드 루 리 감독이 리메이크 했다.

▪ 2000년대 들어와서 리메이크되기도 했죠.

● 맞습니다. 더스틴 호프먼이 주인공인데 굉장히 재미있는 영화예요. 어떤 마을에 간 사람이 그 마을의 이상한 폭력성에 고통받다가 마지막에 분노의 복수를 하는 내용입니다.

▪ 역시 샘 페킨파군요. 좋아하는 감독이에요.

● 《호모 라피엔스》 원서의 부제는 '인간과 다른 동물들에 대한 사유'이기도 합니다. 영국에서 처음 출간되었을 때가 9·11 테러 직후였으니 9·11 테러의 충격이 영향을 주기도 했을 것 같아요. 우선 존 그레이에 대해 조금 설명드릴게요. 1948년에 태어났고 영국의 정치철학자입니다. 현실 정치에도 깊게 참여해서 초반에는 대처리즘을 지지했다가 환멸을 느끼고 정반대 입장으로 돌아서서 노동당 쪽에도 관여했다고 해요. 그러다가 토니 블레어의 이라크 파병에 역시 환멸을 느끼고 현실 정치에서 떠났구요. 지금은 저술 활동에 매진하고 있다고 합니다.

▪ 《호모 라피엔스》를 쓴 때가 50대 중반이었군요.

● 네. 그래서인지 책 자체에 학문적인 혈기 같은 게 있어요. 에너지가 넘치기도 하고 독한 기운도 느껴지구요.

▪ 저는 이 책을 읽으면서 두더지 게임 하는 남자가 떠올랐어요. 구멍에서 무언가 튀어나오면 무조건 때리는 그런 남자요. 크리

슈나무르티든 누구든 올라오면 마구 때리는 거죠.

● 칸트도 때리고 니체도 때리죠.

¶ 혈기왕성하고 모든 걸 다 부정하는, 망치를 쥔 철학자의 느낌이었습니다.

● 이 책은 말하자면 '부정의 철학'이라고 할 수 있을 것 같아요. 저는 매우 인상적으로 재미있게 본 책이기도 해요. 존 그레이의 저서는 국내에 여러 권 나와 있어요.《하찮은 인간, 호모 라피엔스》외에도《추악한 동맹》,《불멸화 위원회》,《전지구적 자본주의의 환상》,《동물들의 침묵》등입니다. 저는《불멸화 위원회》를 읽었는데《호모 라피엔스》의 일부를 아예 책 한 권으로 쓴 것 같은 내용이에요. 인간이 과학기술의 힘이나 종교의 힘으로 불멸을 추구한다는 것이 얼마나 우스꽝스러운 일인가를 19세기 말 영국과 20세기 초반 소련의 상황을 통해 신랄하게 비판하고 있는 책입니다.

¶ 《호모 라피엔스》의 논조와 맞닿아 있는 책이군요.

● 그렇습니다.《호모 라피엔스》가 서론의 느낌이기도 해요.《불멸화 위원회》는 좀더 본격적으로 깊게 파고든 책이고 역시 인상적이었지만 존 그레이 책 중 한 권을 먼저 읽으시겠다면《호모 라피엔스》를 권하겠습니다.

¶ 존 그레이가 서문에 이 책은 꼭 순서대로 읽지 않고 띄엄띄

엄 읽어도 좋다고 밝혔지요. 인간과 동물에 대한 단상이 산재한 느낌이거든요. 그럼에도 앞에서부터 읽는 게 낫겠구나 생각해요. 1장과 2장에 존 그레이가 거부하고 부정하는 철학적 명제들에 대한 이야기가 많이 나오기 때문에 그것들을 먼저 읽으면 뒷부분에 대한 이해가 쉬울 것 같습니다.

● 제가 보기에 이 책은 전체적인 구성을 명확하고 정교하게 짜서 쓴 것은 아닌 듯해요. 모두 여섯 개의 장으로 구성되어 있는데 각 장의 밀도도 다르거든요. 겹치는 내용도 있구요. 그만큼 학술적으로 정교함을 갖추었다기보다는 존 그레이의 철학적인 단상을 모은 책인 거죠. 그런데 그 단상은 매우 확고한 시각에 바탕을 두고 있고 철학사와 과학사에 전방위적으로 칼날을 휘두르고 있습니다.

■ 특히 3장과 4장에서 매우 강한 어투로 자신의 생각을 이야기하고 있어요. 그래서 그 부분부터 읽으면 좀 의아하기도 한데 1장과 2장을 읽고 나면 이해가 되기도 해요.

● 이 책에서 존 그레이는 내내 강하게 단언을 하고 있잖아요. 그래서 거부감 같은 것도 느낄 수 있는데 분명한 것은 그의 주장을 모두 수용하지는 못하더라도 신선하고 지적인 충격을 받을 수 있다는 점입니다.

■ 《호밀밭의 파수꾼》◀의 주인공 홀든이 자라서 쓴 책 같다고 이야기하신 적 있잖아요. 정말 그런 것 같아요. 자신의 주장을 반복하는 방식이나 지나치게

▶ J. D. 샐린저의 대표작. 홀든 콜필드라는 16세 소년이 학교에서 퇴학을 당한 후 집으로 돌아가기까지 3일간의 이야기를 그리는 장편소설이다. 20세기 가장 유명한 소설이자 캐릭터로 문학뿐만 아니라 문화 전반에 큰 영향을 미쳤다.

강한 말투가 그래요.

● 그렇죠?《호모 라피엔스》는 부정에 대한 감정이 바탕에 깔려 있는데요, 그것이 인간의 역사나 문명에 대한 매우 탄탄한 시각과 결합되어 있어서인지 허황되게 느껴지진 않아요.

▌ 《호모 라피엔스》에 대해서 첫 느낌을 말하자면, 우선 재미있게 읽었어요. 사실 1장과 2장은 조금 버겁기도 했어요. 칸트나 헤겔의 철학적인 명제와 사조들을 숙지하고 있지 않으면 그럴 수밖에 없죠. 그런데 이 부분을 이해하고 나니 뒤의 3~5장은 에세이처럼 쉽게 읽히더군요.

● 앞에서 말씀하신 것처럼 1장과 2장을 건너뛰면 뒷부분에 펼쳐지는 존 그레이의 주장이 좀 허황되어 보일 수도 있어요. 하지만 앞부분이 어렵다면 뒷부분만 읽으셔도 된다고 생각해요. 굳이 부담을 갖고 읽으실 필요는 없을 듯합니다. 존 그레이는 정치적인 입장이 무정부주의 아니면 자유주의자에 가깝다고 할 수 있겠죠. 정부나 국가의 최소의 개입이 최선의 개입이라고 말하는 거죠. 현실 정치의 경험이 많은데 그 경험들을 통해 현재는 좌도 아니고 우도 아닌, 중간 회색지대에 서 있는 사람인 겁니다.

▌ 허무주의자 같기도 하더라구요.

● 네, 정치적인 허무주의자 같은 느낌이 분명히 있어요. 본격적인 내용에 들어가기에 앞서서 이 책에서 언급하는 몇 가지 용어

를 정리하는 게 좋겠습니다. 한마디로 이 책의 사상적인 기반은 반휴머니즘이라고 이야기할 수 있어요. 존 그레이가 가장 높게 평가하는 철학자는 반휴머니즘을 철학적으로 제창한 쇼펜하우어죠. 그렇다면 휴머니즘은 무엇인가, 아주 간단하게 이야기하면 인간중심주의, 인본주의라고 할 수 있습니다. 인간이라는 종(種)이 세상의 중심이다, 그래서 인간을 중심으로 세상의 모든 것을 해석하고 받아들이고 관찰하는 것을 이 책에서 말하는 휴머니즘이라고 할 수 있을 것 같습니다.

▌   존 그레이 주장의 핵심은, 휴머니즘은 인간 종 중심적이라는 점이겠죠.

●   인간이라는 종은 다른 동물들과 구별되고 특별하다고 믿는 거죠. 그러니 휴머니즘은 진보에 대한 믿음으로 이어질 수밖에 없다는 주장인데요.

▌   점점 어려워지는 것 같은데요.

●   아니요, 그렇지는 않아요. 다만 존 그레이의 이 책을 이해하는 데 바탕이 되는 내용인데요, 진보를 믿는다는 것은 결국 인간이 발달하는 과학지식을 이용해서 동물들은 벗어날 수 없는 환경적인 제약을 넘어서서 다음 단계로 도약할 수 있음을 믿는 거겠죠. 그것이 존 그레이가 일관되게 부정하는 휴머니즘의 기본일 거예요. 또한 존 그레이는 인류가 자기 종의 운명을 스스로 결정할 수 있는 존재냐에 대해 굉장한 회의를 드러내고도 있어요.

■　네. 존 그레이 사상의 큰 테두리는 반(反)종교, 반(反)기독교 그리고 반(反)휴머니즘으로 보여요.

●　근거 없는 환상이나 희망, 믿음에 대한 전방위적인 거부이기도 하구요. 이 책에서 가장 혐오를 드러내며 공격하고 있는 것은 유토피아적인 주장들이에요. 대표적인 것이 종교죠. 종교는 지금은 이렇게 고통스러운 삶을 살지만 죽음 이후에는 보상을 받을 수 있다, 영원불멸의 삶이 기다리고 있다고 주장하잖아요. 일반적으로 종교와 정반대의 위치에 서 있다는 이성적인 과학조차도 사실 알고 보면 종교의 막연한 환상을 그대로 빌려와서 그 통념을 강화하는 쪽으로 쓰이고 있다고 볼 수 있죠.

■　우리의 생활습관이나 생활양식을 봐도 이제는 과학이 종교의 역할을 하는 것 같아요. 다양한 기계나 디바이스를 사용하는 것이 더 많은 일을 하는 것처럼 보이고 그게 더 나은 사람으로 만들어 주는 것 같은 환상을 심어준다는 점에서 굳이 존 그레이의 주장을 가져오지 않더라도 이제는 과학이 거의 종교가 되었구나 하는 생각을 하게 되죠.

●　현대사회에서 종교가 세속화되기도 하고 예전 같은 힘을 잃게 되면서 종교를 대체할 수 있는 것이 생겨난다는 거죠. 최근 멘토니 힐링이니 하는 개념들이 어떻게 보면 예전에 종교가 보여줬던 영향력을 발휘하고 있는 거라고도 말할 수 있잖아요. 또《호모 라피엔스》에서는 구체적인 현실 정치에 대해서도 이야기하고 있는데요, 20세기에 전지구적으로 어마어마한 영향을 미쳤던 공산주

의의 열풍이나 20세기 후반부터 지금까지 진행되고 있는 진지구적인 자본주의 또는 신자유주의 양쪽을 다 공격하고 있습니다. 결국 21세기 초반을 살고 있는 우리가 이 세상에서 허우적대는 이유가 이전 세대에서 만들어냈던 근거 없는 유토피아적인 환상의 찌꺼기들 때문이라는 강한 주장을 펼치는 책이라고 말할 수 있습니다.

2 _____ 만들어진 휴머니즘

● 《호모 라피엔스》에서 존 그레이가 펼치는 주장의 바탕이나 개념들에 대해서 이야기해봤는데요. 이제 본격적으로 그의 주장을 살펴보죠. 우리는 당연하게 인간과 동물은 근본적인 차이를 갖고 있다고 생각하고 있잖아요. 그것이 휴머니즘의 핵심인데 존 그레이는 그 믿음 자체가 최근에야 나타난 비정상적인 생각이라고 말합니다.

◗ 이전에는 인간 역시 동물의 한 종이고 같이 생존해나간다고 생각했지만 어느 순간부터 인간은 동물을 지배해야 하는 우월한 종족이라는 인식이 생기고 그것으로 휴머니즘이 탄생했다는 것이 존 그레이 주장의 시작이죠.

● 그렇습니다. 존 그레이에 따르면 인간과 동물에 차이가 있다고 하더라도 그것은 상대적인 것이지 절대적인 차이는 아니라는 겁니다. 동물도 인간처럼 위기 때 특정한 시스템을 발동하여 위기를 극복한다는 연구 결과가 많거든요. 예를 들어서 집 쥐들은 갑자기 식량이 급격하게 줄어들면 출산율을 줄이는 것으로 대처한다고 해요. 또 동물들도 나름대로 의사소통을 하고 있잖아요. 인간이 딱 하나 다른 것은 문자를 사용해서 의사소통한 것을 기록하고 다음 세대에 전달할 수 있다는 것이라고 말하죠.

◗ 맞아요. 문자를 사용하지 않더라도 동물들도 어떤 방식으로

든 서로 의사소통을 하니까요. 존 그레이는 문자 기록을 통해서 지식이 진보할 수 있었다고 지적합니다. 하지만 그렇게 기록된 지식이 많아지고 진보한다고 해서 인간이 더 나은 존재가 되었는가 하면 그렇지 않다는 게 존 그레이 주장이기도 합니다.

●   이 책에서 본 충격적인 내용을 하나 소개해볼게요. 20세기 가장 끔찍한 비극 중 하나가 르완다 사태라고 할 수 있습니다. 후투족과 투치족이 상호 학살을 벌여서 수백만 명이 죽었죠. 이 배경을 좀 살펴보면, 20세기 중반 르완다에서는 인구가 폭증해서 불과 50년도 안 되는 동안 인구가 세 배 이상 늘었다는 거예요. 워낙 고질적으로 물 부족 국가였던 르완다에서 인구가 그렇게 늘어났으니 물이 더욱 부족하게 된 거죠. 그래서 부족간 학살이 벌어졌다는 겁니다. 르완다 사태에 대해 보통 인종간 분노와 증오에서 촉발된 것이라고 이야기하지만 사실은 인구가 늘어나고 그에 비해 물이 부족한 상황에서 인간이라는 존재가 스스로의 개체수를 조절하기 위해 학살을 벌인 것이다, 그건 누가 지시했다는 뜻이 아니라고 해석하고 있는데 저는 매우 섬뜩하게 느껴졌습니다. 이 르완다 사태에 대한 부분을 보면서 저는 영화 〈설국열차〉가 떠올랐어요.

■   아, 그렇네요.

●   〈설국열차〉 뒷부분에서 열차 밖 세계로 세계관이 확장되면서 끝나기는 하지만 사실상 대부분은 열차 안 전체가 세계의 전부로 보이잖아요. 그 안에서 개체수를 조절하기 위해서 모반이나 폭동을 일부러 조장하는 사람이 있죠. 모반과 폭동을 주도하는 인물

의 경우 그 입장에서는 정의감으로 인해 또 평등을 쟁취하기 위해 자신이 헌신했다고 생각하지만 롱쇼트로 멀리서 보면 그 상황 전체를 통제하는 누군가에 의해서 놀아난 거죠.

■ 그러고 보니 〈설국열차〉가 종족과 계급의 문제를 다루기도 하지만 멀리서 보면 이게 인간의 진화 과정이라고 해석하는 견해도 있었어요. 어쨌든 〈설국열차〉에 인간 종에 대한 알레고리가 분명히 있네요.

● 《호모 라피엔스》에서도 자주 인용하는 사람이 사회생물학자 에드워드 윌슨◀입니다. 이 영화 개봉 당시에 에드워드 윌슨의 주장과 이론이 〈설국열차〉에도 담겨 있지 않나 생각한 적이 있어요. 어쨌든 우리 스스로가 인간에 대해 갖고 있는 몇 가지 생각이 있잖아요. 우선, 동물과 다르다고 생각하죠. 동물과 다른 점 중 하

> ▶ 미국의 생물학자. 특히 개미 연구의 세계적인 권위자이며 사회생물학의 창시자로 명성이 높다. 《인간 본성에 대하여》와 《개미》로 퓰리처 상을 2회 수상했다.

나는, 우리는 우리 자신을 의식하면서 바라볼 수 있다는 것이구요. 스스로의 정체성을 파악하고 인식하는 것 말이죠. 그런데 이 책은 그것을 착각이라고 말하고 있습니다.

■ 저도 그 부분이 재미있었는데요, 우리가 생각하는 단일하고 일관된 자아는 실재하는 것이 아니라 상상 속에 있다는 거예요. 우리가 느끼는 스스로는 말하자면 기록으로 전달되고 부모로부터 이야기로 전해진 파편화된 기억의 총합일 뿐이라는 거죠. 우리가 꾸며낸 자아, 의식화된 자아이기 때문에 그것이 실제의 '나'는 아니라고 주장하죠.

● 맞습니다. 이렇게 이야기할 수 있어요. 우리가 자아의 정체성이라고 생각하는 것은 사실 인간이 우연히도 기술의 발달로 문자라는 것을 갖게 되었는데, 인간만이 갖고 있는 언어의 특질이 가져다주는 일종의 착각이나 환상이라는 겁니다. 정체성은 결국 기본 전제가 자기동일성이잖아요. 과거부터 현재까지 계속 유지되는 어떤 특성을 정체성이라고 할 수 있는데, 그런 특성 자체가 사실 인간에게 존재하지 않는다고 보는 입장인 거죠.

▜ 그렇게 정리할 수 있어요.

● 존 그레이의 또 다른 주장은, 인간의 삶이라는 게 목적이 없다는 겁니다. 이 책에서 주장하는 것들 중 가장 받아들이기 어렵기도 하면서 가장 강하게 뇌를 때리는 주장은, 삶이란 원래 의미가 없는 것이다, 의미를 갈구하면서 종교나 과학이나 철학을 만들어낸다는 것은 환상이다 하는 것이었습니다. 다시 말해서 자연이라는 것은 인간을 '추구(芻狗)'처럼 여기는 것이다, 추구로서의 삶을 받아들이면 된다고 주장하면서 그 의미 없음을 당신은 수용할 수 있는가 하는 질문을 던지고 있는 것이죠.

▜ 휴머니즘이 과학을 통해서 진리에 다가갈 수 있고 자유로울 수 있다는 신념인데, 자유선택이 가능하다면 인간은 그러지 않는다고 말하고 있죠. 왜냐하면 인간은 진리를 추구하는 것처럼 보일 뿐이지 결정적인 순간에는 진리가 아닌 인간이라는 종을 선택하기 때문이라는 거예요. 존 그레이의 인간에 대한 정의를 제 나름대로 해석해보자면, '인간은 진리를 추구할 수도 있는 동물이다'라고 할

수 있을 것 같습니다. 물론 여기서 방점은 '동물'에 찍어야 할 것 같구요.

● 존 그레이는 '인간은 진리를 추구할 수도 있는 동물이다'라는 주장 자체가 소크라테스의 발명품이라고 주장하죠. 도덕을 소크라테스가 발명했다는 말까지 선언적으로 하고 있는데 사실 삶 자체가 의미가 없다는 걸 받아들이기 어렵잖아요. 열심히 공부해서 좋은 성적을 받고 괜찮은 직장에 들어가는 등 과거의 나의 노력이 현재의 나를 그리고 미래를 만들어내는 거라고 생각해야 지금 겪는 수많은 고통이나 혼란을 인정할 수 있을 텐데요, 모든 게 우연이고 의미 없는 거라면 받아들이기 어렵지 않겠어요. 그런 의미에서 이 책이 바탕으로 두고 있는 세계관은 수용하거나 거부하거나 둘 중 하나를 선택하기가 참 어렵고도 중요한 문제라고 생각해요.

■ 동감입니다.

● 《호모 라피엔스》에서 중요하게 다루고 있고 사실상 편을 들고 있는 몇 안 되는 사람 중 한 명이 바로 찰스 다윈입니다. 그런데 우리는 진화를 진보와 같은 것이라고 착각하잖아요. 보통 진화를 한 단계 업그레이드되는 거라고 생각하지만 그게 아니죠. 어떤 환경 속에서 가장 발달된 개체가 살아남는 게 아니거든요. 환경의 변화에 따라 돌연변이가, 그것도 우연히 생겨난 돌연변이가 환경에 잘 적응해서 남는 것이 진화죠. 다시 말해서 진화의 방식 자체가 우연에 토대하고 있고 진화의 방향성 자체가 목적성이 없으며 그 자체가 업그레이드가 아니라는 거죠. 그런 측면에서 본다면 인간의

개체로서의 삶 그리고 목적이나 의미는 언어적인 환상이 만들어낸 망상에 불과하다는 게 존 그레이의 주장입니다.

￬ 　앞에서 잠깐 이야기했지만 소크라테스가 큰 잘못을 한 거죠.(웃음) 하필이면 아주 추상적인 개념인 '진선미(眞善美)'를 발명하셔서 말이에요. 그 추상적인 개념들 때문에 수많은 전쟁이 일어나고 수많은 학살이 일어나게 되었는데 그런 게 인간들의 숙명이고 그것이 진보처럼 보이지만 결국 인간은 전혀 진화하지 않고 있는 종이라는 생각을 하게 돼요.

● 　약간 다른 이야기인데, 미스코리아 선발할 때, 왜 1등은 '진'이고 2등은 '선' 3등은 '미'일까요? 저는 어렸을 때부터 좀 이상하다고 생각했어요.

￬ 　소크라테스의 개념에서 가져왔나 보네요.(웃음) 저 역시 이상하다는 생각이 들어요. '진' 그리고 '선'과 '미'라는 개념은 아주 큰 것이잖아요. '진'이라는 말의 무거움, '선'이라는 말의 압도, '미'라는 말의 아득함이 너무 쉽게 쓰이는 것 같아요.

3 _____ 진화와 진보라는 환상

● 　누군가가 《호모 라피엔스》그 책 어때?"라고 물어보면 뭐라고 하시겠어요? 읽어보고 싶다는 친구에게 권하시겠어요?

¶ 　네. 재미있고, 일단 읽어보면 이상한 통쾌함이 느껴진다고 말할 것 같아요. 보통 철학서들은 읽고 나면 이게 무슨 얘기지, 결론이 뭐라는 거야 이런 생각을 하게 되잖아요. 물론 결론을 쉽게 내리는 게 좋은 철학은 아니겠지만요. 그런데 《호모 라피엔스》는 존 그레이가 처음부터 입장도 명확하고 공격적인 주장도 펼치니까 읽는 순간 통쾌하기도 해요. 심지어 우리 인간에 대한 공격인데도 말이죠.

● 　인간을 박테리아나 쥐 떼에 비유하는데 일면 가치중립적인 듯하면서도 매우 위악적으로 사용하는 용어들이 주는 통쾌함이 있습니다.

¶ 　읽다가 이런 생각을 했어요. 동물들도 웃을까? 웃는다면 어떤 걸로 웃을까? 유머라는 게 있을까? 인간은 유머를 갖고 있잖아요. 그것도 존 그레이에 의하면, 우리가 수많은 기록들을 하게 되었는데 그 기록들에 대한 인용들을 비트는 것으로 유머가 생기는 게 아닌가 하는 생각도 하게 되더라구요.

● 　제가 자주 인용하는 니체의 말이 있어요 "세상에서 가장 고

통받는 동물이 웃음을 발명했다." 유머가 필요한 일상이나 존재가 얼마나 비극적인 것인가, 그렇게 말할 수도 있죠.

▪ 동물의 경우 자신들이 필멸하는 것에 대해 스트레스를 받지 않는데 인간은 죽는다는 압박 때문에 스스로 공포로부터 벗어나기 위해 유머를 발명하는 등 애쓰는 것일 수도 있겠죠. 말하자면 유머는 필멸의 공포를 잊기 위한 아편 같은 것일 수도 있겠다는 생각이 드네요.

● 《호모 라피엔스》를 읽으면서 떠올랐던 소설이나 영화 있으세요?

▪ 여러 SF 영화들이 떠올랐는데, 그중 〈매트릭스〉◂가 제일 많이 연상되더라구요.

▶ 워쇼스키 자매의 SF 영화로 키아누 리브스, 로렌스 피시번, 캐리엔 모스 등이 출연했다. 1편은 1999년, 2편과 3편은 2003년에 개봉되었다. 철학적인 주제와 뛰어난 특수효과, 액션 등으로 호평을 받았다.

● 어떤 점에서요?

▪ 인간이 기계를 만들었지만 기계가 인간을 지배하게 되고 실제로 인간이 기계에 의해 변두리로 밀려나게 되잖아요. 기계가 인간을 몰아내고 인간이 숨어 살면서 그 기계에 대항하는 이야기라든지 이 책에서 말하는 것과 비슷한 부분이 많은 것 같아요. 하지만 마지막에 해결되는 게 사랑 때문이라는 점은 존 그레이가 아주 싫어하겠죠.

● 〈매트릭스〉만큼 종교적인 영화도 드물어요. 철저하게 메시

아의 상징 같은 것을 통해서 만들어져 있기도 하구요. 여자 주인공 이름도 '트리니티' 즉 '삼위일체'잖아요.

■　저는 〈매트릭스〉 시리즈를 매우 좋아하는데, 특히 2편 마지막 장면은 보고 울었어요. 3편은 좀 이상하지만요.

●　〈매트릭스〉 1편은 특히 훌륭하죠. 저도 매우 좋아합니다. 저는 이 책을 읽다가 박찬욱 감독의 〈싸이보그지만 괜찮아〉도 생각났어요. 이 영화에 딱 두 번 나오는 대사가 있는데요, 영화에서 가장 중요한 대사이기도 하고 어떻게 보면 박찬욱 감독의 모든 영화를 통틀어서 그의 작품 세계를 단 한 마디로 요약한다면 이것일 수도 있는 대사죠. 바로 "희망을 버려. 그리고 힘냅시다"라는 말입니다. 매우 모순적인 말이잖아요. 희망을 버리는데 어떻게 힘을 내, 그런 생각도 들고요. 그런데 희망이 없다는 것을 인정하고도 힘을 낼 수도 있다, 즐겁게 살아갈 수 있다, 미래가 더 좋아질 것이라는 낙관을 버리고도 현재를 즐겁게 살아갈 수 있다는 삶의 철학이 박찬욱 감독이 말하는 하나의 핵심 같아요.

■　그 말을 반대로 하면 매우 절망적인데요. 힘냅시다, 희망을 버려.(웃음) 말씀을 들으니 '희망을 버려, 힘냅시다'가 이 책의 커다란 논점과 통하네요.

●　어쩌면 이 책의 하나의 핵심인 거죠. 희망이나 낙관적인 전망 또는 인류 문명의 진보에 대한 환상 같은 것들이 사실은 오류인데도 그것에 매달려 있기 때문에 수많은 문제들이 생겨난다는 게

존 그레이의 주장이니까요.

■　'희망을 버려, 힘냅시다'가 만약 문학 작품 속에 녹아 있다면 정서적인 연결이 되죠. 하지만 철학책처럼 논점이 분명해야 할 책에서 그렇게 말한다면 연결고리가 약하다 보니 '힘냅시다'가 뜬금없어 보이기도 해요. 그것이 어쩌면 이 책의 약점이기도 해요.

●　저도 비슷하게 느꼈습니다. 조금 구체적인 논점을 다뤄보려고 해요. '인간은 그때그때 즉각적으로 선택의 결과로 행동을 하게 되고 그런 행동의 집적물로서 우리가 만들어지고 우리의 현재와 미래가 결정된다고 생각하지만 그게 환상이다'라는 존 그레이의 주장에 대해 좀더 이야기해야 할 것 같아요. 친구의 죽음에 대처하는 방식에 대한 이야기가 나오죠. 누군가 슬픔과 위로를 잘 표현했다면 그것은 상대방에 대한 감정이나 공감 때문이 아니라 상황에 따라 대응하는 패턴을 습관적으로 잘 익혔기 때문이라고 말해요. 다시 말해서 길을 가다가 위에서 판자나 벽돌이 떨어질 때 무의식적으로 피하는 것과 누군가의 장례식에 가서 능숙하게 위로를 건네는 것이 사실상 다를 바가 전혀 없다는 주장을 펼치고 있습니다.

■　그런 과격한 주장에 고개를 갸웃하게 되죠. 관습과 도덕과 자유의지가 다 뒤엉켜 있는 문제이기 때문에 그런 것 같아요. 여기서 소개하고 있는 벤저민 리벳의 인간의 자유의지에 대한 실험을 보면 이해되는 점이 있기도 하구요.

●　벤저민 리벳의 실험은 0.5초의 지연에 관한 거죠. 우리는 뇌

에서 '오른손을 뻗어서 이 컵을 쥐어'라고 명령을 내리면 그렇게 손이 움직이는 것처럼 느끼지만 사실은 이미 무의식적인 판단이 선행했었다는 겁니다. 컵을 쥐는 것과 이후 뇌에서 사후적으로 명령을 내리는 것 사이에 0.5초의 시간적 지연이 있음을 밝힌 게 벤저민 리벳의 실험이죠. 얼핏 의식이 행동을 결정한다고 생각하지만 정반대로 습관적인 행동을 하고 나서 의식이 사후에 그 행동을 추인한다고 이야기할 수 있을 것 같아요. 좀 어려운 개념이긴 하지만 이렇게 생각해볼 수 있죠. 우리의 일상을 빼곡하게 채우는 행동이란 게 대부분 습관적인 행동이에요. 아침에 일어나서 신문을 보거나 화장실에 가서 스마트폰을 본다든지 말이죠. 그런 습관화된 수많은 행동이 모인 것이 삶이라고 말할 수 있습니다.

┓ 　어느 순간 나도 모르게 몸이 습관적으로 반응하고 있을 때, 뒤늦게 자신의 행동을 의식하는 순간 그래서 어, 나는 누구지, 여긴 어디지 하고 생각하는 거죠. 그런 과정들이 일상을 잠식하고 있는 거예요. 우리가 명상이라고 부르는 것은 우리의 의식을 명료하게 가다듬는 것이 아니라 아무것도 의식하지 않는 것이거든요.

● 　예술가들한테 많이 묻잖아요. 이 아이디어는 어디서 얻었나요, 이 책은 어디서 시작했습니까, 하고요. 영감 같은 가장 창의적인 순간이 어떻게 시작되었는지를 물으면 예술가들은 대체로 멋지게 대답을 해요. 실제로 그렇게 영감이 확 떠오르기도 했겠지만 어쩌면 그것은 사후에 언어적으로 만들어낸 환상일 수도 있다는 거죠. 예를 들어서 양궁 선수가 수도 없이 활 쏘는 연습을 했을 것 아니에요. 사선에 서서 시위를 당기고 언제 놓을 것인가를 결정하는

것은 습관이지 의식이 아니라는 겁니다. 바람의 속력이나 방향에 따라 각도를 어떻게 할 것인지를 의식적으로 판단했다기보다는 자신이 수도 없이 반복해온 패턴에 따른 것일 텐데 이것은 아침에 일어나서 신문을 찾고 위에서 떨어지는 나무판자를 피하는 것과 같은 패턴이라는 거죠.

■   스포츠 경기를 보고 있으면 그런 점을 느끼게 됩니다.

●   연장선상에서 도덕에 관해서도 이야기할 수 있습니다. 우리는 도덕을 보편타당한 것, 칸트식으로 이야기하면 일종의 정언명령으로 생각하지만 존 그레이는 다르게 말하죠. 도덕이란 것은 절대법칙이 아니라 인간이 갖고 있는 한시적인 느낌일 뿐이라고 해요.

■   시대가 변하면서 그 시대의 도덕이라는 게 달라지기도 하죠.

●   정의나 도덕관념이라는 것도 철저히 한시적인 시대의 관습의 산물이라며 또 이렇게 말해요. "정의의 개념들은 모자의 유행이 지속되는 시간만큼만 영원무궁하다." 매우 위악적인 말이죠.

■   모자의 유행 기간이 얼마 징도인지 모르겠지민(웃음) 생각해보면 1980년대 후반에 정언명령처럼 받아들여졌던 이야기들이 고작 30여 년이 지난 지금은 그렇지 않잖아요. 짧은 기간 동안 많은 게 변화하죠.

●   그렇습니다. 미국에서 노예제가 폐지된 것이 불과 150년 전

이죠. 스위스에서 여성에게 보통선거권이 부여된 게 50년이 채 되지 않았구요. 지금 생각하면 받아들일 수 없지만 당시에는 당연한 것이었는데, 그런 식으로 인간의 도덕관이나 세계관이란 매우 편의적으로 받아들여지고 시대에 따라 변화무쌍한 것이라고 이해할 수 있죠.

●   존 그레이의 세계관 중 또 이런 것도 있어요. 환경주의자들을 공격하는데, 지구를 구하기 위해서는 인간이 지구의 환경 문제를 근심할 게 아니라는 거죠. 인류 자체가 지금의 절반 이하로 사라지면 환경에 대한 고민이 저절로 해결된다고 매우 과격하게 이야기합니다.

❛   존 그레이가 공격하고 있는 환경주의자들, 녹색사상가들의 바탕은 당연히 인간이 지구를 구할 수 있다는 휴머니즘인 거예요. 우리가 조금만 노력하면 커다란 힘을 발휘하여 지구를 구할 수 있다는 건데, 존 그레이에 따르면 '천지는 냉정하고 우리는 추구와 같기 때문에' 내던져진다는 거죠. 동의하는 부분이기도 해요. 결국 우리가 무언가를 할 수 있다는 것 자체가 매우 오만한 것이라는 생각이 자주 들어요.

●   맞습니다. 《호모 라피엔스》의 주장이 매우 위악적이지만 한편으로 매우 겸손한 주장일 수도 있거든요. 일반적으로 받아들여지기 힘든 세계관을 이야기해야 하니까 상대적으로 강력한 어법을 선택하고 있는 거죠. 예를 들어서 지구에 환경적인 위험이 야기된 원인을 하나만 꼽으라면 인간의 대량 이상증식 때문이라고 지적하면서 인류를 거의 쥐 떼처럼 취급한다든지 말이죠.

❛   내부고발자 같은 거죠. 인간의 내부고발자. 저는 인간이라

는 종에 환멸을 느끼는 존 그레이의 입장을 충분히 공감합니다. 소설을 쓰는 입장에서 인간이라는 종에 대한 환멸 없이는 글을 쓰기 힘들 것 같아요. 인간에 대한 무궁무진한 믿음을 갖고 있다면 뭐하러 소설을 쓰겠어요.

● 　　그런 소설은 프로파간다에 가까울 수 있죠.

¶ 　　인간에 대한 믿음이 없고 환멸을 느끼기 때문에 인간을 관찰하게 되고 인간을 들여다보게 되는 것 같아요. 그래서 존 그레이의 주장에 공감하는 사람이 많을 텐데, 하지만 공감하는 것과 그 공감을 어떻게 자신의 방식으로 해결할 것인가는 다른 차원의 문제겠죠.

● 　　또 이런 생각을 해보면 재미있습니다. 자연재해로 인간이 대량 살상될 확률은 20세기, 21세기 들어서 확실히 크게 줄었잖아요. 예를 들면 쓰나미가 몰려오면, 물론 지금도 많은 사상자가 발생하지만, 경보 시스템이나 재해 대책이 발전하지 못한 15세기였다면 지금보다 훨씬 많은 희생이 있었겠죠. 그런데 환경이나 자연에 의한 것이 아니라 인간이 인간을 죽이는 대량 살상의 경우는 20세기 들어와서 오히려 극대화되었다고도 할 수 있습니다. 인류가 인류를 이렇게 한꺼번에 살상하는 것이 예전에는 어려웠으니까 테크놀로지와 문명의 발달이 인간에게는 최악의 상황을 만드는 부메랑이 되었다는 존 그레이의 이야기가 저한테는 매우 인상적으로 다가와요.

¶   저는 이 책에서 가장 놀라웠던 게 볼셰비키들의 과격한 주장이었어요.

●   존 그레이의 또 다른 책 《불멸화 위원회》에 더 자세히 나오기도 하는데요, 볼셰비키가 '불멸화 위원회'라는 걸 실제로 만들었어요. 그들은 인간 진보의 결과로 영원히 죽지 않는 불멸을 실현시켜보자는 말도 안 되는 과격한 주장을 했는데 더 나아가 죽은 사람을 살려보자고까지 했다는 겁니다. 흥미로운 것은 존 그레이가 이렇게 이야기한다는 거예요. 만약 테크놀로지가 지금처럼 발전하지 않았다면 홀로코스트도 없었을 것이라는 거죠. 홀로코스트는 단기간에 600만 명의 유대인을 학살한 거잖아요. 철도가 놓였고 통신 시설이 있었고 집단적으로 수용할 수 있는 공간이 있었고 생화학적인 무기를 사용할 수 있었고 등등 이런 테크놀로지가 발달했기 때문에 홀로코스트가 있었다, 너희가 말하는 진보 때문에 일어난 결과이다, 이렇게 이야기하고 있는 겁니다.

¶   자신들이 만든 걸로 스스로 괴멸해가는 거죠. 인간이 죽음을 정복하기 위해서 저온냉동법, 냉동인간 이런 걸 생각하기도 하잖아요. 그런데 정말 황당무계하게 보이거든요.

●   실제로 미국에서 벌어지고 있는 프로젝트잖아요. 오랜 기간이 지난 후에 되살아나기 위해서 말하자면 최적 상태의 냉장고 속에 들어가 있는 사람도 있다고 하구요. 또 죽지 않을 수 있다고 적극적으로 주장하는 어떤 미래학자의 인터뷰를 읽은 적이 있는데 그 사람은 하루에 약을 수십 가지 먹는대요. 정말 불사(不死)를 이룰

수 있는 과학기술이 실현될 때까지 버티고자 하는 사람들의 우스
꽝스러운 행태도 함께 이야기하고 있죠.

■　존 그레이에 따르면 우리가 과학의 진보를 진심으로 믿는다
기보다는 그것을 믿어야 살아갈 수 있는 힘을 얻기 때문이라는 거
죠. 과학이 이제 종교가 되었다는 게 거기서 비롯된 말이구요.

●　이 책에서 존 그레이가 이야기하는 것들 중 하나는 인간이
테크놀로지를 통제할 수 없다는 겁니다. 전화를 발명하고 인터넷
을 발명한 것이 인간의 지성이 발달한 결과이기 때문에 이후 상황
을 통제할 수 있을 것 같지만 막상 테크놀로지가 만들어지면 그것
은 자신의 길을 간다는 거죠. 그리고 그 결과는 인간에게 부메랑으
로 돌아오게 된다고 말하고 있습니다. 소극적으로 해석하면 체르
노빌 원전 사고◀ 같은 인재(人災)가 그 예라고 할 수 있
습니다.

■　산업화가 되면서 노동계급이 만들어졌는데 기
계가 발전하면서 일할 수 있는 사람은 더 적어지고 그
래서 잉여인간이 생기고 그들이 누릴 수 있는 또 다른
행복이 필요해지고, 이런 과정들 때문에 인간이 기계
를 두려워하는 단계로 들어온 것 같아요. 제가《메이
드 인 공장》◀을 쓰기 위해 공장들을 취재 다녔는데요,
엄청난 규모의 공장인데도 관리하는 사람은 적어요.
그들이 하는 일도 불량품 검수 정도구요. 생산 인력은
생각보다 적은데, 만약 기계가 자신들만의 사고 체계

▶ 1986년 4월 26일 우
크라이나 체르노빌 원
자력발전소에서 방사
능이 누출되었던 사
고. 사고 당시 31명이
사망하였고 이후에도
피폭 피해 사망자가
수천 명이 넘는 20세
기 최악의 참사로 기
록된다.

▶ 제지 공장부터 콘
돔, 간장, 가방, 맥주,
브래지어, 지구본 공
장 등 15개의 다양한
공장을 취재하고 그곳
에 만들어지는 물건과
일하는 사람들에 대해
글과 그림으로 엮은
산문집.

를 갖추게 된다면 인간을 지배하는 때가 오지 않을까 그런 상상으로 두려워지기도 하는 거죠.

● 핵확산방지조약을 맺는 등의 방식으로 특정한 국가가 핵 개발을 하는 것에 대해서는 전세계적인 제약과 견제가 가능하죠. 하지만 핵 개발보다 더 치명적인 위기를 가져올 수 있는 생화학무기를 특정 집단이 갖게 되는 것은 전세계적으로 막을 수 없다는 것을 존 그레이가 지적하기도 하죠.

◖ 그러면서 에드워드 윌슨의 말을 빌려 이런 이야기도 하죠. "원숭이가 핵무기를 갖게 된다면 세계를 일주일 안에 파괴할 것이다." 그러지 않으리라는 보장이 없는 것이, 이제 권력은 나라와 집단에만 귀속되는 것이 아니잖아요.

● 힘 있는 사람 하나가 어마어마하게 많은 사람을 죽인 사례는 이미 많으니까요. 캄보디아의 폴 포트는 이상적인 농경사회를 캄보디아에 다시 건설하겠다고 생각한 사람이에요. 그러면서 반(反)엘리트주의를 표방했고 결국 엄청난 학살을 자행했죠. 나치도 인종을 개량하겠다며 유대인들을 학살했는데 인종주의적 관점에서 어떻게 보면 진보를 이끌어내기 위해 가장 과격한 방법을 쓴 것이거든요. 폴 포트의 이상주의든 나치의 인종주의든 개인의 잘못된 판단이 수백만 명, 수천만 명을 죽이는 시대가 오게 된 겁니다.

◖ 재미있게 본 것이 다신교에 대한 입장이었어요. 인류가 유일교가 아니라 다신교였다면 적어도 종교 전쟁은 없었을 것이다,

라고 했나요. 그러면서도 "다신교는 근대적 정신이 감당하기에는 너무나 섬세하고 우아한 사고방식이다"라고 했어요. 인간은 그렇지 않다는 거죠. 자기가 믿는 것이 서로 옳다며 충돌하는 게 인간이 가진 속성일 수밖에 없는 거죠.

● 　기본적으로 존 그레이가 이 책에서 집중적으로 공박하고 있는 것은 가장 현대적이고 가장 이성적이라고 여겨지는 과학만능주의라고 할 수 있습니다. 이 책의 한 챕터에도 계속 나오는 이야기인데, 얼핏 과학이라는 것이 철저히 이성적인 사고의 결과물인 것 같고 그 결과 우리가 몰랐던 것을 이성적으로 깨닫게 해주는 것이라고 생각하지만 사실 현대과학은 그렇지 않다는 거예요. 예를 들어서 20세기 과학사를 가장 크게 흔들었던 것이 양자역학이잖아요. 그런데 양자역학은 결국 입자의 위치와 운동량을 한꺼번에 확정할 수 없다는 것이고, 그 두 가지 사이에서 판단 중지의 상태에 이르게 되는 것을 허용하는 불확정성의 원리에 토대하죠. 슈뢰딩거의 고양이◂ 같은 것도 관측 사실 자체가 실험의 결과에 영향을 미친다는 건데요, 이것 역시 모호함을 수용할 수밖에 없는 과학인 거잖아요. 이렇듯 이 책은 갈릴레오 사례에서 보듯이 과학사 자체가 정치적인 수사와 잘못된 믿음에서 시작되었을 뿐만 아니라 현대과학 역시 우리를 무지에서 해방시키는 기능을 한다고 믿어지지만 사실 그렇지 않다는 걸 힘주어 말하고 있죠.

▶ 오스트리아의 물리학자 에르빈 슈뢰딩거가 1935년에 고안한 사고 실험. 밀폐된 상자에 독극물과 함께 있는 고양이의 생존은 상자를 열어서 관찰하는 여부에 의해서 결정되므로 관측 행위가 결과에 영향을 미친다고 설명한다.

◼ 　철학에 대한 입장도 비슷해요. 과연 철학자들이 단 한 번이라도 진리를 숭상한 적이 있었던가 하는 의문을 제기하면서 수많은 철학자들을 '까고' 계시죠. 하지만 철학과 철학자들의 역할을 지나치게 부정하고 공격하는 면도 없지 않아요.

●　어쨌든 존 그레이의 주장에 저는 신선한 충격을 받아서 그의 다른 책들도 찾아서 읽게 되었는데요, 그럼에도 존 그레이의 회의주의에 대한 회의는 분명히 있죠. 그러니까 어쩌란 말이냐 하고 묻고 싶어지는데 이에 대한 존 그레이의 대답이 명확하게 나와 있는 문장이 있어서 먼저 소개하고 싶어요. "오늘날 우리가 추구할 수 있는 좋은 삶은, 과학과 기술을 한껏 활용하되, 그것이 우리에게 자유롭고 합리적이며 온전한 정신을 주리라는 환상에는 굴복하지 않는 삶이다. 평화를 추구하되, 전쟁 없는 세상이 오리라는 희망은 갖지 않는 삶이다. 자유를 추구하되, 자유라는 것이 무정부주의와 전제주의 사이에서 잠깐씩만 찾아오는 가치라는 점을 잊지 않는 삶이다."

❚　글쎄요. 사실 하나마나 한 이야기 아닐까요. 밸런스를 찾는 것이 결국 삶이라는 이야기인데, 그렇다면 철학에 대한 이야기를 다시 하고 싶어요. 철학이라는 게 진리를 추구하는 것일 뿐만 아니라 어떻게 살아가야 하는지를 끊임없이 묻는 거잖아요. 철학은 진리를 추구하기도 하고 평온함을 추구하기도 하는 거죠. 철학을 통해 우리가 어떻게 살고 있는지를 확인하고 그것을 통해 평온함을 얻을 수도 있는데, 존 그레이는 철학의 많은 부분을 계속 공격해왔잖아요. 그렇게 공격한 것은 좋지만 그다음에 내놓은 지금 같은 답은 스스로 공격해온 철학과 별반 다르지 않게 평온함을 추구하는 이상의 의미는 없지 않나 그런 생각이 드는데요. 이 책에서 초반부터 보였던 공격의 강도를 생각하면 책의 결론은 우리 인간은 지구를 위해서 모두 벼랑 아래로 떨어져 자살해야 한다 식으로 이어져야 하는데 갑자기 급선회한 느낌이 있어요.

● 저는 방금 소개한 부분에서 감동을 받기도 했어요. 그것은 우리가 이전에 직시하지 못했던 것을 알려주거나 미망에서 벗어나게 해주는 어떤 학문적인 빛을 내 머릿속에 비춰주었기 때문이 아니라 이 말 자체가 종교적인 언사로 저에게 작용했기 때문인 것 같아요. 그런데 우리가 선택한 결과가 우리의 미래가 아니라는 게 이 책의 대전제잖아요. 그렇다면 평화를 추구하되 전쟁 없는 세상이 오리라는 희망을 갖지 않는 삶이라는 말은 좀 이상하게 들려요. 존 그레이에 따르면 평화를 추구하는 행위는 어차피 미래에 별 영향을 미치지 않을 테니까요. 평화를 추구하지도 말고 그냥 전쟁 없는 세상이 오리라는 희망을 갖지 말아야 한다고 말한다면 존 그레이적인 맥락에선 수긍할 수 있겠지만요.

┓ 큰 맥락에서 말하자면, 천지가 무자비하여 추구로 여겼을 때, 그럼 '추구의 삶'은 무엇인가 의문이 들어요. 우리가 필멸하는 존재라는 걸 인식하고 그 속에서 하는 행동들은 다 용인받아도 되는 것 아닌가, 이렇게 구체적으로 필멸을 인식하는 것까지는 좋지만 그것으로 인해서 부차적인 삶의 방식까지 군이 제시할 필요는 없지 않았는가 그런 생각이 들어요. 저는 이 책에서 감동적인 부분이 어디였는가 하면 작가 베르나르도 소아레스를 인용한 부분이에요. "인간과 동물 모두, 자각하지 못하는 사이에 세계로 내던져지고, 짬짬이 즐거운 일들을 누리며, 날마다 똑같은 생물학적 필요에 따라 행동한다. 둘 다 그들이 생각하는 것 이상의 것을 생각하지 않고, 그들이 살아가는 것 이상으로 살지 않는다. 고양이는 햇빛에서 뒹굴거리고 나서 잠을 자러 간다. 사람은 (그 삶이 얼마나 복잡하든) 삶에서 뒹굴거리고 나서 잠을 자러 간다. 둘 다, 본성의 법칙을 벗어

날 수 없다." 저는 이 부분이 매우 감동적이었어요. 그런데 결론은 성급하다는 생각이구요.

● 존 그레이의 결론 자체가 윤리학이라고 말할 수도 있을 것 같아요. 그런데 이런 점도 생각해볼 수 있어요. 존 그레이는 특정한 시기의 테크놀로지는 진보한다고 말할 수 있지만 인간의 윤리는 전혀 그렇지 않다고 하는데 저는 이 견해에 대해서도 의구심이 있어요. 저는 인간의 윤리가 어느 정도 진전한다고 보거든요. 예를 들어서 동성애에 대한 인식이 그렇죠. 물론 지금도 동성애 금지법이 있는 나라가 있고 한시적으로 그 인식 수준이 쇠퇴하기도 합니다. 현재 러시아가 그렇잖아요. 하지만 전반적으로는 향상되었다고 보고요, 노예제도 마찬가지예요. 노예제는 옳지 않다는 계몽주의적인 인식이 확산한 결과로 노예제가 폐지되었는데, 이것이 인간의 윤리가 부분적으로는 퇴보할 수 있지만 결국 앞을 향해 진전한다고 볼 수 있는 하나의 예라고 생각합니다.

◼ 존 그레이가 스스로 이런 말을 하잖아요. "윤리란 고기잡이나 수영과 같이 실질적인 삶의 기술이다"라고 한 다음 곧이어 나오는 문장이 "삶을 잘 살아가는 솜씨를 가진 사람은 거의 없다"인데 이게 배치되는 문장이거든요. 윤리에 대한 개념과 현실에 대한 이야기를 할 때 약간 모순된 이야기를 하기도 해요. 또 저에게 걸렸던 부분을 지적하고 싶어요. "대체로 도덕 철학이란 소설의 한 분파다. 그런데 철학자들은 아직 위대한 소설을 쓰지 못했다. 놀랄 일은 아니다. 철학은 삶의 진실에 별 관심이 없으니까." 존 그레이의 태도를 정확하게 설명해주는 문장인 것 같아요. 저는 오히려 이 책이

삶의 진실에 관심이 없다고 생각해요. 자신의 생각을 설파하기 위해 쓴 책이지 삶의 진실에 관심이 없기 때문에 뒤로 갈수록 매우 단편적인 시각을 드러내고 있지 않나 싶거든요. 물론 이 책의 훌륭한 점도 많지만 결국 감동을 주지 못하는 것은 철학자이기에 갖는 한계라는 생각도 들고요. 어떤 부분에서는 《소립자》◀를 쓴 미셸 우엘벡이 인간이라는 종에 대해 더 뛰어난 시각을 가지고 있다고도 느껴요.

▶ 프랑스 소설가 미셸 우엘벡의 장편소설. 미셸과 브뤼노 두 형제의 삶을 통해 서구 사회와 성, 종교에 대한 냉소적인 시각과 통찰을 보여 발표 당시 사상적인 논쟁을 불러일으키기도 했다.

●　　어떤 말씀인지 잘 알 것 같고 또 맞는 말씀이지만 조금 방향이 다르다고도 생각해요. 이런 주장을 볼 때 그럼 어쩌란 말이냐, 인간들은 다 절벽에 올라가서 손 잡고 뛰어내리란 말이냐 하는 반론은 사실 잘못된 것이라고 이야기하고 싶어요. 그러니까 이런 거죠. 인간이라는 존재는 이러이러하다 말하는 것에 대한 반론으로 당신의 말은 인간이 이러이러해야 한다고 주장하는 것이 아니냐고 되묻는다면 그건 존재를 당위로 착각하는 거예요. 예를 들어서 '인간은 누구나 다 살인의 충동을 갖고 있어'라고 이야기하는 것과 '인간은 살인 충동과 본능을 갖고 있기 때문에 살인을 저질러도 돼'라고 말하는 것은 완전히 다른 영역이라는 겁니다.

◖　　저는 존 그레이 자체가 존재와 당위를 헷갈려 한다는 느낌도 들었어요. 그런 아쉬운 점도 있었지만 이 책에서 가장 인상적이고 정말 좋았던 부분은 이겁니다. "인간이 동물이라는 것을 인정한다면, '인류'의 역사 같은 것은 존재할 수 없다. 개별적인 사람들의 인생은 존재할 수 있지만 말이다. 인간이라는 종의 역사를 이야기

298

한다면, 이는 각 인생들의 알 수 없는 총합을 뜻하는 것일 뿐이다. 다른 동물들과 마찬가지로 어떤 사람의 삶은 행복하고 어떤 사람의 삶은 비참하다. 그 이상의 의미는 없다." 저는 이 자체가 존재와 당위를 동시에 드러내주는 좋은 문장이고 좋은 결론이고 뛰어난 해석이라는 생각이 들어요. 이게 사실은 많은 좋은 소설들이 이루고 있는 성과이기도 해요. 소설에는 거대한 인류의 역사가 아닌 한 인간의 삶이 담겨 있을 뿐이지만 그 삶의 총합이 결국 우리 인간 종의 역사일 수도 있다는 생각을 하게 됩니다. 그런 의미에서 이 부분은 굉장히 좋아요.

● 이 책이 전반적으로 우리가 일반적으로 믿고 있는 것을 바닥까지 헤집어서 집요하고 위악적으로 공격을 하고 있기 때문에 기본적으로 반발감이 드는 것은 사실입니다. 하지만 그런 반감이 어쩌면 오해의 산물일 수도 있을 것 같아요. 허점이나 부족한 부분이 있는 것도 사실이지만 저한테는 매우 흥미로운 책이었습니다.

▛ 저한테도 중요한 책이라는 생각이 들어요. 이 책은 불편할 수밖에 없어요. 그리고 이 책에 대해서 갖게 되는 오해가 있다면, 그것도 중요한 오해라고 생각해요. 그 때문에 인간 종에 대해 생각해보고 논쟁해볼 수 있기 때문에 아주 중요한 문제제기를 담고 있는 책이라고 할 수 있습니다. 다독이면서 인간의 안온함을 추구하는 철학도 중요하지만, 이런 식으로 날카롭게 던지는 철학도 분명히 필요한 거죠.

● 프란츠 카프카의 유명한 말 있잖아요. "책이라는 것은 결국

얼어붙은 바다를 내리치는 도끼와 같은 것이어야 한다"는 말이요. 그것에 가장 잘 들어맞는 책 중 하나가 바로 이《하찮은 인간, 호모 라피엔스》가 아닐까 합니다.

■　　이 책을 읽고 나니 쇼펜하우어도 좀더 보고 싶어지고 공부를 하고 싶은 마음이 들었어요. 존 그레이의 다른 저서들을 보는 것도 좋겠지만 쇼펜하우어, 노자, 장자를 읽어보면 어떨까 싶더라구요. 이 책이 그런 식으로 새로운 출발점을 제시하기도 합니다.

●　　맞습니다. 이 책은 결론이라기보다는 다양한 사유를 위한 서론으로 읽으면 좋겠다고 생각합니다.

함께 읽으면 좋은 책들

●

《인간 속의 악마》, 장 디디에 뱅상

악의 문제를 생물학적 시각으로 파고든다. 흉내 내는 악마, 심심해하는 악마, 사랑에 빠진 악마. 읽기에 만만찮은 책이지만 다른 어떤 책에서도 보기 힘든 방식으로 인간이라는 어두운 심연을 탐사한다.

《해뜨기 전이 가장 어둡다》, 에밀 시오랑

가라앉는 김에 감정적으로 바닥을 치고 싶다면 에밀 시오랑을 읽으면 된다. 삶은 피폐하고 세계는 부박하며 시간은 잔인하다. 그러나 가장 어두운 때에 가장 무겁게 도사린 글들을 읽을 때 찾아오는 이상한 위안.

¶

《사이언스 이즈 컬처》, 노엄 촘스키 외

인간들이 그럭저럭 괜찮아 보일 때는 대화를 나눌 때다. 자신의 질문을 전하고, 대답을 경청하는 모습을 볼 때면 하찮은 인간에게서 희망을 느끼기도 한다. 인문학자와 과학자들이 나누는 흥미로운 대화를 엮은 책이다.

《소립자》, 미셸 우엘벡

《소립자》의 마지막 장면이 생생하다. "인류는 이제 자기 자신을 다른 종으로 대체하는 상황을 스스로 만들어가고 있습니다. 이런 일은 우리가 알고 있는 우주에서 처음 있는 일입니다. 인류는 스스로를 소멸시키고 다른 종으로 거듭 태어나는 최초의 동물 종이 될 것입니다. 그리고 그 점을 자랑스러워하게 될 것입니다."

우리의 행복은
언제
찾아오는가?

철학자와 늑대
THE PHILOSOPHER AND THE WOLF

마크 롤랜즈
MARK ROWLANDS

작가 소개 영국 웨일스 출신으로 현재 미국 마이애미 대학 철학과 교수로 재직중이다. 늑대 브레닌과 동고동락한 11년의 경험과 사유를 담은 《철학자와 늑대》, 마라톤 대회를 준비하고 참여한 과정의 경험과 성찰을 담은 《철학자가 달린다》 등의 책을 발표하여 대중 철학 작가로 명성을 얻었다. 이 외에도 《동물의 역습》, 《우주의 끝에서 철학하기》 등의 저서가 있다.

1_____ 늑대와 함께 산 남자

●   요즘 반려동물 키우는 분들 참 많죠? 비공식 통계이기는 하지만 애완인구 천만시대라고 하더라구요. 저도 몇 년 전부터 고양이 한 마리를 '모시고' 살고 있는데요,(웃음) 고양이 한 마리를 키우게 되는 게 인생에 적지 않은 변화를 가져오는구나 느끼고 있습니다. 그래서인지 특별한 동물과의 특별한 동거 이야기를 담은 책, 《철학자와 늑대》가 개인적으로 매우 감동적이었습니다. 마크 롤랜즈라는 철학자의 경험을 담은 대중 철학서입니다. 이 사람은 영국 태생으로 지금은 미국 마이애미에서 대학 교수로 재직중인데요, 어느 날 우연한 계기로 늑대를 입양하게 되죠. 그리고 11년 동안 그 늑대 '브레닌'과 함께 살면서 느낀 것, 배운 것 등을 철학적인 사유로 풀어낸 책이 《철학자와 늑대》입니다. 개도 아니고 늑대와 함께 산다는 것 자체가 흥미진진한 이야기겠지만, 책의 내용은 예상보다 훨씬 깊습니다. 생각할 거리를 많이 던져주는 모범적인 대중 철학서라고 할 수 있겠죠. 김중혁 작가님도 애완동물 길러보신 적 있나요?

■   저는 어렸을 때만요. 토끼, 닭 이런 것들인데, '애완'이라고 할 수 있나요? 먹으려고 기른 건데.

●　　그건 애완동물이 아니라 식용동물인 거죠. 가축.

¶　　사랑 있으면 '애완' 아닌가요?(웃음)

●　　앞에서도 이야기했지만 저는 고양이를 키우고 나니까 많은 생각이 들어요. 고양이 한 마리 키우는 것이 사람의 삶에 이렇게 큰 변화를 가져오다니 하는 생각이요. 고양이를 돌보면서 '아, 내가 이렇게 좋은 사람인가' 하는 생각도 들었어요. 제가 '좋은 사람'이라는 뜻은 아니구요,《철학자와 늑대》에서도 밀란 쿤데라의《참을 수 없는 존재의 가벼움》*을 빌려서 이렇게 이야기하잖아요. "진정한 인간의 선은 아무런 힘이 없는 이들을 대할 때" 발현된다고요. 저 역시 '내가 이렇게 작고 여린 것들에게 애틋한 마음을 갖고 있었구나' 새삼 느끼게 되었어요. 제 고양이 이름이 '소미'인데, 소미는 심지어 저한테 안겨서 자거든요. 제 팔을 베고 자요.

> ▶ 밀란 쿤데라의 대표작으로 토마시, 테레자, 사비나, 프란츠 등 네 남녀의 사랑 이야기를 통해 사랑과 성, 우연과 운명, 개인과 정치 등에 관한 다양한 사유를 보여준다.

¶　　보통 '개냥이'라고 하는 경우군요. 그럴 때 그 고양이를 보호해주고 있다는 느낌인가요, 아니면 같이 지내는 느낌인가요.

●　　아직은 보호해주는 느낌이 더 큰데 같이 지내는 느낌이 들 때도 물론 많아요. 고양이가 인간보다 체온이 높은지 잘 모르겠는데 어쨌든 고양이를 안고 자면 기분이 매우 좋아요. 제가 이 책《철학자와 늑대》를 좋게 본 이유 중 일부는 고양이를 키우고 있는 것과 관련이 있는 것 같아요. 아주 애틋하고 특이한 경험을 했거든요. 제가 욕조에 몸을 담그고 책을 읽는 경우가 많아요. 그때도 욕조에

서 《철학자와 늑대》를 읽고 있었는데 소미가 욕실로 들어왔어요. 고양이는 대체로 물을 좋아하지 않는데 소미는 욕조로 올라와서 그 테두리 위를 계속 돌아다니더라구요. 그러면서 욕조에 가득 차 있는 물에 발을 슬쩍 댔다가 물을 털어냈다가 하기도 하고 저를 빤히 쳐다보기도 하고 그랬어요. 《철학자와 늑대》의 내용과도 닮아 있어서인지 기분이 굉장히 묘했어요.

■   정말 독특한 경험이네요.

●   그렇죠? 저는 이런 스타일의 책을 좋아해요. 전문적인 지식과 개인의 경험이 잘 결합된 그런 논픽션을요. 이 책이 그렇죠.

■   저도 좋아해요. 정서와 지식과 정보가 함께 들어간 책이라고 할 수 있죠. 제가 메리 로취의 《인체재활용》* 같은 책들을 좋아하니까요. 이 책은 특히 쉽고 재미있기도 한데 묵직한 메시지도 들어가 있는 것 같아요. 3분의 2 지점까지는 정말 놀라운 책이라고 생각했는데 솔직히 마지막에는 아쉬운 점도 있었어요.

> ▶ 해부학이나 과학 실험용으로 시체가 어떻게 사용되고 있는지를 취재한 책. 국내에 원제 《스티프(Stiff)》로 처음 출간되었다가 제목을 바꾸어 개정판으로 다시 나왔다.

●   어떤 점인가요?

■   뒤로 갈수록 이야기가 반복된다는 느낌이 들었어요.

●   중언부언하는 느낌이 없지 않죠.

■   또 이 책의 특성이 감정과 지식이 섞여 있다는 점일 텐데, 그래서인지 가끔 뜬금없이 감정의 흐름을 깨는 이야기가 들어오기도 하더군요. 예를 들면 늑대 이야기를 한참 하다가 갑자기 죽음에 대한 이야기로 전환되는데, 그게 저한테는 흐름을 흐트러뜨리는 구성으로 보였어요. 사소한 부분이겠지만 그런 경우는 각주로 처리하면 좋지 않았을까 싶었어요.

●   저 역시 부분적으로 동어반복이 되고 있다고 생각했어요. 하지만 이 책이 에세이 형식의 대중적인 철학서라는 점을 감안한다면 초반에 자신의 이야기를 중점적으로 풀어내고 뒤쪽에서 철학적인 근거와 사유를 보여주는 흐름이 좋다고 생각해요. 여기서 다루는 철학적인 주제가 사실 아주 독창적이거나 새로운 것은 아니거든요. 하지만 그것을 본인의 경험과 결부시켜 이 정도로 설명하는 책은 드물죠. 그런 면에서 이 책의 서술 방법도 독창적이라는 생각이 들어요.

■   글쓰는 방식이 약간 감정적이기도 해요. 그래서 어느 부분에서는 울컥하는 기분이 들기도 해요. 마크 롤랜즈가 알코올의존증이기도 하잖아요. 그래서인지 술에 취한 느낌이랄까.

●   저는 초반부에서 약간 의심을 하기도 했어요. "늑대는 삶에서 가장 중요한 것은 결코 계산할 수 있는 것이 아니라고 말한다. 늑대는 진정한 가치는 잴 수도 거래할 수도 없다고 말한다." "가끔 수다쟁이 영장류 대신 내 안의 과묵한 늑대의 소리를 들어야 한다." 이런 문장들은 굉장히 아름답긴 하지만 철학자의 말치고는 너무

감상적이라고 느꼈어요. 그래서 근거 없이 지나치게 단정적인 통찰로 보여 조금 의심을 했는데, 뒤에서 훌륭하게 철학적인 근거를 대고 있거든요. 그래서 정말 멋진 책이라고 생각하게 되었죠.

■   대중적인 철학서라는 게 그처럼 정서적이고 문학적인 구성을 지니고 있다는 것이겠죠.

●   브레닌이라는 이름의 늑대가 죽는 것으로 시작되는 것 자체가 매우 감동적이죠.

■   맞아요. 저는 영화 〈라이프 오브 파이〉▸가 생각났어요. 한 동물과 정면으로 마주 서서 자신을 들여다보고 타자를 들여다본다는 점에서 파이의 삶과도 맞닿아 있는 듯했어요.

▸ 얀 마텔의 소설 《파이 이야기》를 이안 감독이 영화화했다. 가족과 함께 캐나다로 향하던 인도 소년 파이가 난파를 당해 호랑이 리처드 파커와 함께 태평양을 표류하는 이야기.

●   이 책에는 유머러스한 내용도 많아요. 영국식 유머라고도 할 수 있을 텐데, 예를 들면 이런 것이죠. 동물들과 산책을 하던 중에 늑대랑 개가 토끼를 쫓아가요. 결국 토끼 사냥에 실패했는데 그걸 보고 마크 롤랜즈는 다행이라고 생각했다는 거예요. 명색이 《동물권》이라는 책을 쓴 사람이고 동물을 죽이는 것을 반대하고 있으니까요. 또 이 내용도 재미있어요. 사람들에게 언제 가장 행복하냐고 묻는 설문조사를 했더니 섹스를 할 때 가장 행복하고, 직장 상사와 이야기할 때 가장 불행하다는 결과가 나왔대요. 그러면서 덧붙이는 말이 "직장 상사와 대화하며 섹스를 할 때 어떤 느낌인지는 알 수 없다"예요.

▌   하하하.

●   저는 가장 안전한 유머가 자학적인 유머라고 생각해요. 유머는 대부분 날을 갖고 있고 그래서 남을 다치게 하는 경우도 굉장히 많고 때로는 불편하게 하는 경우도 있죠. 그런데 마크 롤랜즈는 자학 유머를 굉장히 잘하는 사람 같아요. 강의할 때도 늑대 브레닌을 데리고 가서 강의실에 두었다고 해요. 그러면 브레닌은 "좀 지루하다 싶으면 벌떡 일어나 길게 울었다. 대리 만족이라도 느끼는지, 녀석은 학생들에게 인기 만점이었다"고 이야기하는데 자기 강의가 지루하다고 스스로 인정하는 거죠. 이런 서술이 많아서 재미있었어요.

▌   그런데 정말 강의도 매우 재미있게 하고 인기도 많았을 것 같아요. 이 사람 철학자인데 대학 때는 뛰어난 럭비 선수였고 어렸을 때는 권투 선수였다잖아요.

●   말하자면 지덕체를 겸비했다고 할까요. 옥스퍼드 대학에서 1년 반 만에 박사 학위를 받았다는 이야기도 아무렇지도 않게 하죠. 달리기도 잘하고.

▌   심지어 술도 잘 마시고요.(웃음)

2_____ 단독자의 위엄

● 　책의 내용을 간단히 요약해볼까요. 마크 롤랜즈가 앨라배마에서 강사 생활을 할 때 대형견을 사려고 신문 광고를 뒤적인 거죠. 미국에서는 늑대를 사고파는 것이 금지되어 있지만 늑대와 개의 혼혈종은 허용된다고 해요. 늑대 혈통은 최대 96퍼센트까지 허용되고요. 원래는 96퍼센트 늑대 혈통인 늑대개를 사려고 갔는데 사실 순수 늑대였던 거예요. 그 늑대를 사서 집으로 데려와 '브레닌'이라는 이름을 붙여주죠. 마크 롤랜즈는 웨일스 사람인데 '브레닌'은 웨일스 말로 '왕'이라는 뜻이에요. 이름도 의미심장하죠. 어쨌든 이 브레닌이라는 늑대와 11년간 함께 지내고 결국 떠나보내는 이야기인데, 늑대와 함께한 그 시간 동안 인간이라는 종을 보는 시각이 어떻게 달라졌는지 실존적으로 자각한 내용들을 잘 정리한 책이라고 할 수 있습니다. 아무리 늑대라지만 동물 한 마리를 키우면서 뭐 그리 많은 것을 깨달았을까 싶기도 하지만 이 책을 읽어보면 그렇지 않죠.

◤　누구에게나 인생에서 중요한 한 시기에 자신도 모르게 무언가를 깨닫게 되는 순간이 있기 마련이잖아요. 어떤 사람은 아이를 낳고 키우면서 그럴 수 있고 어떤 사람은 편찮으신 부모님을 오랫동안 병간호를 하다가 삶과 죽음에 대해 깊이 생각할 수도 있을 거구요. 마크 롤랜즈는 브레닌과 개인적인 고민을 함께 하면서 많은 걸 깨닫게 되었던 것 같아요.

● 한국에서는 늑대를 못 키우겠죠?

┓ 법으로 금지되어 있을 것 같아요.

● 마크 롤랜즈는 심지어 늑대를 언제나 어디에나 데리고 다닌다는 원칙을 세웠잖아요. 그래도 그렇지 강의실에까지 데려가다니 대단한 것 같아요. 학생들이 어떻게 그걸 수용했을까요?

┓ 학생들이 강의시간에 졸지 못했겠죠.

● 가장 인상적인 에피소드는 무엇이었어요?

┓ 여러 가지가 있는데, 특히 늑대 길들이는 이야기가 재미있었어요.

● 아, 저도요. 목줄을 매지 않고 달리기하는 것.

┓ 많은 사람들이 늑대를 길들일 수 없고 데리고 다닐 수 없다고 이야기하지만 그건 잘못된 생각이다, 충분히 그럴 수 있다고 하면서 자신의 경험을 이야기하죠. 또 그보다 먼저 늑대를 길들이는 방법에 대해 책을 썼던 사람들 이야기하는 것도 재미있더라구요.

● 저에게 감동적인 건, 뒷부분에 늑대가 죽는 부분이었어요. 제가 보기에 우리 사회에는, 마크 롤랜즈처럼 적극적으로 동물의 권리를 옹호하는 사람에 대해 약간 냉소적인 시선이 있는 것 같아

요. 예를 들면 브리지트 바르도나 이효리 씨 등에 대해서도 그렇죠. 고양이를 키우게 되면서 저는 이 고양이가 죽으면 어떻게 될까 하는 생각을 자주 해요. 벌써부터 마음이 뭉클하고 그래요. 그런데 반려동물을 잃고 슬퍼하는 사람에게, 가족이 죽은 것도 아닌데 뭐 그렇게까지 슬퍼하냐는 둥의 이야기를 하는 사람들이 많잖아요. 매우 폭력적이라는 생각이 들어요. 고양이를 가만히 들여다보고 있으면 동물은 인간과는 달라서 정신, 영혼이 없다는 말을 믿을 수 없어요.

┓   이 책을 읽다가 사전을 찾아본 단어가 있어요. '영장류'라는 말을 자주 쓰잖아요. 그런데 문득 '영장류가 뭐지?' 하면서 사전을 찾아봤죠. 영어로는 'primates'이고 한자로는 '靈長類'인데요, 둘의 느낌이 좀 달라요. 한자에는 '영혼'이 깃들어 있는 반면 영어에는 '우두머리, 대장'의 의미뿐이죠. 이것만 보아도 인간이 동물 위에 군림할 수 있는 존재가 아니라는 점, 인간이 동물보다 우월하다고 말하지만 그건 아주 상대적인 것이라는 점을 알 수 있는 것 같아요.

●   인간이 동물보다 분명히 우월한 부분이 있겠지만 그것은 어떤 조건, 어떤 상황이냐에 따른 것이지 절대적인 것은 아니죠. 저는 이 책에서 강력하게 비판하는 대상이 굉장히 흥미롭다고 생각해요. 두 가지 사례를 언급하고 있는데, 하나는 하버드 대학 심리학자들이 왜 인간에게 우울증이 생기는가를 연구하는 내용이죠. 이들은 우울증이라는 것이 결국 학습된 무기력의 결과라는 가설을 세우고 그 가설을 증명하기 위해서 구획을 나눈 울타리 안에 개를 가둔 후 양쪽에서 교대로 전기 자극을 가하는 방식으로, 말하자면 고

문을 가했는데 마크 롤랜즈는 이것에 대해 강력하게 비판합니다. 또 다른 하나는 친딸을 성폭행한 아버지 이야기입니다. 이런 이야기를 들으면 '그러면 어머니는 뭐 했던 거야?'라고 생각할 수 있죠. 그런데 놀랍게도 그 어머니는 남편이 술에 취해 들어와 행패를 부리면 딸에게 들어가서 아버지를 조용히 시키라고 했다는 거예요.

▌ 적극적인 방조자죠.

● 그렇죠. 그런데 흥미롭게도 이 책에서는 뒤의 이야기보다 앞의 이야기에 대한 비난의 강도가 훨씬 큽니다. 마크 롤랜즈는 딸을 성폭행한 것도 인두겁을 쓰고 할 수 없는 나쁜 짓이지만 동물을 대상으로 한 하버드 대학 심리학자들의 실험도 기본적으로 다르지 않다고 이야기하고 있어요.

▌ 하버드 대학 실험 이야기는 학자들을 직접적으로 비난하기 위한 것이고 뒤의 아버지 이야기는 과연 악이란 무엇이고 선이란 무엇인가를 말하는 데 중점을 두고 있죠. 어쩌면 개의 이야기에 더 큰 관심이 있는 것 같아요.

● 그렇죠. 사실 앞의 이야기는 사람들이 그렇게 크게 비난하지는 않거든요. 뒤의 이야기는 누구나 다 비난하지만요. 하지만 이 사람은 두 가지 모두 비난하고 있고 그렇다면 그 비난의 무게중심은 사실상 앞에 있는 거라고 할 수 있죠.

▌ 저도 앞의 이야기에 더 화가 나던데요. 그 아버지의 이야기

는 한 인간의 악함에 대해 이야기하고 있다면 하버드 대학의 실험 이야기는, 인간이라는 종 자체가 아주 못돼먹었구나, 되게 쓸모없는 종이구나 그런 생각이 들면서 같은 인간으로서 좀 창피하더라구요.

● 이 책에서 저자가 주장하는 그 근저를 파고들다 보면 특징적으로 보이는 게 그가 약간 마초적인 부분을 갖고 있다는 점이에요. 또 '힘'에 대해 강렬하게 끌리고 있는 사람으로 보여요. 마크 롤랜즈는 우선 '악'이라는 것과 '약함'이 관련 있다고 이야기하죠. 니체의 철학과 맥이 닿아 있다고 할까요. 말하자면 '약하기 때문에 저지르는 악'도 있다는 건데 친부에게 성폭행당한 딸의 엄마가 그 예인 거예요. 사회적으로도 보통 약자의 악, 희생자의 악에 대해 너그럽잖아요. 하지만 롤랜즈는 그렇게 이야기하지 않죠. 약해서 악을 저지르더라도 그 약한 것이 변명이 될 수 없다는 식으로요. 마크 롤랜즈의 주장들은 이렇게 대체로 강렬한데 그것들을 읽다 보면 이 사람은 결국 삶에서 행복보다 중요한 것을 '위엄'이라고 생각하는 것 같다고 느껴요. 그 위엄이라는 것도 사실 힘과 관련이 있는 것이거든요. 롤랜즈는 브레닌이 새끼 시절에 불독에게 물리면서도 위엄을 잃지 않았다는 일화를 적고 있는데 '단독자로서의 위엄'을 중요시하는 것 같아요.

■ 아마 그런 이유로 늑대에게 호감을 느끼고 또 매료되었겠죠. 저 역시 미셸 우엘벡의 《소립자》에서처럼 인간이라는 종이 부정되고 새로운 종이 나타나는 이야기를 매우 좋아해요. 개인적으로 《기생수》◀라

▶ 이와아키 히토시가 1988년부터 연재한 만화. 단행본 누계 판매 부수가 1,000만 부 이상을 기록하였고 텔레비전 애니메이션으로도 만들어졌다. 2014~15년에 실사판 영화도 제작되었다.

는 일본 만화를 좋아해서 그 도입부를 제 소설에 인용하기도 했었어요. "지구에 사는 누군가가 문득 생각했다. 인간의 수가 절반으로 준다면 얼마나 많은 숲이 살아남을까. 지구에 사는 누군가가 문득 생각했다. 인간이 100분의 1로 준다면 그들이 쏟아내는 독도 100분의 1이 될까. 지구에 사는 누군가가 문득 생각했다. 모든 생물의 미래를 지켜야 한다."

● 음. 무서운 생각이네요.

￭ 인간에 대한 환멸을 느낄 때 이런 생각을 하게 되는 것 같아요. 마크 롤랜즈 역시 그런 식의 환멸을 가지고 있고 그렇기 때문에 힘에 대해 경도되어 있는 게 아닐까 싶어요.

● 보통 우리는 인간이 굉장히 강하기 때문에 악을 저지른다고 생각하잖아요. 악을 절대시하는 그런 태도를 가지고 있는 것 같아요. 하지만 마크 롤랜즈는 인간이 의지가 약해서 악을 저지른다고 강조하는 거죠. 그런 면이 인상적이에요.

￭ 저는 다른 사람들이 반려동물을 키우는 건 이해할 수 있어요. 왜 그토록 좋아하는지도 알겠구요. 하지만 저는 잘 키울 수 없는 사람이에요. 생활 패턴 같은 게 잘 맞지 않는다는 걸 알고 있기 때문에 동물을 키우지 않는 거죠. 그런데 주위에 동물을 키우는 사람들을 보고 있으면 어떤 타자가 생기면서 스스로를 들여다보게 되는 걸 좋아하고 중요하게 생각하는 것 같아요. 함께 시간을 공유한다는 느낌도 있을 테고.

●   그 동물과의 교감이 무척 중요하죠.

▄   식물을 가까이 하고 키우는 것도 좋아 보이더라구요. 식물
과의 교감도 만만치 않을 것 같아요. 하루하루가 달라지면서 시간
의 흐름도 느껴질 테고.

3 _____ 인간의 환멸

■　키우시는 고양이 '소미' 이야기를 하면서 언젠가 오게 될 죽을 때를 생각하면 슬퍼지고 마음 아프다고 하셨잖아요. 그런데 늑대나 고양이와의 관계에서 그냥 쿨하게 '아, 너와 함께해서 참 좋았어' 하는 마음을 갖는 거 어려울까요?

●　그게 어렵다는 게 마크 롤랜즈의 주장 중 하나죠.

■　마크 롤랜즈는 '인간은 쾌락적인 동물'이라고 말하죠. 여기서 쾌락이라는 게 시간의 지속성보다는 순간적인 것과 관련 있는 거잖아요. 그렇기 때문에 앞으로의 일과 시간에 구애받지 않고 어떤 순간을 향유할 수 있지 않을까, 사람과 동물과의 관계도 그렇게 볼 수 있지 않을까 하는 생각이 들었어요.

●　이 책에 나오는 표현을 빌리자면 '감정'이라고 말할 수 있을 텐데, 그게 말씀하신 것처럼 순간의 산물이죠. 지금 해가 환하게 나고 배도 부르니까 기분 좋은 것, 그게 그 순간의 감정이겠죠. 그런데 인간은 감정을 즐길 수 없는 동물이라는 거죠. 말씀하신 것처럼 인간은 시간의 창조물이고 동물은 순간의 창조물이라는 거예요. 저는 이 책에 이 부분이 명확하게 잘 정리되어 있다고 생각해요. 사람들한테 언제 가장 행복하냐고 물었을 때 동서고금을 막론하고 제일 많이 나오는 대답이 섹스할 때라는 거예요.

◗   네. 그렇죠.

●   마크 롤랜즈는 이렇게 생각해보고 있습니다. 섹스라는 것은
결국 쾌락이지만 감정이라는 거죠. 쾌락을 느낀다는 건 감정인 거
잖아요. 좋은 감정. 그런데 왜 인간은 그렇게 섹스를 포함한 감정을
절대시하느냐, 왜 그걸 그렇게까지 추구하느냐. 롤랜즈는 삶이라
는 게, 행복이라는 게 지고지순의 가치인가에 대해서 아니라고 생
각하는 입장이죠. 이걸 약간 도식화해서 이렇게 설명할 수 있을 듯
해요. 시간이라는 것은 순간들이 중첩되어 만들어진, 상대적으로
긴 그런 기간을 말하는 것이고 순간이라는 건 지금 내 앞에 당도한
현재를 말한다고 하면, 인간은 현재라는 시간을 향유할 수 없는 존
재라는 거예요. 왜냐하면 현재를 생각하려고 하면 자꾸 과거의 기
억이 틈입하고 미래에 대한 기대가 들어와서 현재를 훼손하기 때
문이죠. 결국 현재를 현재로 못 즐기고 기억과 기억 사이, 기억과
기대 사이에서 현재가 계속 교란이 된다는 얘기거든요. 많은 사람
들이 '꿈'을 강조하는 풍토도 이와 관련이 크다고 생각하는데, 꿈
이라는 게 미래의 한 지점이잖아요. 어떻게 보면 현재를 부정하는
행위예요. 현재를 희생해서 미래의 뭔가를 성취한다는 건데, 단순
하게만 생각해도 그 꿈은 이루어져도 불행하고 이루어지지 않아도
불행하다는 것 아닌가요? 이루어지면 거기에 만족하지 않고 그다
음은 뭐야? 할 테고 혹시 이루어지지 않으면 좌절하게 되니까요.

◗   그러니까 저처럼 쾌락을 추구하고 사는 게 맞는 것 같아
요.(웃음)

●   그러시군요.(웃음) 인간은 이렇게 끊임없이 미래와 과거 사이 끼어 있는 현재에서 그야말로 까치발을 하고 사는 존재이기 때문에 결국 순간의 어떤 감정에 집착을 한다는 거예요. 왜냐하면 인간은 그럴 수 없는 존재니까 역설적으로 말이죠. 그러니 감정을 추구한다는 게 얼마나 무망한 일인가라는 거죠. 인간은 그런 존재가 아니니까요.

¶   제가 〈요요〉라는 단편소설을 쓰면서 그런 생각을 많이 했어요. 우리의 시간은 어떤 식으로 흐르는가, 시간은 직선으로 흐르는가, 흘러가버리면 돌아오지 않는 것인가. '요요의 시간'이라는 표현도 썼는데 시간이 직선으로 흘러가는 것 같지만 회귀하기도 하고 원처럼 계속 돌면서 흐르는 것 같기도 하다는 이야기를 하고 싶었던 거예요. 《철학자와 늑대》를 읽고 나니까 제가 하고 싶었던 이야기를 잘 정리한 듯싶더라구요. 또 말씀하신 것처럼 인간이 왜 시간에 구애받을 수밖에 없는 존재인가에 대해서도 자세히 나와 있는데 그 부분이 매우 재미있었어요.

●   그래서 저는 이 책을 읽으며 통쾌하기도 했어요. 보편적인 시각으로 보면 위악적이라고 할 부분도 있으니까요. 무엇보다 굉장히 비관적이잖아요. 결국 마크 롤랜즈가 이 책을 통해 말하고 있는 것은 삶의 무의미함을 위엄으로 껴안아야 한다는 건데, 그것 자체가 일반적으로 받아들이기 어려울 수 있죠.

¶   인간의 삶에 대한 환멸도 있고 말이죠.

● 　인간이라는 종에 대한 환멸 그리고 삶에 대한 염세적인 전
망도 있고요.

◗ 　중간중간에 늑대의 말과 생각을 상상해서 쓰기도 하잖아요.
그게 상당히 재미있더라구요. "개는 나무 막대기를 던져 주면 신이
나서 정신 없이 막대기를 쫓아간다. 브레닌에게도 막대, 공, 원반을
쫓아가서 물고 오는 즐거움을 알려주려고 여러 번 시도했다. 하지
만 녀석은 이상한 사람을 보듯 나를 쳐다보며 이런 말을 하는 듯한
표정을 지었다. '물어 오라고요? 왜요? 필요하면 직접 가져올 것이
지 왜 나더러 시켜요? 다시 가져오게 할 거면 애당초 던지기는 왜
던져요?" 마치 브레닌의 표정이 보이는 듯한 묘사죠.

● 　저도 재미있는 에피소드가 있었어요. 롤랜즈가 '헝그리맨'
이라는 정크푸드를 먹다가 자리를 잠깐 비운 사이에 브레닌이 먹
어 치우다가 걸리잖아요. 그때 '딱 걸렸네!'라는 표정을 짓는다고.
그러면서 〈루니 툰〉◀이라는 애니메이션을 떠올려요.
저도 그 애니메이션을 본 적 있는데 막 달리고 있는
로드러너의 뒤를 쫓던 와일리 코요테가 벼랑을 보지
못하고 공중에 갑자기 붕 뜹니다. 만화영화에 그런 장
면이 흔한데 대개 자신이 공중에 떴다는 걸 순간적으
로 깨닫지 못하다가 아래를 내려다본 순간, '앗!' 하는
표정을 짓잖아요. 브레닌이 주인에게 걸리는 순간 바
로 그런 표정을 짓더라는 거죠. 그런데 제가 키우는 고양이 소미도
그런 표정을 해요.

▶ 1930년부터 1969년
까지 워너브라더스에
서 제작한 단편 애니
메이션 시리즈. 다양
한 동물 캐릭터들이 등
장하는데 '로드러너'
는 달리기가 아주 빠른
새, '와일리 코요테'는
로드러너를 잡아먹으
려고 하지만 늘 실패하
는 코요테이다.

￭　　하하하!

●　　동물들한테는 그런 '딱 걸렸네!' 표정이 있다니까요. 고양이
가 가구 표면 등에 발톱을 긁고는 하죠. 소미는 제가 가지고 다니
는 가방에 자주 그래요. 어느 날 가방을 긁어대다가 제가 쳐다봐서
눈이 마주치기라도 하면 그 표정이 '딱 걸렸네!' 하는 것 같아요. 참
신기해요.

￭　　동물의 본능적인 표정 같은 것이겠네요. 이 책에도 나오지
만 선사시대 사람들은 기억력도 좋고 많은 걸 인지할 수 있었는데
수많은 도구들을 개발하고 사용하면서 그런 능력이 점점 떨어졌다
는 거죠. 인간은 몸이 진화된 것이 아니라 머리와 지능만 진화된 것
이고 많은 도구들을 사용할 수 있게 되었다는 것을 곧 진화로 생각
하는 거잖아요. 인간은 이 과정에서 본성을 잃어버린 것 같아요.

●　　이렇게도 이야기할 수 있을 거예요. 어렸을 때는 말하자면
즉자(卽自) 존재인데 자라면서 대자(對自) 존재가 된다는 거잖아요.
그러니까 아기였을 때는 엄마가 나를 바라보고 있다, 그런 상황을
인식하고 웃거나 하는 표정을 짓는 게 아니지만 자라면서 그런 감
각이 달라지죠. 대화를 할 때 저 사람이 나를 보고 있다는 전제하에
특정한 표정들이 나오는 것이고 나 자신을 떨어져서 바라보는 또
다른 나를 상정하는 겁니다.

● 　제가 《철학자와 늑대》에서 재미있게 보고 동의하는 내용은 행복이라는 게 반드시 쾌감이 아니라는 거예요. 어떻게 보면 행복은 매우 불편하고 심지어 불행한 감각까지도 포함하는 개념이라는 이 책의 주장에 매우 공감합니다. 예를 들어 늑대 브레닌이 토끼 사냥을 하는 것을 관찰하여 쓴 대목이 인상적입니다. 그가 보기에 브레닌은 토끼를 잡기 위해서 일단 자신의 모든 본성을 최대한 억제하고 참는 방식으로 준비한다는 거예요. 대부분의 시간을 엎드리고 긴장한 채 15분 넘게 가만히 기다렸다는 거죠. 그때는 육체적으로 매우 불편하고 힘든 순간일 거잖아요. 그런데 그 순간이 이 늑대한테 매우 행복한 순간이라는 거죠. 그 묘사가 참 좋더라구요.

■ 　저도 그 부분이 좋았어요. 브레닌의 토끼 사냥 이야기 다음에 철학자로서 롤랜즈 본인의 생각을 펼쳐요. 늑대가 토끼를 잡기 위해 쫓아다녔던 것처럼 본인은 생각을 쫓아다녔다는 거죠. 어떤 생각을 잡기 위해서 골똘히 몰두할 때, 그것이 오래 걸릴수록 힘들고 괴롭겠지만 또 거기서 오는 쾌감이라는 게 있을 거예요. 마치 늑대가 토끼를 잡기 위해 온몸을 긴장하고 기다리는 것과 비슷할 거 같아요. 일본의 소설가 다카하시 겐이치로◀도 《연필로 고래 잡는 글쓰기》라는 책에서 생각이라는 놈이 오면 목덜미를 덥석 잡아야 한다고 한 적이 있는데 그렇게 기회를 보고 있다가 잡는 거죠.

▶ 1951년 일본 출생. 《사요나라, 갱들이여》, 《우아하고 감상적인 일본 야구》 등으로 일본 현대문학을 대표하는 작가로 평가받고 있으며 다수의 평론집도 발표했다.

●   그런 식으로 늑대의 토끼 사냥과 영감이나 생각을 잡는 것을 병행해가며 이야기하는 솜씨가 아주 뛰어나죠. 그런데 저자 마크 롤랜즈는 매우 역설적이게도 자신의 인생 최고의 순간을 고통에 몸부림치는 늑대를 치료하면서 그 늑대를 자신으로부터 떠나가게 하는 신을 저주했던 그 지옥 같은 시간이라고 꼽아요. 앞에서도 이야기했지만 행복의 개념이 반드시 쾌락과 연결되지 않을 수 있다는 거겠죠.

▄   마크 롤랜즈가 그렇게 말하는 이유는 뭘까요?

●   소중한 것과 즐거운 것은 다르기 때문이 아닐까 생각해요. 보통 삶에서 가장 유쾌하고 좋았던 그 순간이 인생에서의 최상의 경험이라고 생각할 것 같지만 의외로 그렇지 않다는 거예요. 고레에다 히로카즈 감독의 영화〈원더풀 라이프〉에서처럼, 다음 세상으로 당신 인생에서 하나의 기억을 가져가야 한다면 무엇인가 하고 물으면 그 대답 중 상당수가 가난하고 소박하고 일상적인 모습 또는 매우 슬프고 아픈 기억이라는 거죠.

▄   어쩌면 유쾌하고 즐거웠던 시간은 상대적으로 빨리 지나가지만 인상적이고 기억할 만한 시간은 매우 느리게 또는 마치 정지되어 있는 것처럼 느껴지기 때문에 그렇게 더 잘 기억할 수 있을지 모르겠다는 생각이 드네요.

●   그렇죠. 유쾌한 순간이라고 한다면 그건 이미 다 해갈된 상태니까요. 저는 이 책에 언급되는《침팬지 폴리틱스》라는 책을 매

우 읽고 싶더라구요. 그 책에서 다루고 있다는 침팬지 집단의 역학관계 이야기는 심지어 무섭기까지 하잖 아요. 마크 롤랜즈는 그것을 통해 인간이 문명을 이루 게 된 것은 결국 교활한 성미 때문이라고 말하고 있어 요. 인간의 뇌가 필요 이상으로 커진 것은 사회생활을

▶ 네덜란드 영장류학 자인 프란스 드 발이 부 르거스 동물원의 침팬 지들을 관찰하고 그 기 록을 토대로 저술하여 1982년에 발표했다. 2004년에 국내에도 번 역 출간된 바 있다.

하는 동물이기 때문이라는 거예요. 사회생활에서 특히 중요한 것 은 남보다 더 많은 것을 소유하거나 얻기 위해서 속임수와 계략을 잘 써야 하는데 그것을 발달시키기 위해 결정적으로 지능이 필요 했고 그 때문에 뇌가 커졌다는 거죠. 문명이나 예술적인 창조성 등 은 속임수와 계략으로 뇌가 커지면서 발달한 지능의 부산물에 불 과하다는 주장이 아주 재미있어요. 김중혁 작가님은 이 책에 담긴 마크 롤랜즈의 기본적인 생각에 동의하시는 편인가요?

▪ 모두 동의하지는 않아요. 부분적으로 공감하는 것도 있고 어떤 의미로 이렇게 저술했는지도 이해하지만 다르게 생각하죠. 제가 소설집 《1F/B1》의 작가의 말에도 썼듯이("나는 속된 도시가 좋 다. 여기에서 살아갈 것이다.") 우리의 삶이라는 게 계략이나 음모도 있 고 서로 속고 속이고 지지고 볶으면서, 또 그 속에서 사랑도 하고 공감하기도 하는 거잖아요. 저는 그런 게 좋아요. 그런 속에서 그 냥 같이 있는 게 행복하고 그들을 바라보며 있는 게 더 좋은 것 같 아요.

● 인간이라는 종에 대해 환멸을 느끼시지는 않나요?

▪ 환멸을 느끼죠. 하지만 그러면서도 끝까지 버릴 수 없는 무

언가가 있어요.

● 저도 김중혁 작가님 생각에 동의합니다. 이 책 중 예를 들면 행복에 대한 지나친 강박을 경계하면서 분석한 부분은 매우 놀랍다고 생각해요. 행복이라는 건 감정이 아니라 존재의 방식이라는 주장에 매우 동의하거든요. 또 행복이라는 게 특별한 찰나의 경험이 아니라 반복되는 일상 같은 것에 있다는 말도요. '행복이란 말이야' 하고 가볍게 말하는 책들과는 다르죠.

◖ 맞아요. 행복에 대해 이야기하는 수많은 책들보다 늑대 브레닌과 함께했던 삶 속에서 얻어낸 통찰에 훨씬 더 큰 울림이 있어요.

● 솔직히 비교도 안 될 정도로 깊고 큰 차이가 있다고 생각합니다.

◖ 한편으로는 그냥 브레닌과 함께했던 삶만을 이야기하면 어땠을까, 저는 아쉽더라구요. 그 편이 더 큰 울림이 있었을 것 같아요. 중간중간 마크 롤랜즈의 철학적인 주장이 전혀 도움이 되지 않았던 건 아니지만 감정의 흐름을 약간 깨기도 했어요.

● 그 부분은 그야말로 취향의 차이일 텐데, 저는 그렇지 않았어요. 저는 현재의 서술 방식이 훨씬 좋았거든요. 이 책은 훌륭한 에세이이자 훌륭한 대중철학서이고 그 두 부분이 잘 만났다고 생각해요.

저도 물론 동의합니다. 깊이도 있고 중요한 질문들이 매우 많이 들어 있어요. 이 책을 읽으며 곰곰이 한번 생각해볼 기회가 되었죠.

●　　많은 사람들이 멘토와 행복을 갈구하는데 그래서 더더욱 현 상황은 부박해 보이잖아요.《철학자와 늑대》는 상대적으로 낮게 가라앉아 있고 어떻게 보면 매우 어둡고 우울한 이야기인데 결코 회피할 수 없는 묵직한 생각거리를 던져줍니다.

　　우리 사회는 지금 답이 필요한 게 아니고 질문이 필요한 것 같아요. 질문을 하지도 않았는데 너무 빨리 답을 내놓으려고 하지 않아요. 그런 면에서 많은 질문을 생겨나게 하는 이 책은 매우 훌륭합니다. 앞에서도 잠깐 이야기했지만 자기가 하고 싶어 하는 질문을 곰곰이 생각해보는 시간이 없는 것 같아요. 답부터 찾으려고 할 뿐이죠. 늑대 브레닌이 토끼를 잡기 위해 기다리고 감각을 곤두세우고 있는 그런 시간이 우리 모두에게 필요하지 않을까요.

함께 읽으면 좋은 책들

●

《깃털》, 클로드 앙스가리

한 인간과 한 고양이가 나눈 사랑 이야기. 남은 자가 떠난 자의 흔적을 쓰다듬으며 낮게 읊조리는 상실의 이야기. 부재임에도 또렷한 현존으로 체험되는 신비한 이야기. 떠나간 고양이에게 부치는 이 절절한 서한집에서 저자는 이렇게 말한다. "예수의 죽음이든, 한 고양이의 죽음이든, 죽음은 살아 있는 사람의 마음속에 같은 고통을 안겨주며, 적어도 죽는다는 것에 대해서만큼은 같은 고뇌를 안겨준다."

《동물들의 소송》, 앙투안 F. 괴첼

그러므로 이제 인간만을 말해서는 안 된다. 왜 고양이는 무릎에 앉히고 생선은 프라이팬에 올릴까. 왜 야생생물을 원래 살던 대로 내버려두지 못할까. 동물 변호사가 정말 필요할까. 일평생 동물의 권리를 위해 헌신해온 스위스의 변호사가 하나씩 차근차근 해설한다.

¶

《뮤지코필리아》, 올리버 색스

인간에게는 음악이 있다. 신경과 의사로 일하면서 만난 수많은 환자들이 겪은 음악적 체험으로부터 인간적인 게 어떤 것인지 탐구해 나간다. 올리버 색스 박사님, 다른 세상에서도 여전히 음악을 듣고 있겠죠?

《우주의 끝에서 철학하기》, 마크 롤랜즈

마크 롤랜즈의 또 다른 면모를 볼 수 있는 책. 열두 편의 SF 영화를 통해 철학의 주제와 쟁점을 두루 건드리고 있다.

인간이란
무엇인가?

생존자

THE SURVIVOR

/

테렌스 데 프레

TERRENCE DES PRES

작가 소개　미국 일리노이 주에서 태어났다. 여러 대학에서 강의를 하는 한편 홀로코스트 문학, 나치 강제수용소와 소련 강제수용소에서 일어난 대량학살과 생존자에 관한 연구, 시(詩)가 생존에 미치는 영향 등에 관한 연구와 저술 활동을 주로 했다. 1987년에 사망하였다.

1_____ 비관과 낙관

● 　나치 그리고 소련의 강제수용소에서 생존한 사람들에 관한 이야기, 《생존자》라는 책을 소개해드리려고 합니다. 단순히 그들이 어떻게 살아남았는가를 기록하는 것에 그치지 않고 그야말로 인간이란 무엇인가를 묻는 묵직한 책이라고 할 수 있습니다. '죽음의 수용소에서의 삶의 해부'라는 부제가 그런 책의 성격을 잘 말해주고 있는데요, 저자는 미국 출신의 영문학자 테렌스 데 프레입니다. 홀로코스트 생존자들을 직접 인터뷰하고 여기에 다양한 인문학적 통찰을 곁들여서 인간다움이란 무엇인가를 깊이 있게 파고든 명저라고 생각합니다. 어쩌면 지나치게 무겁고 어두운 책이라고 생각하는 분들도 계시겠지만 끝까지 읽어보면 역설적으로 매우 낙관적인 책이라고 느끼실 수 있을 거예요.

■ 　사실 이 책을 다 읽고 나서도 어떤 이야기를 할 수 있을까 고민했는데 지금 말씀을 들으니 정리를 잘해주신 것 같네요.

● 　인류 역사상 가장 큰 비극을 다루고 있는 책이어서 이야기를 나누는 마음가짐도 남다르네요. 이 책은 국내에 1976년에 처음 출간되었다고 합니다. 그때에는 국내 한 잡지의 부록으로 발췌 번

역되었구요, 그 후에도 번역 출간이 거듭되어서 지금 읽게 되는 이 책이 세 번째로 나온 거라고 하네요. 번역은 처음부터 차미례 씨가 맡아서 하셨구요. 이런 이야기가 책 앞부분에 수록된 역자 서문에 밝혀져 있어요.

■ 그런데 역자의 말은 처음부터 읽지 말고 책을 다 읽고 난 후 하루 정도 있다가 읽으면 더 와닿을 것 같다는 생각이 들어요.

● 저도 동감입니다. 역자의 말이 책 뒤에 실렸으면 더 좋았겠다 싶어요. 또 이 책을 더 잘 읽을 수 있는 팁을 하나 드린다면, '1장 소설 속에 나타난 생존자'가 가장 안 읽히고 어렵기도 하거든요. 그래서 꼭 순서대로 읽지 말고 마지막에 읽으셔도 괜찮을 것 같아요. 2장부터는 사례와 분석들인데 그쪽이 더 흥미롭거든요.

■ 저는 다르게 생각했어요. 읽으면서 어떤 느낌이 들었냐면, 마치 차력사가 자신의 이로 줄에 묶인 트럭을 끌고 가는 것 같아요. 처음에는 트럭이 전혀 안 움직여요. 하지만 기를 쓰고 끌어당겨서 트럭을 조금씩 움직이게 만드는 거죠. 물론 저도 1장이 읽기 힘들었어요. 하지만 그 부분을 넘기면 뒤쪽은 수월하게 잘 읽을 수 있고 그때의 쾌감도 큽니다.

● 그럴 수도 있겠네요. 제가 주위 사람들에게 이 책을 몇 번 권하기도 했는데 한 후배가 중간에 읽기를 포기했다는 거예요. 그래서 염려가 되어 과감히 넘어가시라고 말씀드린 건데요, 김중혁 작가님 말씀도 맞는 것 같아요. 저는 이 책을 읽고 나니 저자 테렌스

데 프레라는 사람에게도 신뢰가 생겼어요. 참 좋은 사람이구나, 하는 생각이 들거든요. 인간을 깊이 있게 보려고 하고 또 성실한 것 같아요. 무엇보다 대상에 대한 연민과 지성이 제대로 결합된 사람으로 보여요.

■ 저도 그랬습니다. 인터뷰하는 태도나 글을 쓰는 스타일이 인상적이었습니다. 저는 이 책을 읽으면서 두 번 정도 운 것 같아요. 마지막에는 정말 크게 감동받았구요. 초반에 테렌스 데 프레가 이렇게 말하잖아요. "결국 종교적인 사실을 기록하듯 담담하고 건조한 문체를 채택하지 않으면 안 되었다"고요. 그런 엄정한 태도가 결국 책의 품격을 드러내주는 게 아닐까 싶었습니다.

● 저는 이 책을 중국 난징에서 기차를 타고 여행하는 중에 읽었어요. 그곳 역시 학살의 도시이기도 하잖아요. 그래서인지 더욱 깊은 감동을 받았습니다. 앞에서 다룬《철학자와 늑대》와 세계관이 정반대라고도 할 수 있겠죠. 우리가 이야기 나누었듯이《철학자와 늑대》는 인간이 단독자로 설 때 그 고독의 존엄함을 이야기하는 책이고 그 정서는 매우 비관적이잖아요. 하지만《생존자》는 반대로 참담함 속에서 결국 희망을 이야기하고 있거든요. 그렇게 다른 성격의 책이지만 저는《철학자와 늑대》와《생존자》두 권 모두 굉장히 좋아하고 정말 추천하고 싶어요.

■ 저는 굳이 말하자면《생존자》가 더 좋았습니다. 특히 생존자들의 이야기를 읽을 때는 더욱 그랬어요. 수기나 편지처럼 그들의 증언이 생생하게 살아 있는데 그것이 매우 문학적이기도 하고요.

336

실화가 주는 감동에 저자의 철학까지 종합적으로 엮여 있어서 흠 잡을 데가 없는 책이 아닐까 싶어요.

● 품격과 더불어서 독자를 설득할 수 있는 필력이라는 좋은 책의 요건을 다 갖추고 있죠. 진한 인간미도 느낄 수 있고요. 이렇게 묻는 사람도 있을 것 같아요. 왜 70년도 더 전에 독일 또는 소련의 강제수용소에서 일어난 비극을 지금 읽어야 하냐고요. 그에 대해서 저는 이렇게 이야기하고 싶습니다. 우선 이 책은 특정 시기와 장소에 무슨 일이 일어났는가를 알려주는 증언 문학으로서의 기능을 충실히 하고 있다는 점에서 가치가 있어요. 더 중요하게는 수용소의 그 엄혹하고도 참담한 환경이 오늘날 우리에게 인류의 특질을 정말 잘 보여준다는 거죠. 가장 원초적인 모습으로 말이에요. 과연 인간에게 구원이 있는가, 과연 인류에게 어떤 희망을 찾을 수 있는가에 대해서 매우 설득력 있는 메시지를 전해주는 책이라고 생각하고 그렇기 때문에 읽어볼 가치가 있다고 봅니다.

◀ 마지막에 가면 어떻게 살아야 할 것인가를 명확하게 깨닫게 되는 순간이 있어요. 결국 산다는 게 무엇이고 행복은 어떻게 추구해야 하는가를 생각해보게 되면서 감동을 얻게 되죠.

● 이 책의 마지막에, 작센하우젠에 있는 수용소에 새로 신참자가 들어옵니다. 그는 너무 절망스럽겠죠. 그 공포스러운 첫 밤에 고참 수용자가 하는 말로 책이 끝나는데요, 그 말에 이 책의 핵심이 담겨 있는 것 같아요. "내가 자네한테 우리들이 겪은 일을 말해주는 것은 자네를 괴롭히려는 게 아니고 힘을 내게 하기 위해서

야……. 이제 설망하는 것이 옳은 일인지 아닌지는 자네가 알아서 결정하게." 이것이 저자가 하고 싶은 이야기일 거예요. 각자의 세계관에 따라 받아들이고 안 받아들이고 결정하는 것은 독자의 몫이죠.

┓ 마지막 문장은 마치 영화가 끝나고 엔딩 크레딧이 올라가는 것 같고, 또 머리가 띵해지더라구요. 그리고 책을 덮고 나서 더 많은 생각을 하게 됐습니다.

● 그러고 보니 책에도 영화처럼 엔딩 크레딧이 있으면 좋겠네요. 영화가 끝나고 엔딩 크레딧이 올라갈 때, 관객들은 그것을 보면서 자신이 방금까지 본 영화를 정리하게 되잖아요.

┓ 비슷한 방법이 있을 것 같은데요. 책을 읽으면서 밑줄을 긋는 경우가 많잖아요. 책을 다 읽고 나서 그 밑줄 그은 부분만 다시 읽는 거죠. 그런 식으로 나름대로 엔딩 크레딧을 올리면서 책의 내용을 정리해도 좋을 것 같아요. 그런데 이 책은 밑줄을 너무 많이 그어서 힘들겠네요.

● 그렇게 좋으셨다니 뿌듯한데요.

┓ 네. 별 다섯 개가 아깝지 않습니다. 이 책의 제목이 '생존자들'이 아니고 '생존자'인 것도 이야기해야 할 것 같아요. 원제도 'The survivor'인데요, 살아남은 사람들의 개별성과 보편성을 중요하게 생각했기 때문에 복수(複數)가 아닌 단수(單數)로 했다고 생각해요.

338

2_____ 존엄성의 자각

● 이제《생존자》의 구체적인 내용을 살펴보죠. '3장 배설물의 공격'은 매우 충격적인 내용이었어요.

▗ 그렇죠. 아우슈비츠나 홀로코스터에 관한 영화들도 꽤 있지만 이 정도로까지 묘사하지 않거든요. 묘사할 수도 없을 거구요. 그런데 책을 읽을 때 모든 감각이 총동원되면서 얼마나 처참했는지가 자세하게 느껴져요.

● 이 3장부터 수용소에서의 일들이 구체적으로 서술되는 것인데, 왜 배설과 배설물에 대한 이야기를 먼저 시작하는지를 충분히 이해할 수 있었어요. 기차를 이용해서 사람들을 수용소로 이송하는데 기차에 화장실이 없다는 거예요. 수많은 사람들이 며칠 동안 이동하는데 말이죠. 처음에는 사람들이 어떻게든 숨어서, 남들이 볼까 걱정하며 용변을 보지만 며칠 지나면서는 그 자리에서 해결할 수밖에 없는 거예요. 심지어 소련에서는 죄수들을 싣고 가는 화물선 안에서 서로의 몸에 토하게 했다는 거잖아요. 그 광경이 정말 참혹하죠. 이런 이야기를 말로 하는 것이 참 어렵네요.

▗ 이 책에는 더욱 심하게 묘사되어 있으니까요. 우리가 영화나 다른 책들에서 봤던 수용소 역시 참혹하고 극한적인 상황이지만 아주 일면만 접했던 거죠. 무엇보다《생존자》에서 보게 되는 상황은 배설에서 야기되는 참상과 충격이 바로 인간의 존엄성 말살

로 이어지면서 더욱 끔찍한 거예요.

● 예를 들면 벨젠 베르겐 수용소의 경우 여성 수용자가 3만 2,000명인데 화장실이 하나였다고 합니다. 그게 상상하기도 어렵죠. 그런데 이것이 시설이 부족해서 어쩔 수 없었던 문제가 아니라 일부러 그런 상황을 만들었다는 거예요. 인간이 스스로 자신의 존엄을 포기하게 만들고 서로가 서로를 미워하게 하도록, 정신을 황폐화하려는 목적으로 나치가 그렇게 했다는 거죠.

┓ 곧 죽일 사람들에게 왜 그렇게까지 해야 하는가, 했을 때 나치친위대(SS)가 일을 수월하게 하도록 하기 위해서라는 거죠. 수용자들을 더 낮은 등급의 사람들로 만들어서 죽이는 사람들의 죄책감을 덜어주기 위해서 말입니다. 여기에 한나 아렌트◀의 말이 인용됩니다. 한 강연에서 한 말인데요, "사람을 죽이는 것보다 개를 죽이기가 쉽고, 개보다는 쥐나 개구리를 죽이는 게 쉬우며, 벌레 같은 것을 죽이는 일은 아무것도 아니다. 즉 문제는 시선, 눈동자이다"라고 했어요. 바로 그런 이유인 거죠.

▶ 독일 출신의 정치 이론가. 《예루살렘의 아이히만》, 《전체주의의 기원》, 《인간의 조건》 등의 책을 통해 '공공영역과 사적 영역' '악의 평범성' 등 20세기 철학과 사회의 주요 개념들을 확립했다.

● 다양한 직업을 가지고 각자의 삶을 살았는데 이들이 수용소에 수감되는 순간 자신의 배설물조차 제대로 해결하지 못하는 환경에서 스스로가 더럽다는 인식을 가질 수밖에 없고 자기혐오를 느끼게 되죠. 그럼 생에 대한 의지가 꺾이게 되고요. 아예 온몸을 오물로 뒤범벅되도록 만든다면 그것에 저항하기란 정말 힘들 거예요.

┓   심지어 자신의 배설물을 먹게 한 경우도 있었구요.

●   끔찍하죠.

┓   저희가 예전에《파이 이야기》에 대해서 이야기했잖아요. 그
소설에서도 파이가 리처드 파커의 배설물을 먹는 장면이 나와요.
만약 리처드 파커가 파이의 분신이라고 본다면 자기 배설물을 먹
는 것이 정신분열의 근거가 아니었을까 생각했어요.

●   재미있는 의견이네요. SF 영화를 보면 외계인을 〈E. T.〉처럼
인간과 비슷한 형태로 설정하기도 하고 〈스타십 트루퍼스〉◂처럼
벌레 같은 형태로 설정하기도 하죠. 이때 후자의 경우   ▶ 로버트 A. 하인라인
에서는 끈적끈적한 체액을 흘리는 벌레처럼 혐오스   의 동명의 소설을 원작
럽게 만든 외계인들을 무작위로 공격할 때 관객은 그   으로 하는 SF 영화. 폴
                                                      버호벤 감독이 1997년
다지 반감이나 죄책감을 안 느끼거든요. 나치 수용소   1편을 연출하였고 이후
                                                      3편까지 만들어졌다.
의 행태가 이런 것과 비슷하다는 거예요. 내가 죽이는 상대방이 나
랑 같은 인간이라는 생각을 하지 않도록 말이죠. 또 인상적인 내용
은, 수용소에서 옆의 사람이 잠을 자다가 악몽을 꾸어서 비명을 질
러도 안 깨운다는 것이었어요. 아무리 괴로운 악몽이라도 깨고 나
면 현실이 더 비참하기 때문에, 차라리 그 악몽 속이 안락하다고 믿
기 때문인 거죠.

┓   정말 와닿기도 하고 마음 아프기도 했어요. '악몽을 꾸어도
괜찮아, 여기보다는 거기가 더 나아'라고 생각하는 거잖아요.

● 그렇죠. 인류 역사상 나치의 포로 강제 수용소인 아우슈비츠 상황이 최악이었겠지만 소련의 강제수용소도 만만치 않았던 것 같아요. 이 이야기도 정말 끔찍했는데, 한 사람이 징역 3,650일을 선고받은 거예요. 10년인 거죠. 그 10년 동안 엄혹한 시베리아 추위 속에서 중노동을 하며 어떻게든 살아남은 거잖아요. 그런데 10년 형기를 다 채운 뒤 석방되는 것이 아니라 갑자기 무기징역으로 형기가 연장되었다는 선고를 받았고 그날 뚜렷한 이유 없이 죽어버렸다고 해요.

┑ 나치의 수용소에는 공포와 불안이 압도하고 있었는데 소련의 수용소에는 분노와 절망이 있었다고 나오죠.

● 네. 그런 차이가 있었던 것 같아요. 씻는 문제도 심각했다고 하죠. '몸을 씻지 않는 사람부터 죽었다'라는 내용이 있는데, 저는 그 부분이 매우 인상적이었습니다. 만약 제가 수용소에 있다면, 씻는 게 상대적으로 한가한 일로 여겨지는 상황에서 조금이라도 더 자고 먹고 에너지를 덜 쓰는 게 중요하다고 생각할 텐데 그러지 않았다는 거예요.

┑ 아침에 아무 맛도 없는 묽은 커피가 배급되는데 그것을 두어 모금만 마시고 나머지는 세수하는 데 썼다고 하죠. 그리고 그렇게라도 씻으면 살아남을 확률이 훨씬 높아진다는 이야기예요.

● 씻고 청결하게 한다는 것이 저들의 의도대로 내가 짐승이 되지 않겠다는 일종의 자기 존엄성에 대한 자각일 수 있구요, 실제

342

로 위생의 문제일 수도 있죠. 결국 씻는다는 행위 자체가 살아남는 다는 것의 핵심적인 요소였다는 건 매우 중요하다고 봐요. 그게 삶에서도 그런 것 같거든요.

◥   방 청소를 잘 하지 않아서 뜨끔하네요.(웃음)

●   큰 슬픔에 빠질 때가 있잖아요. 그럴 때 조금도 움직이기 싫죠. 이런 상황에서 밥 먹는 것도 하찮게 느껴지고 누구를 만나기도 꺼려지고 그저 슬픔에 젖어 있기 마련인데 그럴 때일수록 최소한의 일을 하는 것이 중요하다고 생각해요. 수용소에서라면 그게 씻는 일인 거죠.

● 　어차피 죽을 확률이 높은데, 이런 처참한 환경 속에서 존엄을 지키기 위해서 왜 장렬하게 죽음을 택하지 않는가 혹은 적극적으로 저항하지 않는가, 이런 문제를 제기하거나 비난하는 사람들도 있어요.

◖ 　책 후반부에서 중요하게 다루는 주제 중 하나죠.

● 　그렇죠. 그런데 강제수용소에서 조직적인 저항도 분명히 있었어요. 가스실에 들어갈 사람들의 명단을 바꿔치기 해서 이미 죽은 사람으로 처리한다든가 하는 방식으로요. 그런 과정도 참 드라마틱하고 인간으로서의 저항의 폭도 넓었다는 생각이 들어요. 제가 다른 책에 쓰기도 했는데 예전에 아우슈비츠에 갔었어요. 그 수용소가 지금은 박물관처럼 꾸며져 있거든요. 들어가는 철문 위에 "ARBEIT MACHT FREI"라고 쓰여 있는데요, "노동이 너희를 자유롭게 하리라"라는 뜻이죠. 강제노동에 시달리는 사람들이 자신들을 가둬놓는 수용소 문에 그런 문구를 써놓는 일을 해야 했던 거예요. 그때 'ARBEIT'의 'B'를 보면 보통 쓰는 것과 달리 아래 반원이 작게 되어 있어요. 그렇게 만드는 것이 저항의 뜻이었다는 거예요. 그런 상황에서도 상대방이 눈치를 채지 못하도록 보통 쓰는 것과 정반대로 만드는 행위를 통해 '나는 너희가 시키는 대로 하지 않는다'는 의지를 보이는 거죠. 우리나라에서도 일제에 저항하기 위해서 신문기자들이 활자를 중간중간 뒤집어서 새긴다든지 하는

저항을 했었잖아요. 그런 마음을 생각하면 정말 눈물나죠.

■　책을 읽으면서 웃을 일이 거의 없는데 그래도 미소가 지어지는 부분도 있었어요. 예를 들면 전문가를 보내야 하는데 그러지 않고 일부러 일에 대해 잘 알지 못하는 사람을 보내서 작업 속도를 더디게 하는 것도 저항의 한 방법이었다고 해요.

●　사보타주를 하는 거죠. 그런데 이런 경우도 있었어요. 재소자 중 한 명이 가족들이 모두 죽음을 당했다는 소식을 듣고 다음날 SS 장교를 죽이고 자살할 결심을 한 거예요. 그런데 그렇게 한다면 다른 사람들 수백 명이 보복을 당해 죽게 될 것이 뻔하잖아요. 그래서 다른 재소자들이 고민한 끝에 그를 수용소 병원으로 보내버리는 방식으로 자신들의 목숨을 지키죠.

■　인상적이었던 이야기가 하나 있는데 무용가 출신인 한 여성에 관한 거예요. SS 대원이 그녀에게 춤을 추라고 명령하자 그 말에 따랐죠. 그러고는 그에게 접근해서 총을 쏘아 죽이고 자신도 사살당하고 말아요. 이것이 과연 자신의 존엄성을 지킨 일인가 아니면 그냥 자살일 뿐인가 이야기해볼 수 있죠. 위대한 희생이라고 이야기할 수도 있고 누군가는 굳이 자신의 목숨을 버리면서 그렇게까지 해야 하나 의문을 제기할 거예요.

●　테렌스 데 프레의 입장은 이런 것 같아요. 우리의 문명은 보통 개인적인 영웅주의를 찬양하는 방식이잖아요. 그러니까 큰 목적을 위해 개인의 생명을 버리는 행위를 숭고한 영웅주의로 생각

하는 경향이 있죠. 하지만 이 책은 그렇게 말하지 않습니다. 그것이 저자의 핵심적인 주장일 텐데 뒤에서 다시 이야기하는 게 좋을 것 같네요. 증언에 관한 매우 감동적인 이야기가 있어서 인용해볼게요. "나는 예조프쉬나의 끔찍스러운 몇 년 가운데 17개월 동안을 레닌그라드의 감옥에서 지낸 적이 있다. 어느 날, 줄을 서고 있는데 어떤 사람이 내가 작가였다는 것을 알아보고 알은체를 했다. 그러자 내 뒤에 서 있던, 입술이 퍼렇게 얼은 여인이 한 번도 내 이름을 들어본 적이 없었을 텐데도, 우리 모두를 엄습한 동상을 억지로 떨쳐내면서 내 귀에 속삭이는 것이었다. '당신은 이 모든 것을 글로 쓸 수가 있나요?' 나는 '할 수 있고말고요.'라고 대답했다. 그러자 원래의 모습을 상상하기도 힘든 그 여자의 얼굴 위에 미소 비슷한 그 무엇이 스쳐 지나가는 것이었다."

▌ 많은 생존자들에게 증언하고자 하는 욕망이 얼마나 중요했는가도 알 수 있죠. 그들이 살아남게 하는 동력이기도 했다는 거예요. '난 끝까지 살아남아서 보고 듣고 경험한 모든 것을 기록할 거야'라는 결심이 말이죠.

● 여기서 흥미로운 것은, 증언을 한다는 것이 '내가 겪은 일을 내가 말한다'가 아니라 '우리가 겪은 일을 우리 중 하나인 내가 말한다'일 때 큰 차이가 있다는 점입니다. 증언 자체가 단독자로서의 실존적인 선택이 아니라 종(種)을 대표하는 하나의 존재로서 자신의 의무를 다하는 것이에요. 이것은 매우 중요한 점이죠. 그러니까 이 책에서 이야기하는 증언은 개인적인 각성이 아니라 결국 인류의 한 사람이 인류를 향해 인류에 대한 경고를 발(發)하는 거죠. 이

346

책에 인용된 에드워드 윌슨의 말이 그런 의미에서 매우 적절한 것 같아요. "경고의 외침이야말로 이타주의의 으뜸가는 표본"이라고 했죠. 증언의 행위 자체가 인류에 대한 경고의 외침을 발하는 것이고 그것이 가장 숭고한 이타주의라는 겁니다.

▜ 저는 소설가로서 증언의 문제에 관심이 많아요. 이런 생각도 해보았어요. 모든 증언 문학은 1인칭이 아닌가, 1인칭이되 수많은 사람들을 뒤에 품은 1인칭이 아닐까 싶어요. 모든 작가는 자신만의 증언문학을 하는 것이라고 볼 수도 있구요. 우리는 어떤 방식으로든 사회의 문제를 이야기할 수밖에 없잖아요. 그것이 곧 넓은 의미에서의 증언문학일 수 있는 거죠.

● 그런 것 같아요.

▜ 솔제니친의 《수용소 군도》◀ 서문에 이런 말이 있어요. "이미 세상을 떠나 이 진실을 이야기할 수 없는 모든 사람에게 이 책을 바친다. 모든 것을 다 보지 못하고 모든 것을 다 회상하지 못하고 모든 것을 다 알아차리지 못한 나를 그들이 용서해 주기를 바라면서." 이렇게 한 사람이 모든 것을 알 수는 없지만 우리가 알고 있는 부분들을 남김으로써 그 조각들이 모여 하나의 거대한 진실이 될 수도 있다는 책임감과 의무가 증언을 하게 만들지 않았나 하는 생각입니다.

▶ 알렉산드르 솔제니친이 8년 동안 투옥되어 생활한 소련의 강제 노동수용소 굴라크의 실체를 담은 책. 솔제니친은 이 작품으로 노벨 문학상을 받았으나 당국에 의해 체포되어 추방당했다. 미국으로 망명했다가 1994년 소련 붕괴 후 러시아로 다시 돌아가 다양한 활동을 벌였다.

● 《생존자》의 하나의 핵심은, '인간의 사회성이 이런 생존자들을 살게 만들었다'일 거예요. 강제수용소에 들어가면 이 세상의 거대한 악과 맞서겠다는 강한 신념으로 살아가는 게 아니라 삶을 부여받은 인간으로서 타고난 생명력 자체가 사람들을 살게 만드는 것이라고 생각합니다. 그래서 서로서로 연대하게 되고 그 가운데 발현되는 사회성이나 도덕성이 생존력을 불어넣어주는 것은 아닐까요.

¶ 사회성이라는 것이 문명으로부터 만들어질 수도 있지만 생물학적인 사회성이라는 것도 분명히 있는 거죠.

● 타고나는 거죠. 도덕성도 그렇고요.

¶ 모든 문명이 말살되었다고 볼 수 있는 강제수용소에서 사람들이 어떤 행동을 보이고 어떻게 살아남았는가를 살펴보면, 사실 매우 참혹한 비극이고 있어서도 안 되는 일이지만 그 비극 속에서 아주 작은 희망을 발견할 수 있어요.

● 네. 교훈이자 희망을 찾을 수 있죠. 어쩌면 이 책이 말하고자 하는 그런 부분이 제 개인적인 세계관과는 다르기도 한데, 저는 이 책을 읽으면서 매우 설득되고 또 감동도 받았습니다. 삶이라는 게 결국 죽음을 향해 하루하루 걸어가는 것이라고 말하기도 하잖아

요. 그런데 죽음이 예비된 수용소에 들어가게 되면 오히려 죽음이 아니라 삶을 생각한다는 그런 역설이 매우 강력하게 다가오죠.

￭ 　이 책을 읽어보면 수용소에서 자살을 생각하는 사람들도 있지만 대체로 죽음에 대해 훨씬 덜 생각하게 된다고 하죠. 삶에 더 집착해야 하고 더욱 잘 살아내야 한다는 목표가 생기기 때문일 거예요.

● 　《생존자》책 날개에 실린 소개에 따르면 테렌스 데 프레가 1987년에 사고로 사망했다고 해요. 그런데 다른 자료에 따르면, 목을 매달아 자살했어요.

￭ 　정말이요? 아, 충격적이네요.

● 　그게 사실이라면 참 아이러니하죠. 아우슈비츠의 거대한 비극을 경험한 후 그 내용을 바탕으로 여러 권의 책을 낸 이탈리아의 작가 프리모 레비도 자살을 했거든요. 또 나치에 저항하다가 역시 강제수용소에 몇 년간 수감되었던 경험과 다양한 철학적 사유를 책으로 남긴 장 아메리라는 사람도 그랬구요. 끝내 사그라들지 않는 인간의 위대한 생명력을 증언했던 이런 사람들이 결국 스스로 목숨을 끊은 경우가 적지 않죠.

￭ 　자살의 이유는 모르시죠?

● 　프리모 레비의 경우는 기억이 나지 않고 테렌스 데 프레도

그런 이야기는 못 본 것 같아요. 그런데 이들이 직접 겪었던 경험이나 생존자들로부터 들은 이야기가 부정적으로 작용해서 결국 자살로 이끌었다고 해석하는 것은 좀 무리가 있다고 생각해요. 그리고 그들이 그런 죽음을 택했다고 해서 생전에 했던 이야기와 주장들의 설득력이 약해지는 것도 아니고요. 하지만 아이러니이긴 해요.

■ 　저는《생존자》를 읽으면서 희망까지는 아니지만 삶과 죽음에 대해서 다시 한 번 생각해볼 수 있었는데요, 그런 수많은 이야기들의 무게가 쌓여서 자신을 지탱하기 어려웠을 수도 있겠다 싶긴 하네요.

● 　자살을 꼭 부정적으로만 볼 게 아니라 삶의 결정권을 자신이 갖는 것으로 보는 견해도 있기는 하죠. 하지만 이런 사실을 보면 마음이 복잡해져요.

■ 　이런 말이 나와요. "우리들 사이에는 고통에 대한 선망 같은 게 있다." 생존자들이 가장 견디기 힘들어 하는 게 그곳에서 나만 살아남았다는 것, 살아남은 사람이 가질 수밖에 없는 죄책감일 거예요.

● 　이 책은 그런 죄책감에 반대하는 입장이라고 생각해요. 수용소라는 환경에서 내가 생존 경쟁으로 살아남은 게 아니라 상호 협동으로 살아남았다는 걸 강조하고 그것은 죄책감과 무관하다는 거죠. 살아남은 자의 죄책감을 강조하다 보면 생존자가 겪는 부

정적이고 슬픈 경험은 당연하다며 생존자를 비난하는 입장이 될 수 있는데 이 책은 그것에 대해 명확하게 반대 입장을 취하고 있습니다.

▌ 그렇죠. 제가 읽다가 울었던 부분을 소개할게요. 한 소녀가 죽은 친구에게서 받은 편지를 소개한 것이에요. "우리들은 그곳으로 달려가서 아직 채 파묻지도 않은 발가벗은 시체들이 산처럼 쌓인 커다란 네모진 구덩이를 보았어. 우리가 아는 사람들도 많았고, 엄마도 거기서 찾았어. 온통 피투성이였어. 아기는 거기 없었어. 그리고 내 약혼자 헤네코, 내가 목숨보다 사랑했던 그도 거기 있었단다. 나는 눈물 한 방울 흘리지 않았어. 내 마음이 죽어버렸을 뿐이야. 무슨 얘긴지 알겠니? 그들이 내일 다시 와서 아버지를 죽여도 난 까딱도 안 할 거야. 울지도 않을 거야. 아버지를 위해서는 차라리 잘됐다고 생각할 거야. 그들이 나를 죽여줬으면 좋겠어. 이제부터 나는 유태인 금지구역으로 아무 데나 막 걸어 다닐 테야. 그들에게 붙잡히고 싶어. 나는 죽었으면 좋겠어. 그래도 난 아무렇지도 않을거야. 클라인." 정말 생의 의욕을 잃는 그 고통이 생생하게 느껴지고 울컥했어요. 저자는 감정을 배제하라고, 동정하기보다는 눈 뜨고 지켜보라고 하지만 어쩔 수 없이 인간이기에 느끼는 감정이겠죠.

● 책 후반부에 소개되어 있는 도스토예프스키 이야기도 인상적이었습니다. 그는 젊은 시절에 혁명운동을 하다가 체포되어 사형 선고를 받았죠. 그리고 형 집행이 진행되어 총이 발포되려는 찰나에 사형이 아닌 징역형으로 바뀌었다고 해요. 이런 일을 겪고 나

서 삶에 대한 새로운 깨달음을 토로하는 편지가 인용되어 있어요. 제가 이 일과 관련된 이야기를 다른 책에서 본 적이 있는데, 사실 도스토예프스키를 포함해 이때의 정치범들은 처형당할 예정이 아니었다고 해요. 다만 사형 선고를 하고 집행까지 하는 척하면서 속인 거죠. 그러고는 총을 발사하기 직전에 황제의 칙명으로 사형이 아닌 징역형을 내린다고 선포하면서 황제의 너그러움을 각인시키려는 의도였다고 해요. 이 사실을 몰랐던 도스토예프스키 입장에서는 정말 얼마나 많은 생각을 했겠어요. 이때의 경험이 훗날《백치》◂같은 작품에도 들어가게 되죠.

▶ 도스토예프스키의 주요 작품들 중 가장 서정적이라는 평가를 받는다. 순수한 품성의 미쉬낀 공작을 통해 완전하게 아름다운 인간의 형상을 구현하고자 하는 소설.

■   '내 인생의 마지막 순간'을 겪은 거네요. 비슷하게 삶과 죽음의 경계를 오가는 것이 얼마나 쉬웠는지를 알 수 있는 이야기가 있어요. 한 무리의 사람들이 가스실로 끌려갔지만 마침 가스가 떨어져서 살아남을 수 있었던 반면에 어떤 사람들은 지나가다가 SS로부터 총을 맞아 죽기도 하고 말이죠. 단지 재미삼아 살인을 하고 다니는 사람도 있었으니까요. 이렇게 살고 죽는 문제가 간단하고 우연인 경우도 많았다는 거예요.

●   영화 〈쉰들러 리스트〉◂에도 가스가 떨어져서 가스실에서 살아 나오는 장면이 있죠. 제가 이제까지 제일 많이 울면서 본 영화들 중 하나가 〈쉰들러 리스트〉인 것 같아요. 제일 좋아하는 영화도 아니고 스티븐 스필버그 작품 중에서도 〈A. I.〉를 훨씬 더 좋아하지만요. 제가 이 영화를 개봉 당시에 대한극장에서 봤

▶ 스티븐 스필버그의 1993년 연출작으로 아카데미 작품상 등을 수상했다. 강제수용소에서 수많은 유대인들을 구해낸 오스카 쉰들러의 이야기를 통해 학살의 참상과 인간의 존엄성을 그려냈다.

352

는데 눈물이 주르륵 흐르는 정도가 아니라 정말 통곡을 했던 기억
이 나요.

■   그 모습 보고 싶네요.(웃음)

●   벌거벗은 노인을 죽이는 장면부터 울기 시작했거든요. 그
노인은 죽어가면서 저항도 전혀 못해요. 머리에 총을 갖다댔는데
도 가만히 있다가 총이 발사되니까 그냥 탁 죽어요. 아우슈비츠 말
고 비르케나우라고 또 다른 수용소가 있어요. 수감해야 할 유대인
이 너무 많아지니까 하나 더 지은 거죠. 비르케나우 수용소 터에도
가봤는데 아우슈비츠보다 더 참혹해요. 그곳에 가서 제가 느낀 것
은 여기서는 저항이 불가능하겠구나 하는 거였어요. 예전에는 아
니 어차피 죽을 건데 조금이라도 저항을 해야지, 하는 그런 생각도
한 적이 있어요. 하지만 비르케나우 수용소 터에 서보니까 〈쉰들러
리스트〉의 그 장면이 정말 이해가 되는 거예요. 그러면서 참담해지
더라구요.

■   좀 다른 이야기지만, 수용소의 재소자 중 '관리직'인 사람들
도 있었다는 거죠. 특히 그 중 밤마다 불침번을 서며 책을 읽는 사
람 이야기가 인상적이었는데 누군가는 그에 대해서 특권을 누렸다
고 비난하지만 본인은 나름대로 소극적인 저항을 했다고 말하며
책을 읽는 기쁨을 표현하는데 그 상황에 대한 스산한 서글픔 같은
게 느껴졌어요.

●   맞아요. 그런 사람들을 '카포'라고 하죠? 카포는 유대인 수

감자들 중에서 선발되어 다른 사람들을 감시하거나 관리하는 사람들이에요. 유대인 입장에서 보면 배신자이기도 하죠.

¶   하지만 다 그랬던 것은 아니죠.

●   유대인들을 많이 구해낸 사람도 있었지만 또 동료들의 목숨을 위협하거나 괴롭힌 경우도 많았어요.

5_____ 죽음의 공포와 생의 찬가

● 　수용소에서의 다양한 사례가 많이 나오죠.

◀ 　네. 소련의 수용소에서 먹을 것 다음으로 가장 인기 있는 물건은 담배였다고 해요. 극단적인 상황에서 아주 작은 위안을 주었기 때문에요. 물론 여기서 담배는 식물 줄기를 잘게 썰어서 신문지로 말아 피우는 것이었지만요. 특히 담뱃불 붙이는 기술자 이야기가 재미있었어요. 베개에서 솜이나 털을 빼내어서 그걸로 담뱃불을 붙이는 재주가 있었는데 그렇게 사람들 담배에 불을 붙여주면서 자신이 먼저 두 모금을 빼는 특권을 누린 거죠.

● 　더 흥미로운 건, 그렇게 머금은 연기를 다른 사람의 입속에 뿜어주었다는 거 아니에요.

◀ 　그 광경이 자세하게 묘사되어 있는데 우스꽝스러운 것이 아니라 절실한 삶의 단면으로 느껴졌습니다. 그리고 새롭다고 생각했던 것이 수용소 사람들의 섹스에 관한 문제죠. 우리는 보통 식욕과 성욕이 인간의 가장 본능적인 욕망이라고 말하는데 수용소에서 성욕이 사라졌다고 생존자들이 말하고 있잖아요.

● 　맞아요. 그런 경험담이 여기에 실려 있죠.

◀ 　컴퓨터 윈도 부팅할 때 '세이프 모드' 그러니까 '안전 모드'

라는 게 있잖아요. 복잡한 기능이 빠지고 최소한의 기능으로 이루어진 시스템인데, 말하자면 수용소에 갇혀 있을 때 그런 '안전 모드'가 되는 거죠. 살아남을 수 있는 가장 간단한 상태, 성욕 빼고 문화와 문명 빼고 오직 생존만을 위한 그런 상태로 바뀌지 않았나 싶더라구요.

● 식욕에 비해 성욕은 부차적인 문제라는 거죠.

▜ 또 기억나는 대목은, "우리가 오줌을 누지 않으면 안 되게 만들어진 것이야말로 대자연의 기적이라고. 그렇지 않았더라면 우리는 자신에게 성기가 있다는 사실마저 잊어버렸을 것"이라는 부분이에요. 여기를 읽는데 슬프더라구요.

● 한 소녀가 미친 듯이 비명을 질렀는데 그것을 들은 몇만 명의 재소자 전원이 이유도 모르면서 같이 비명을 질렀다는 에피소드도 기억에 남죠.

▜ 네. '동물적인 외침'이라고 표현하고 있는데 그런 원초적인 저항에 참 마음이…….

● 저는《생존자》가 장엄하게 생의 찬가를 부르는 책이라고 생각합니다. 참혹한 환경에서 결국 절망하지 않게 하고 인간이라는 종의 속성에서 낙관적인 희망을 발견하는 책이라고 할 수 있죠.

▜ 이 책을 읽고 생각난 좋은 소설의 한 구절이 있어서 소개해

드릴게요. "에스키모들에게는 '훌륭한'이라는 단어가 필요 없어. 훌륭한 고래가 없듯 훌륭한 사냥꾼도 없고, 훌륭한 선인장이 없듯 훌륭한 인간도 없어. 모든 존재의 목표는 그냥 존재하는 것이지 훌륭하게 존재할 필요는 없어."

● 정말 《생존자》과 맞닿아 있는 내용이네요. 어떤 소설에 나와요?

❚ 제 작품입니다.(웃음)

● 아, 그렇군요! 읽은 기억이 나요.

❚ 《펭귄뉴스》에 실려 있는 〈에스키모, 여기가 끝이야〉라는 단편이에요. 이 작품을 쓸 때 에스키모에 대한 조사를 많이 했어요. 그러면서 우리가 존재한다는 건 어떤 것이 되려는 건데 실은 어떤 것이 되는 것보다 존재가 더 중요하지 않은가 하는 생각을 했어요.

● 우리는 삶에서 뭔가 이루어야 할 목표가 있어야 하고 그 목표가 삶의 목적이라고 믿기도 하죠. 삶에서 정말 중요한 것은 과정일 수 있는데 말이에요. 존 레논의 노래 〈이매진(Imagine)〉 중 'nothing to die for'라는 가사가 있는데, 무엇을 위해 죽는 일이 없는 어떤 곳을 이상적으로 상상하면서 평화를 그리는 거죠. 인류의 역사를 살펴보면 무엇을 위해 죽는다는 신념 때문에 생겨난 비극들이 적지 않잖아요.

■　많은 종교나 신념이 죽음이라는 거대한 명제 앞에서 현실을 부정하라고 강요하기도 하죠. 이 책의 뒷부분에 가면 왜 우리가 보이지도 않는 저 먼 죽음 이후의 어떤 것 때문에 현실을 부정해야 하는가, 라는 질문이 매우 크게 다가옵니다. 앞부분에서 읽은 수많은 사례, 죽음과 삶에 대한 이야기 덕분에 그 질문이 중요해지죠.

●　인간은 누구나 죽음의 공포와 싸울 수밖에 없죠. 죽음의 공포와 싸우는 방식으로 내세웠던 것들 중 하나가 '삶이라는 게 사실 별게 아니야, 하찮은 거야'라고 말하는 것이라고 할 수 있어요. 하지만 이 책에서 소개하고 있는 강제수용소의 생존자들은 "문명이 강요해온 고정관념, 즉 생이란 가치 없는 것이라고 주장함으로써만 죽음의 공포를 없앨 수 있다는 그릇된 고정관념을 극복한 최초의 문명인들"인 거죠.

■　만약 아우슈비츠가 준 교훈이 있다면 인간이 인간에게 얼마나 극악할 수 있는가와 인간이 생물학적인 본능만으로 어떻게 잘 살아갈 수 있는가, 이 두 가지일 거예요. 우리는 대체로 후자보다 전자에 더 집중하고 있는 것 같다는 생각이 들었어요.

●　네, 맞습니다. 무엇보다 생명 자체가 희망이라고 말하는 거죠. 물론 이런 이야기는 수많은 사람들이 해왔지만 이 책만큼 설득력 있게, 감동적으로, 또 충분한 근거를 들어서 한 경우는 드문 것 같아요.

■　역사적으로 수많은 철학자와 예술가들을 탄생시킨 독일 민

족인데, 왜 유대인 학살이라는 끔찍한 비극이 빚어졌을까, 그런 의문도 들더라구요. 어쩌면 그 군건한 철학적인 배경에서 비롯된 허무주의가 팽창했고 그런 문명이 낳은 괴물 같은 존재가 히틀러였을지도 모르겠어요.

● 제가 생각하는 《생존자》의 가장 큰 부분은 보편성에 관한 것이에요. 인간이라는 종의 특질을 인상적이고도 감동적으로 보여주었다는 점에서 이 책을 그 어느 때보다도 강력하게 추천하고 싶습니다.

¶ 저 역시 추천합니다. 앞에서 차력을 예로 들었는데요, 절대로 이가 빠지지 않으니까 걱정하지 마시고 조금씩 조금씩 힘을 주고 끌고 가시면 될 거예요. 그만큼 독특한 독서 체험을 할 수 있는 책입니다.

함께 읽으면 좋은 책들

●

《이것이 인간인가》, 프리모 레비

"따스한 집에서 안락한 삶을 누리는 당신, 생각해보라 이것이 인간인지. 빵 반쪽을 위해 싸우고 예, 아니오란 말 한마디 때문에 죽어가는 이가. 머리카락 한 올 없이 이름도 없이 기억할 힘도 없이 두 눈은 텅 비고 한겨울 개구리처럼 자궁이 차디찬 이가. 당신에게 이 말들을 전하니 가슴에 새겨두라. 그러지 않으면 온갖 병이 당신을 괴롭히며 당신의 아이들이 당신을 외면하리라."

《그들은 자신들이 자유롭다고 생각했다》, 밀턴 마이어

독일계 미국인이며 유대인이기도 한 저자가 제2차 세계대전이 끝난 후 나치의 당원이었던 평범한 독일인 10명을 만났다. 그들은 자신들을 피해자로 여겼지만 저자는 그들을 공범자로 보았다. 대체 그때 대다수의 독일인들은 어떤 심정으로 나치의 죄악상을 용인했던 걸까.

《생존의 한계》, 케빈 퐁

부제가 모든 걸 설명하고 있다. '극한 상황에서 인간은 어디까지 견뎌낼 수 있는가'. 극한의 상황에서 기어코 살아남는 인간들, 그리고 어떻게든 살려내려고 자신의 목숨을 거는 의사들의 이야기.

《이것이 인간인가》, 프리모 레비

프리모 레비의 한 마디. "이 책은 새로운 죄목을 찾아내려는 것이 아니다. 오히려 인간 정신의 몇몇 측면에 대한 조용한 연구에 자료를 제공하기 위한 것이다." 이것이 인간이다.

죽음은
어떻게
맞아야 하는가?

우리는 언젠가 죽는다

THE THING ABOUT LIFE IS THAT ONE DAY YOU'LL BE DEAD

데이비드 실즈
DAVID SHIELDS

작가 소개   1956년 미국 로스앤젤레스에서 태어났다. 대학에서 영문학을 전공했으며 1984년에 첫 소설 《영웅들》을 발표했다. 이후 《리모트》, 《죽은 언어들》 등의 소설을 발표했고 에세이 《우리는 언젠가 죽는다》, 《문학은 어떻게 내 삶을 구했는가》 등을 펴냈다. 현재 워싱턴 대학 교수로 재직중이다.

1_____ 생자필멸

● 　　생자필멸(生者必滅), 태어난 것은 반드시 죽게 되어 있죠. 누구도 죽음을 피해 갈 수 없구요. 그렇기 때문에 누구나 한 번쯤 진지하고도 구체적으로 생각해보아야 할 문제, 아마 삶에서 가장 큰 문제일 죽음에 관해 다룬 책, 데이비드 실즈의 《우리는 언젠가 죽는다》는 무거운 주제이긴 하지만 저자가 이 문제를 다루는 태도나 책의 내용은 그렇게 무겁고 어둡지만은 않습니다. 오히려 종종 유쾌하고 도발적이면서 흥미로운 내용도 많습니다. 물론 다 읽고 나면 마음 한구석에서 바람이 부는 것처럼 쓸쓸해지기는 하지만요. 인간이 태어나면서 죽을 때까지 겪게 되는 몸의 변화를 0세부터 죽을 때까지 생물학적인 수치와 통계 자료를 통해서 제시해주는 한편, 그 사이사이에 자신과 아버지 그리고 어린 딸 이렇게 3대에 걸친 개인적인 이야기를 에세이로 끼워 넣어가면서 쓰는 독특한 방식을 갖고 있습니다. 또 갖가지 문학적인 인용도 곁들이고 있어서 더욱 읽는 맛을 더해줍니다. 표면적으로는 죽음을 다루지만 다 읽고 나면 삶을 생각하게 하는 그런 책이라고 할 수 있죠. 사실 죽음을 다루는 모든 책들이 결국 삶을 다루고 있다고 할 수 있을 겁니다.

¶　　저도 이 책이 정말 좋았습니다. 제가 스포츠와 몸에 대한 에

세이¹를 쓰고 싶어서 구상중이었거든요. 그런데 이 책을 보니 스포츠와 몸에 관한 에세이이기도 하더라구요. 그래서 도움도 많이 되었습니다. 데이비드 실즈가 소설가잖아요. 소설가로서 느끼는 감정, 감수성뿐만 아니라 통계적인 수치, 여러 문헌에서 인용한 죽음

▶ '인간의 몸'과 영화, 스포츠, 드라마, 책 등 일상적으로 접하는 문화 콘텐츠 등과 연관지어 써내려간 에세이 《바디무빙》은 2016년에 출간되었다.

과 삶에 대한 경구들, 또한 아버지에 대한 애증까지 다 하나로 아우르는 시각과 시도가 정말 놀라웠습니다.

● 네. 정말 좋은 책이라고 생각해요. 이 책이 국내에 2010년에 나왔는데 저는 그해에 읽은 최고의 책이라고 밝힌 적도 있어요. 또 2011년에 아버지가 돌아가셨는데 그때 이 책 생각이 많이 났어요. 아버지에 대한 여러 가지 좋았던 기억, 제가 잘못했던 것 또는 아버지가 저에게 상처 주었던 것 등이 많이 떠올랐습니다.

◤ 어머니와 딸이 특별한 관계이듯이 아버지와 아들의 관계 역시 애증도 있고, 닮았지만 그것을 부정하고 싶어 하는 심리도 있고, 정말 복잡하죠.

● 아들과 아버지를 다루는 상당히 많은 서사에서 결국 아들은 아버지를 타고 넘어가야 하는 존재잖아요. 신화에서도 살부(殺父) 모티프가 중요하고요. 장 폴 사르트르는 "아버지로 해줄 수 있는 최상의 것은 일찍 죽어주는 것이다"라는 말까지 한 적 있어요.

◤ 너무 과격하네요.

● 좀 그렇죠? 어쨌든《우리는 언젠가 죽는다》는 정교한 자연 과학적 정보가 가득하면서도 다른 편에서는 문학적이고 철학적인 에세이가 잘 어우러져 있죠. 정말 읽을 만하고 여운이 긴 글들로 구성되어 있어서 꼭 추천하고 싶었습니다.

◥ 미국적인 문화에서 비롯된 책이라는 생각도 들었어요. 일단 스포츠가 기반이 된 내용이잖아요. 한국에서는 스포츠에 관한 쉬운 접근이 적어서 아쉽기도 했어요. 이 책에서는 스포츠가 단순히 소재로 쓰인 것이 아니라 굉장히 중요한 주제이기도 해서 더욱 재미있게 읽혔습니다.

● 그렇죠. 이 책에 농구와 야구 이야기가 많이 나오는데 저는 평소에 잘 즐기지 않아서…….

◥ 저는 농구와 야구 전문입니다.(웃음) 이 책은 4장으로 구분되어 있어요. 그런데 농구는 4쿼터로 이루어집니다. 야구는 1루, 2루, 3루, 홈베이스 이렇게 4루로 이루어지죠. 이 책의 구성도 그것과 밀접한 관계가 있지 않을까 생각했어요.

● 아, 그렇군요!(웃음) 이 책에는 수많은 추천사와 찬사가 실려 있는데요, 그중 제 마음을 대변하고 있는 말이 있었어요. "나는 이 책을 사랑한다. 내가 쓴 책이었으면 좋겠다"라는 심리학자 로렌 슬레이터의 말이 그것입니다.

◥ 저도 읽는 내내 약간 샘이 날 정도였어요. 데이비드 실즈의

글쓰는 스타일이 그랬는데요, 경구들도 툭툭 던져놓은 것 같고 통계자료 역시 그렇게 무심하게 배치되어 있는데 통계와 통계 사이에서 뭔가 이야기를 하고 있는 듯한 느낌이거든요. 편집의 뉘앙스, 편집의 리듬을 아는 사람이라는 생각이 들었어요. 수많은 정보에서 어떤 것을 넣고 빼야 하는지도 잘 알고 있구요.

● 맞아요. 죽음을 다룬 책들은 아주 많잖아요. 그런 책들을 많이 보시는 편인가요?

■ 일부러 많이 찾아보지는 않아요.

● 제가 약간 강박적으로 사로잡혀 있는 주제가 죽음과 시간이에요. 그래서 죽음에 관한 책들을 많이 사고 읽고 있어요. 평소에 생각도 많이 하는 편이구요. 죽음 하면 제일 먼저 떠오르는 이미지는 어떤 것이에요?

■ 최근에 영화 〈그래비티〉◀를 봤는데 샌드라 불록이 중간에 사고를 당하면서 암흑 속에 갇히잖아요. 어둠 속에서 아무리 불러도 대답 없고 계속 빙빙 돌고 있는데 제가 생각하는 죽음의 이미지가 그거예요.

▶ 알폰소 쿠아론 연출, 샌드라 불록, 조지 클루니 주연의 SF 영화. 우주 공간에서 작업하던 스톤 박사가 폭파된 인공위성의 잔해와 부딪히면서 우주 공간을 혼자 떠돌게 되는 내용으로 2013년 개봉 후 크게 흥행하며 아카데미 감독상 등을 수상했다.

● 저는 죽음에 대해서 어렸을 때부터 이상한 망상 같은 것을 갖고 있었어요. 제가 죽는 게 상상이 되는 거예요. 제가 죽어서 매장이 되는 거죠. 사람들이 저를 관에 넣어서 매장하고 다 가버린 후 뒤늦게 제가 무덤 속에서

깨어나는 거예요. 그런데 못질 한 관 속에서 나오지도 못하고 옴짝 달싹 못하고 있는 거죠.

▌   아, 저도 그런 것에 대한 공포가 있어요. 〈킬빌 2〉에서 우마 서먼이 그런 식으로 갇혀 있잖아요. 또 〈베리드〉*라 는 영화도 땅 속에 갇혀서 전화기를 붙들고 사투를 벌이는 건데 두 영화 모두 정말 공포스러워요. 그렇 게 막막하고 갑갑한 이미지가 제가 생각하는 죽음의 이미지이기도 해요.

▶ 로드리고 코르테 스 감독의 2010년 작 으로 라이언 레이놀즈 가 출연했다. 이라크 에서 근무하는 미국인 트럭 운전사가 땅 아 래 관 속에 묻힌 상태 에서 탈출을 시도하는 내용.

●   저도 한때 사로잡혔던 그 망상, 그러니까 죽지 않았는데 매 장되고, 무덤 속에서 깨어났지만 나올 수 없어서 서서히 죽어가는 망상이 괴로웠어요.

▌   이 책 중간에 랍비의 말이 정말 재미있잖아요.

●   정말 재미있죠. 목사와 신부와 랍비에게 당신이 죽고 난 후 어떤 말을 듣고 싶냐고 묻는 거예요. 목사는 "정의롭고, 정직하고, 자비로운 분이었다"라는 말을 들었으면 좋겠다고 하고 신부는 "친 절하고, 공정하고, 상냥한 분이었다"라는 말을 듣고 싶다고 한 거 죠. 그런데 마지막으로 랍비는 "이렇게 말해주면 좋겠군요. '저 봐, 시체가 움직여.'"(웃음) 그만큼 사제들도 살아 있는 것에 대한 욕망 이 얼마나 큰가를 보여주는 우스갯소리예요.

● 데이비드 실즈는 1956년 생이구요, 아버지는 1910년 생입니다. 이 책을 읽으면 아버지와 아들이 모든 면에서 대조가 되고 있어요. 아들은 어떻게 보면 비관주의자이고 아버지는 낙관론자라고 할 수 있죠. 또 아들은 약간 절제된 삶을 사는데 아버지는 나쁘게 이야기하면 섹스광 같기도 해요.

◢ 저는 아들이 오히려 낙관적이고 아버지가 비관적이라는 생각도 들어요. 아버지가 비관적이기 때문에 어떻게든 버텨야겠다고 생각하고 그렇게 몸을 단련하고 운동하는 것 같아요. 말하자면 살아남기 위해서죠. 아들은 낙관적이기 때문에 내가 언제 죽어도 상관없다 그런 생각인 거죠. 그래서 그렇게 모든 것에 초연한 것이 아닐까요.

● 그렇게 볼 수도 있겠네요. 이 책에 의하면 데이비드 실즈는 요통이 심하잖아요. 원래는 스포츠를 매우 좋아했던 사람이지만 지금은 제대로 하지 못하고 있죠.

◢ 농구 시합 중에 큰 부상을 당했죠.

● 아버지는 아흔 살이 넘어서도 아침마다 조깅을 했다는 거 아니에요. 이렇게 두 사람이 대조적으로 나타나는데 아버지에 관한 이야기는 뒤에서 좀더 자세히 하기로 하구요. 이 책에는 죽음에

관한 수많은 경구들이 소개되어 있는 게 특징이죠.

■　앞에서 말씀드린 것처럼 유년기와 아동기, 청년기, 중년기, 노년기와 죽음 이렇게 4장으로 나누어져 있는데 각각에 맞게 경구들을 배치해놓았어요. 그래서 이 책은 10대부터 90대까지 모든 나이의 사람들이 읽을 수 있어요.

●　쉽게 읽히기도 하는데 뒤로 가면 정말 가슴이 막 무너지는 부분도 있어요. 이 책에 실린 여러 경구 중 인상적인 것은 인도의 고대 서사시 〈바가바드기타〉◄에서 가져온 것이었어요. "인간의 몸은 아홉 개의 구멍을 가진 거대한 상처다." 이 말에 감탄하다가, '가만있어 봐, 아홉 개 맞나?' 싶어서 세어봤잖아요.(웃음)

▶ 고대 인도의 힌두교 경전의 하나. 거룩한 신의 노래라는 뜻으로, 우주의 원리 해설, 헌신과 행동에 대한 철학적 생각이 들어있다.

■　저는 여덟 개인 줄 알았어요.(웃음)

●　하하하. 영국의 시인 프랜시스 톰프슨의 이런 말도 인상적이었어요. "우리는 모두 타인의 고통 속에 태어나고, 자신의 고통 속에 죽어간다."

■　정말 진리이죠.

●　또 블라디미르 나보코프의 자서전 《말하라, 기억이여》의 첫 문장이 옮겨져 있는데 정말 좋더라구요. "요람은 심연 위에서 흔들거린다. 그리고 상식적으로 생각해보건대, 우리는 단지 영원이

370

라는 두 어둠 사이 잠시 갈라진 틈으로 새어나오는 빛과 같은 존재다." 이렇게 인용된 말들도 참 좋은데, 죽음을 다루고 있지만 역설적으로 어떻게 살아야 하는가를 말해주고 있는 책이라는 생각도 들었습니다.

◤ 이런 이야기도 나오잖아요. 오스카상 수상자가 비수상자보다 오래 산다.

● 네. CEO가 부사장보다 더 오래 산다고도 나오죠.

◤ 앞서 이 책이 스포츠를 좋아하는 미국 문화에 기반한 내용이라고 말씀드렸는데 특히 야구에 대한 시각을 보면 그래요. 데이비드 실즈와 아버지 둘 다 다저스 팬으로 야구를 굉장히 좋아하잖아요. 한국 야구와 미국 야구의 큰 차이는 말하자면 통계의 차이거든요. 한국 야구는 역사가 짧기 때문에 통계로 정리된 것이 많지 않아요. 그런데 메이저리그를 보면 정말 갖가지 통계가 다 나와요. 그동안 엄청나게 쌓이고 분석된 것이죠. 이 책이 재미있는 것도 분명히 그런 통계가 주는 흥미로움 때문일 거예요.

● 그런데 저는 왜 야구를 싫어할까요? 통계자료 보는 것은 좋아하는데요.

◤ 제가 〈머니볼〉◀이라는 영화를 매우 좋아하는데요, 야구의 모든 것이 거기 들어 있어요. 그 영화에서 통계를 가지고 야구를 하잖아요. 진루율만 보고 스

▶ 베넷 밀러 연출, 브래드 피트 주연의 영화. 메이저리그 최하위 구단의 단장이 경기 데이터에 의존해 팀을 다시 구성하려고 하는 내용.

카우트하기도 하고 팀 공헌도가 몇 퍼센트인지 계산해내기도 하고요. 그런 점이 이 책과 비슷해요.

● 제가 생각하는 최고의 야구 영화가 바로 〈머니볼〉이에요. 정말 훌륭한 영화죠. 브래드 피트 연기도 좋으니까 이번 기회에 이 영화도 권해드리고 싶네요.

¶ 이 책을 읽다 보면 데이비드 실즈가 어렸을 때부터 다저스 팬으로 살고 커오면서 엄청나게 많은 추억을 갖고 있잖아요. 그런 것을 보는 재미가 컸어요.

● 저도 이 책을 읽으면서 데이비드 실즈가 글의 리듬을 제대로 아는 사람이라고 느꼈어요. 예를 들어서 인간은 태어나자마자부터 늙기 시작한다는 게 이 책의 주제잖아요. 그 과정을 쭉 서술하고 있는 거구요. 30세가 되면 인간이 어떻게 되는가, 어떻게 노화가 진행되는가를 적다가 예수는 서른세 살에 죽었다, 모차르트는 서른다섯 살에 죽었다, 이런 식으로 불쑥불쑥 한 문장씩 넣는데 그게 기가 막힌 리듬을 만들어내죠?

¶ 정보와 정보를 그냥 객관적으로 나열한 것처럼 보이지만 그 사이에서 이야기가 만들어지는 지점을 정확히 알고 쓴 서술인 거죠. 저는 이 사람 소설도 궁금해요.

● 소설도 잘 쓸 것 같아요. 또 이 사람, 너무 솔직하죠. 자기 성기 사이즈까지 공개했잖아요. (웃음)

┓ 　저도 책을 읽다가 배꼽 잡은 부분이 있었는데요, 소년소녀들이 호수에서 다이빙하는 이야기예요. 남자애들이 서로 다이빙 솜씨를 뽐내며 "이번에는 어땠어? 어떻게 보였어?"라고 묻기 바쁘다고 묘사하더니 그 뒤에 바로 "이렇게 보였다. 남성의 평균적인 음경 길이는……" 이런 식으로 센스 있게 정보를 주고 있죠.

● 　그런 서술이 참 훌륭하고 재미있죠. 이 책에서 데이비드 실즈가 하는 이야기는, 각 개인은 자신의 독특한 성격이나 특성을 발현하는 방식으로 삶을 살아간다고 생각하지만 사실 그것은 인간이 보편적으로 삶을 살아가는 과정, 늙어가는 과정이라는 거예요. 수십억 년 동안 흔하게 반복되어온 패턴이라는 거죠.

┓ 　인간은 어떤 존재인지 어떻게 진화되어왔는지 군이 설명하지 않고 다양한 정보를 가지고 와서 자신의 것으로 만드는 능력이 참으로 출중한 작가인 것 같아요.

● 　이 사람의 젊은 시절 이야기가 앞부분에 나오는데 다소 자기파괴적이잖아요. 모험을 감수하려는 경향이 커 보이죠. 셰익스피어의 〈겨울 이야기〉에 나오는 양치기 노인의 말을 인용했는데 그걸 보고 제가 무릎을 탁 쳤어요. "16세부터 20세까지의 나이는 아예 없거나 그 나이 처먹은 녀석들은 내처 잠이나 처자든가 했으면 좋겠어요. 아, 그 나이 때 하는 짓이라는 게 뻔하지요. 계집애들에게 애를 배게 하거나 어른들에게 대들거나 훔치거나 싸우거나 하는 거지." 이건 옛날부터 면면히 그래왔을 거잖아요.

■　'요즘 애들'은 늘 버릇이 없어왔던 거죠. 특별히 요즘 애들이 그런 게 아니라.

●　호르몬이 그렇게 만드는 거죠. 그런데 이 책을 보면 사람의 전체 연령에서 일곱 살이 전성기라는 거예요. 육체로만 따지면 말이죠. 그리고 열아홉 살부터 인간의 근력이 줄어들고, 이제 노화되어가는 거죠.

■　우리는 오래전에 이미……(웃음)

●　그렇죠.(웃음) 25세 때 뇌의 크기가 최대에 이르고 그 이후부터 쪼그라들기 시작하는 거죠. 90세가 되면 3세 아이 뇌의 크기와 비슷하다는 거예요. 저는 조금 충격적이었어요. 우리가 흔히 사람이 늙으면 아이처럼 된다고 하는데 그래서인가 싶던데요. 뇌가 쪼그라들면서 그 빈 공간에 액체가 채워진다고 하네요. 영국의 의학자 윌리엄 오슬러 경의 말이 인용되어 있어요. "세상의 모든 쓸모 있고, 감동적이고, 고무적인 업적은 25세에서 40세 사이의 사람들이 이룬 것이다."

■　아, 절망스러웠어요. 그런데 창조력은 40세가 절정이지만 더 나이가 들면 아는 단어 수가 훨씬 많아지고…… 또 뭐 좋은 것 없을까요?

●　제가 생각하기에는 나이 들어서 좋은 건 딱 두 가지인 것 같아요. 어휘수와 정보력.

¶　　왜 그렇게 부정적이세요.(웃음) 나이가 들면서 지혜로워진다는 건, 살아오면서 접한 레퍼런스가 늘어나기 때문에 생각할 거리가 많아지기 때문일 거예요. 그런데 40세까지 절정에 이르는 창조력은 대체 뭘까, 과연 그 힘은 어디서 오는 것일까 생각해보았어요. 그것은 어떻게 보면 반항 심리 때문이겠다, 그러니까 기존 체제에 반하는 심리와 거기에 대항하려는 시도가 창조의 원동력이지 않을까 싶더라구요.

●　　그럴 수도 있겠네요. 이 책은 부정적으로 읽으면 '늙으면 죽어야 해' 이런 말을 하는 것처럼 느껴지기도 해요. 그래서 읽는 사람을 기운 빠지게 하는 면이 있기도 하죠. 책 제목처럼 '우리는 언젠가 죽는다' 이 사실을 모르는 사람은 없잖아요. 하지만 인식하고 살고 있지는 않잖아요. 그런 의미에서 인간이 왜 약할 수밖에 없고 늙어가는 게 왜 중요한지를 상기하는 것이 삶에도 큰 도움을 준다는 생각이 들죠.

¶　　갑자기 친구가 이런 이야기를 할 때가 있죠. "그런데 너 그렇게 아등바등 살지 마. 너도 언젠가 죽어." 이런 이야기를 들으면 '맞아, 나 죽는데 왜 여기서 이러고 있지?' 이런 생각이 들면서 시야가 바뀌는 경험을 하기도 해요. 그러니까 죽음이 우리의 삶의 조건을 바꿀 수 있는 중요한 전제 같은 것이겠죠.

●　　어떤 사람들은 죽음이라는 게 본디 부정적인 것인데 굳이 왜 떠올려야 하느냐고도 할 거예요. 하지만 저는 죽음에 대해서 생각할수록 오히려 삶을 벼리는 데 도움이 된다고 봅니다. 삶을 너무

예찬하고 삶을 너무 긍정적으로 보면 죽음을 너무 부정적으로 보게 되는 것 같아요.

■ 하지만 그런 생각이 쉽지 않죠. 죽음을 껴안아야 하는가, 껴안을 수 있는가 생각해보면 쉽지는 않아요. 그렇다고 삶을 지나치게 예찬하는 태도도 문제가 있죠. 우리는 그 사이에서 흔들리는 존재라고 생각해요.

● 언젠가 죽을 수밖에 없으니 그냥 막 살자, 이런 태도를 가질 수도 있지만 저는 죽을 수밖에 없기 때문에 죽기 전까지의 시간이 소중해진다고 봐요. 이 책이 그런 생각을 갖는 데 큰 도움이 되구요. '늙어감'에 대한 책이니만큼 노화와 관련된 정보가 많은데 저는 처음 알게 된 것이 많았어요. 나이가 들면 초록색, 파란색, 보라색을 구별하는 능력이 떨어진다면서요? 그래서 화가들도 나이가 들수록 짙은 푸른색이나 보라색을 덜 쓴다네요. 또 노인들의 피부 온도가 젊은 사람들보다 약 3도에서 6도까지 낮다는 거예요. 그래서 노인들이 그렇게 추위를 느끼는 거죠.

■ 나이가 들면 특별한 체취가 나지 않기 때문에 데오도란트를 쓰지 않아도 된다고 하죠. 그러니까 무색무취가 되는 거예요. 피부는 마르고 냄새는 사라지고. 이 책을 읽으며 두 번 정도 울컥했는데 첫 번째가 청년기 마지막 부분에 나오는 자살한 친구 이야기예요. "'죽음은 끝이 아니라 전환이다.' 이 말은 모두에게 위안이 되었다. 디키는 영원히 사라진 게 아니다. 디키는 공수 전환을 뛰고 있을 뿐이다. 로시 선생님은 디키의 자살 소식을 알려준 뒤에 그래도 시합

을 하겠느냐고 우리에게 물었다. 선생님은 물론이고 우리 스스로도 놀란 일이지만, 모두들 그러겠다고 했다. 경기가 시작되었다. 우리는 디키처럼 패스하고, 디키처럼 공을 몰고, 디키처럼 뛰었다. 모두들 공을 건넬 사람을 찾아 두리번거렸는데, 그 사람은 디키였다. 하룻밤 자고 나면 그가 이 모든 게 장난이었다며 불쑥 나타나기를 바랐다. 우리가 모두 디키처럼 경기하면, 그가 차고 문 밑에서 튀어나와 3 대 2 공격을 하는 법을 보여줄 것 같았다. 내가 90세가 되어도 잊지 못할 플레이가 있다면, 그날의 그 순간이다. 우리 팀의 스타인 브래드 갬블이 홀로 돌진해 들어가고 내가 뒤를 따랐다. 브래드가 뛰기를 멈추고 바닥으로 공을 굴렸다. 내가 그것을 집었다. 나는 뒤에 누가 없나 돌아보았다. 계속 기다렸지만 아무도 오지 않았다. 나는 공을 던져 백보드를 맞추었다. 우리는 낙승을 거두었다."

3 _____ 남기는 말

● 이 책에 "어떤 나이에 머물러 영원히 건강하게 살 수 있다면 몇 살이기를 택하겠는가"라는 질문이 있어요.

┑ 저는 서른다섯 살이요.

● 왜 하필 서른다섯 살이에요?

┑ 20대 때는 너무 혼란스러웠으니까 돌아가기 싫어요. 그냥 서른다섯 살 정도가 육체적인 쇠약함도 덜하고 정신적으로는 뭔가 조금 알게 된 나이인 것 같고 그래요.

● 그러니까 육체와 정신이 균형을 이루는 나이를 서른다섯 정도로 보시는 거예요?

┑ 사람마다 차이는 있겠지만 저는 그랬던 것 같아요.

● 저는 서른일곱 살이요.

┑ 이 책에 의하면 나이가 들수록 이상적으로 생각하는 나이도 높아진다고 해요. 18세에서 24세의 사람들은 27세라고 대답하고, 25세에서 29세 사이는 31세, 40세에서 49세 사이는 40세, 50세에서 64세 사이는 44세라고 답하는데 64세 이상의 사람들은 59세라

고 대답했다고 하죠.

● 　그렇더라구요. 이 책에서 또 재미있는 부분이 뒤쪽에 '유언' 들을 모아놓은 것이었어요. 정말 다양하죠? 미국의 작곡가 레너드 번스타인의 유언은 "이게 뭐지?"래요. 또 제가 보기에 정말 멋진 말은 미국 목사이자 저술가인 코튼 매더가 남겼어요. "고작 이것인 가? 힘겨운 죽음을 맞지 않게 해달라고 내가 기도하며 두려워했던 것이 고작 이것인가? 아, 이 정도라면 견딜 수 있다. 견딜 수 있어!" 죽음 앞에서 위엄 있는 태도인데 저도 이럴 수 있으면 좋겠어요.

■ 　'고작 이것인가?'라는 말을 들은 '생명의 신'이 '하, 그래? 그 럼 한번 견뎌봐' 하면서 더 큰 고통을 선사했을 수도……. 아, 제 심 보가 나빴네요.(웃음)

● 　하하하. 이 책에 영국 찰스 2세의 유언이 "지금이 죽기에 참 으로 마땅치 않은 시기인 것을 알지만, 아무쪼록 양해해주기를 바 란다"로 소개되어 있기도 한데, 제가 본 다른 책에 의하면 그가 죽 으면서 왕의 의사인 시의(侍醫)한테 계속 사과했다는 거예요. 안 죽 어서 미안하다고요. 저에게는 정말 인상적인 에피소드로 남아 있 어요. 평생 술을 마시지 않았던 스코틀랜드 과학자 제임스 크롤은 이렇게 얘기했다죠. "한 모금만 마시겠습니다. 이제는 술 마시는 것을 두려워할 이유가 없겠지요." 이런 식으로 소개되어 있는 유언 들이 재미있기도 하고 마음에 많이 남기도 하고 그렇더라구요. 혹 시 이렇게 말을 남길 수 있다면 뭐라고 하시겠어요?

■   유언은 모르겠고 묘비명으로 이렇게 할까요. "더 쓸 게 있긴 하지만 뭐……."

●   좋은데요.

■   현역 작가로 계속 작품을 쓰다가 죽고 싶다는 의미이기도 하고 죽을 때까지 농담을 놓치고 싶지 않기도 하고요. 정작 나중에 는 살려주세요, 이럴 수도 있지만요. (웃음)

●   이 책에 나오는 것은 아닌데 제가 정말 좋아하는 유언이 있 어요. 도로시 파커라는 미국 작가의 묘비명인데요. "먼지를 일으켜 죄송합니다"예요. 정말 멋지다고 생각해요. 그래서 약간 패러디해 서 '소란을 피워 죄송합니다' 이렇게 해볼까 생각해본 적 있어요.

■   나이가 든 사람이 유머러스하면 멋있게 보여요.

●   네. 살면 살수록 유머가 인생에서 매우 중요한 덕목이라는 생각이 들어요.

■   《우리는 언젠가 죽는다》의 주인공 격인 아버지도, 정말 재미 있잖아요. 〈빨간책방〉에 모시고 싶을 정도예요.

●   아이러니한 게, 이 책이 나온 다음해에 아흔여덟 살로 돌아 가셨더라구요. 만약 이 책이 나오기 전에 그 아버지가 세상을 떠났 더라면 책의 내용은 완전히 달라졌겠죠.

¶   데이비드 실즈와 그 아버지는 정말 잘 어울리는 한 쌍이죠.

●   이런 아들이 있다는 건, 그 아버지에게 축복 아니에요? 아버지가 인생을 좀 막 사신 분이잖아요.

¶   두 사람 다에게 축복이라는 생각이 들기도 해요. 물론 데이비드 실즈에게 아버지는 애증의 존재였지만 어떤 식으로든 영향을 끼친 사람이거든요. 나쁜 방식이든 좋은 방식이든 말이죠. 이 아버지는 계속 이야기를 하게 만드는 사람이고, 자기만의 방식으로 살아가는 사람인데 그런 것에 대한 존경심이랄까, 그런 것도 아들로서 갖고 있었던 걸로 보여요. 그 관계도 저는 좋아 보이더라구요.

●   이 책을 읽으면서 〈빅 피쉬〉▸라는 영화가 떠올랐어요. 그 영화에 나오는 아버지와 아들의 관계가 《우리는 언젠가 죽는다》의 아버지, 아들 관계와 비슷해요. 아버지와 인연을 끊다시피하고 살아온 아들이 임종 직전의 아버지를 찾아가는 영화인데요, 죽어가는 아버지가 자신의 어린 시절, 청년 시절을 입담 좋게 이야기해요.

▸ 팀 버튼의 2003년 연출작. 미국의 소설가 대니얼 월리스의 데뷔작이 원작이다. 죽음을 앞둔 아버지가 자신의 모험담을 아들에게 늘어놓으며 이해와 화해를 이뤄내는 내용.

그런데 아들이 듣기에는 다 거짓말 같거든요. 과장도 심하고. 하지만 영화 뒷부분에 가면 그런 아버지의 세계를 받아들이게 돼요. 그런 느낌이 비슷하게 느껴지더군요.

¶   그런 것이 아버지와 아들 관계의 핵심이라는 생각도 들어요. 어린 아들에게 아버지는 커 보이잖아요. 아버지가 하는 말은 다 진짜 같고요. 하지만 성장한 아들에게 어느 순간 아버지는 작아 보

이고 아버지의 이야기를 모두 믿거나 듣게 되지도 않죠. 그렇게 아버지와 아들의 관계가 틀어지다가 결국 아버지의 살아온 방식을 이해하게 되는 것, 그것이 아버지와 아들의 관계가 아닐까 싶어요.

● 동감입니다. 개인적인 이야기를 좀 하면, 저희 아버지가 폐암 말기 선고를 받으시고 6개월 정도 투병하다가 돌아가셨어요. 그 투병 기간에 저에게 읽을 책을 달라고 하셔서 제가 최명희 작가의 《혼불》*을 권하고 1, 2, 3권을 먼저 드렸어요. 그런데 그 책을 가져가신 후 얼마 안 되어서 아버지가 돌아가셨죠. 나중에 유품을 정리하러 아버지 방에 들어갔는데 책장에 제가 빌려드린《혼불》세 권이 꽂혀 있는 걸 보니 정말 눈물이 나더라구요.《혼불》은 훌륭한 작품이고 예전부터 좋아하는 소설인데 이제 저의 이런 경험이 더해지면서 제 인생의 책 중 하나가 되어버렸어요.

> ▶ 소설가 최명희가 1980년부터 1996년까지 집필한 대하소설. 일제 강점기, 무너지는 종가를 지키려 애쓰는 종부 3대와 상민들의 삶을 그렸다.

▗ 저도 책을 읽다가 감정이입이 된 에피소드가 있었는데, 아버지가 아마추어 야구 경기 심판을 보시는 거예요. 얼마나 에너지가 넘치는지 야구 경기장을 열심히 뛰어다니는데 그걸 보고 관객들이 크게 박수를 쳐요. 그 부분을 보니 저희 아버지 생각이 나더라구요. 저희 아버지도 에너제틱하시고 쿨하고 무신경하기도 하세요. 어느 날 형네 가족이 외국에 1년 정도 나가게 되었는데 그냥 "잘 다녀와라" 하고 앞의 가게 다녀오는 것처럼 인사하고 마시는 거예요. 그런 모습이 인상적이기도 했고 데이비드 실즈 아버지와 비슷하게도 느껴졌어요.

4_____ 번식과 생식

● 　모든 재난영화가 죽을 고비에서 살아 돌아오는 것 자체를 감동적으로 보여주죠. 앙코르와트의 따 프롬 사원을 갔었는데 오래된 나무들이 뿌리를 뻗어가면서 담을 무너뜨리기도 하고 그래요. 수십, 수백 년을 살아오면서 바위까지 무너뜨리는 그 생명력이 무섭기도 했어요. 흔히 생명력을 예찬하잖아요. 그런데 저는 가끔 징그럽게 느껴질 때도 있어요.

▛ 　맞아요. 소멸하는 게 아름답게 느껴지고, 유한한 삶이기 때문에 더 소중한 것도 있는데 끝까지 이겨내고 뻗어나가려는 모습이 그렇게 보이기도 하죠.

● 　데이비드 실즈가 이 책에서 강조하는 것 중 하나가, '자연은 개체가 오래 사는 것에는 관심이 없다, 다만 번식에 관심 있을 뿐이다'예요. "생식 임무를 다하는 순간, 우리는 버려도 좋은 존재가 된다"라든가 "어느 종 개체들의 생식 가능 수명은 총 수명과 최대한 같아지는 방향으로 나아간다. 한 마디로, 생리적 자원은 번식에 투입되는 것이지, 번식 이후의 수명을 연장하는 데 쓰일 것이 아니다"라고 말하고 있죠.

▛ 　보통 우리가 자연을 이용해서 살아가고 있다고 생각하지만 어쩌면 자연이라는 거대한 생명이 인간을 이용하고 있는 것인지도 모르겠다는 생각이 들더라구요.

● 　그렇죠. 여기서 생물학자 에드워드 윌슨 말을 인용하잖아요. "다윈적 시각에서 보면 생물은 자신을 위해 사는 게 아니다. 생물의 주된 기능이 다른 생물을 낳는 것도 아니다. 생물은 유전자를 번식시키며, 유전자의 임시 보관소로 쓰인다. 닭은 달걀이 다른 달걀을 만드는 도구일 뿐이라고 했던 새뮤얼 버틀러의 유명한 경구가 현대화된 셈이다. 생물은 DNA가 더 많은 DNA를 만드는 도구일 뿐이다." 우리는 사실 오래 사는 것에 관심 있지만 자연의 논리로 보면 인간은 사실 번식의 기능이 사라지는 연령 이상 살 필요가 없는 거죠.

■ 　지금 저희는 잉여의 삶을 살고 있군요.(웃음)

● 　그럴 수 있죠. 그러니까 오히려 남은 생을 더 보람 있게 쓸수도 있는 거구요. 어떻게 보면 선물처럼 받은 시간이니까요.

■ 　인간들이 그동안 겪어오고 살아남은 그 장대한 시간을 생각해보면 정말 감격스럽죠. 그 감격스러운 순간에 대해 글을 쓴다는 것 자체가 저는 재미있어요.

● 　《닥터 지바고》*를 쓴 보리스 파스테르나크가 이런 말을 남겼어요. "사람들이 수학의 무한대 개념이나 전자파를 발견하고 교향곡을 작곡하는 것도 죽음이라는 수수께끼를 풀기 위해서이다."

▶ 러시아 작가 보리스 파스테르나크의 장편 소설로 러시아 혁명기 의사 지바고의 생애와 가슴 아픈 사랑 이야기를 다룬다. 데이비드 린 감독에 의해 영화화되어 역시 호평을 받았다.

■ 　작가들이 마감 앞두고 글쓰는 것과 비슷한데요.

● 그래서 마감을 '데드라인'이라고 하나 봐요.

■ 죽는 날이 곧 오기 때문에 어떻게든 생산을 해내고야 마는, 강인한 생명력이라고 볼 수도 있겠네요.

● 또 이 책에서 재미있었던 부분 소개할게요. "쇼펜하우어는 숫자를 역전시켜서 말했다. '인생의 첫 40년이 텍스트라면 나머지 30년은 그것에 대한 주석이다.' 루소는 뭐라고 했을까. '사람의 인생은 모두 같다. 10세에는 사탕에 휘둘리고, 20세에는 이성에, 30세에는 쾌락에, 40세에는 야망에, 50세에는 탐욕에 휘둘린다. 그 후에는 달리 남은 것이 없으니 지혜를 추구한다.' 아버지는 어느 나이든, 10세이든 90세이든, 미사일처럼 정확하게 쾌락을 추구했다." 이 아버지를 잘 이해할 수 있는 부분이었어요.

■ 미사일, 남성적인 상징이죠.

● 또 아버지와 아들의 취향도 정반대예요. 아버지가 제일 좋아하는 소설이 존 쿳시의 《추락》이라고 소개하고 있어요. 남아프리카공화국의 흑백간 갈등과 폭력의 양상을 그려낸 작품이거든요. 반면 데이비드 실즈는 딜런 토머스의 시를 좋아한다고 말해요. "푸른 도화선 속 꽃을 몰아가는 힘이 / 푸른 내 나이 몰아간다. 나무 뿌리 뒤흔드는 힘이 / 나의 파괴자다." 하지만 그 아버지는 그 시를 '혐오한다'고 하죠. 딜런 토머스는 병적인 측면이 있고 낭만적이면서 초현실주의적인 시를 주로 쓴 사람인데 이렇듯 다른 취향이 두 사람의 인생관을 대비해서 보여주는 것 같아요.

■　　아버지와 아들이 문학이나 취향 이야기를 나눈다는 게 부럽기도 하네요. 저희 아버지는 제 책도 안 읽으시는데 어머니는 읽으세요. 어머니가 자주 하시는 말씀이 "빈 종이에 글자를 새기느라 고생 많았다"인데 그 말씀이 참……

●　　정말 애틋하고 멋진 말씀이네요.

■　　종이에 글씨를 새겨둔 것이 참 신기하다고도 말씀하시는데 그게 문학의 본질이라는 생각도 들어요.

5_____ 아름다워야 할 이유

● 《우리는 언젠가 죽는다》에 나오는 다른 에피소드들 중 특별히 소개하고 싶은 것이나 인상적인 것 더 있으세요?

▐ 매우 시적이라고 생각했던 부분이 있어요. 아버지에게 생일 선물로 사드린 텔레비전의 리모콘 작동법을 알아낸 후 새벽 2시에 케이블 채널을 쭉 넘겨보는 장면인데요, '채널 2번. 영화에서 탐정이 살인 현장을 재방문했다'부터 시작해서 어떤 채널에서는 뉴스가 나오고 어떤 채널에서는 포르노가 나오고 하면서 99번까지 가요. 그리고 이렇게 마무리되죠. "채널 2번에서 99번까지, 우리는 찾아보았지만, 언젠가 우리가 죽는다는 사실에 대한 구제책은 발견하지 못했다." 이 부분이 정말 인상적이더라구요. 그리고 책을 읽는 내내 죽음에 대한 생각을 많이 하게 된 것은 시몬 드 보부아르의 말 때문이었어요. "목숨이 유한하다는 것을 안 순간부터 나는 죽음이 무서워 견딜 수가 없었다. 15세의 내 자아는 세상이 평화롭고 내 행복이 튼튼할 때에도 언젠가 정해진 날에 덮쳐올 철저한 비존재 상태, 나의 철저한 비존재 상태를 생각하고 또 생각했다. 그러한 사멸을 생각하면 너무나 두려워서 초연하게 맞선다는 생각은 전혀 할 수가 없었다. 사람들이 '용기'라고 부르는 것은 뭘 모르는 멍청한 소리라고밖에 생각할 수 없었다." 이것이 제가 갖고 있는 죽음에 대한 감정, 공포와 정확히 일치하는 것이에요. '비존재'라는 단어가 많은 생각을 하게 하구요.

● 저는 앞부분에 나오는 농구 게임, '호스(HORSE) 게임'을 묘사한 부분이 인상적이었습니다. 어린 시절의 가장 행복한 기억으로 소개하거든요. 또 20대 시절에 한 여자와 관계를 가지려고 하는데 그녀가 자신이 헤르페스에 감염되어 있다고 말한 거예요. 그런데 그것이 금단의 열매처럼 느껴져서 그녀가 더 매력적으로 보이고 함께 살기도 하죠. 하지만 나중에는 그 헤르페스가 오히려 멀어지게 되는 원인이 되었다는 거예요. 정말 그렇잖아요. 누군가를 좋아지게 만들었던 어떤 특성이 결국 사랑이 멀어지게 되는 특성이 되기도 하고요.

▉ 어떻게 보면 몸이 더 솔직하고 마음은 무언가 계속 의미를 만들어내고 있죠. 이 책 전체가 어쩌면 몸에 대한 마음의 불안한 변동, 변화에 대해 이야기하는 것일 수도 있어요.

● 동의합니다. 인간의 삶이라는 게 육체를 컨트롤하려고 애쓰는 과정에서 일어나는 온갖 소동극 같은 느낌이 들어요. 10대 시절을 보면 몸이 급격하게 변하고 호르몬이 변하고 2차 성징이 일어나면 컨트롤될 리가 없잖아요. 그렇게 몸 때문에 좌충우돌하기도 하고 그것에서 낭만적인 경험도 나오고 실수도 나오죠. 그러다가 어느 순간까지 성장하면 고삐가 잡히면서 스스로 몸을 컨트롤할 수 있게 되는데 그때는 죽을 때가 된 거잖아요. 사람의 인생 자체가 정신이 육체에 적응하기 위해 사투를 벌이면서 빚어내는 소동극 같은 느낌이에요.

▉ 삶에 적응할 만해지니까 죽어야 되는 게 인간인가 싶기도

388

해요. 어쨌든 죽음에 대해서 한번 생각해볼 수 있는 책이었습니다. 그래서 좋았구요.

● 저는 끊임없이 죽음을 상기해야 한다고 믿는 쪽이에요. 그것이 삶을 불편하게 만들거나 더 위축시키는 게 아니라고 생각해요.

■ 이 책을 읽다가 생각난 게 있어요. 김애란 작가의 소설 《두근두근 내 인생》에 이런 대사가 있죠. "현미경으로 찍은 눈 결정 모양도 봤어요? 나는 그게 참 이상했는데. 뭐하러 그렇게 아름답나. 어차피 눈에 보이지도 않고 땅에 닿자마자 금방 사라질 텐데." 이것으로 인간의 숙명, 운명을 이야기할 수 있는 것 같아요. 어차피 죽을 목숨인데 뭐 이렇게 힘들게 살고 그러나 싶지만, 우리는 아름다워야 할 이유가 있고, 아름다워야 한다, 그런 생각을 해보게 되었습니다.

● 최고의 마무리를 해주신 것 같아요. 감사합니다.

함께 읽으면 좋은 책들

●

《사람은 어떻게 죽음을 맞이하는가》, 셔윈 B. 눌랜드

의사인 저자는 암, 심장마비, 에이즈 등 갖가지 질병에 따라 어떻게 죽음이 찾아오는지를 상세히 설명한다. 개인 경험과 임상 사례를 곁들여 생생하게 풀어가는 죽음 이야기. 그러니까 우리는 이렇게 죽는다, 면 우리는 또 어떻게 살아야 할 것인가.

《백년을 살아보니》, 김형석

어머니가 권하셔서 중학생 때 김형석 교수의 에세이집을 읽은 기억이 있다. 그리고 올해로 101세인 외할머니를 떠올리며 갓 나온 그의 책을 실로 오랜만에 다시 집어들었다. 어느덧 어머니는 79세, 김형석 교수는 97세가 되었다. 긴 세월이 흘렀다. 담담하게 읽혀서 무엇보다 좋다.

╕

《지구의 속삭임》, 칼 세이건 외

1977년 지구를 떠난 보이저 호에는 지구의 메시지가 담긴 골든 레코드가 있습니다. 지구의 사진들 118장, 55가지 지구의 언어로 된 인사말, 지구와 그 생명의 진화를 표현한 소리들 19개, 지구를 대표하는 음악 27곡입니다. 우리는 언젠가 죽습니다만, 지구는 이런 곳이었습니다.

·

《문학은 어떻게 내 삶을 구했는가》, 데이비드 실즈

신랄한 데이비드 실즈의 문학 이야기. 데이비드 실즈는 위대한 인물이 방에서 홀로 걸작을 쓸 수 있다고 믿지 않는다. 그는 쓰레기 매립지와 미수로 끝난 자살의 유언장과 구원을 향한 돌진으로서의 예술을 믿는다. 우리는 같은 종교다. 나도 그걸 믿는다.

질문
하는
책들

국립중앙도서관 출판시도서목록(CIP)

질문하는 책들 : '빨간책방'에서 함께 읽고 나눈 이야기. 인
문 교양 지식 편 / 지은이: 이동진, 김중혁. — 고양 : 위즈
덤하우스, 2016
    p. ;   cm

ISBN 978-89-5913-082-5 03100 : ₩15800

도서(책)[圖書]
서평(평론)[書評]

029.1-KDC6
028.1-DDC23   CIP2016027003

'빨간책방'에서 함께 읽고 나눈 이야기 _ 인문 교양 지식 편

질문하는 책들

초판 1쇄발행 2016년 11월 20일
초판 5쇄발행 2020년 5월 20일

지은이 이동진, 김중혁
펴낸이 연준혁

편집 2본부 본부장 유민우
편집 7부서 부서장 최유연
디자인 강경신

펴낸곳 (주)위즈덤하우스
출판등록 2000년 5월 23일 제13-1071호
주소 경기도 고양시 일산동구 정발산로 43-20 센트럴프라자 6층
전화 031)936-4000   팩스 031)903-3893
홈페이지 www.wisdomhouse.co.kr

값 15,800원
ISBN 978-89-5913-082-5   03100